Prozess- und Technologiemanagement in der Softwareentwicklung

Ein Metrik basierter Ansatz zur Bewertung von Prozessen und Technologien

von
Professor Mohsen Rezagholi

Oldenbourg Verlag München Wien

Bibliografische Information Der Deutschen Bibliothek

Die Deutsche Bibliothek verzeichnet diese Publikation in der Deutschen Nationalbibliografie; detaillierte bibliografische Daten sind im Internet über <http://dnb.ddb.de> abrufbar.

© 2004 Oldenbourg Wissenschaftsverlag GmbH
Rosenheimer Straße 145, D-81671 München
Telefon: (089) 45051-0
www.oldenbourg-verlag.de

Das Werk einschließlich aller Abbildungen ist urheberrechtlich geschützt. Jede Verwertung außerhalb der Grenzen des Urheberrechtsgesetzes ist ohne Zustimmung des Verlages unzulässig und strafbar. Das gilt insbesondere für Vervielfältigungen, Übersetzungen, Mikroverfilmungen und die Einspeicherung und Bearbeitung in elektronischen Systemen.

Lektorat: Margit Roth
Herstellung: Rainer Hartl
Umschlagkonzeption: Kraxenberger Kommunikationshaus, München
Gedruckt auf säure- und chlorfreiem Papier
Druck: R. Oldenbourg Graphische Betriebe Druckerei GmbH

ISBN 3-486-27549-6

Vorwort

Softwareunternehmen können ihren Geschäftserfolg sichern und Wettbewerbsvorteile erringen, wenn sie marktkonforme Produkte bereitstellen: Produkte, die Kundenerwartungen im Hinblick auf funktionale Eigenschaft, Qualität und Preis erfüllen und rechtzeitig eingeführt werden. Die Entwicklung marktkonformer Produkte wird von der Qualität der ihnen zugrunde liegenden Entwicklungsprozesse und von der Qualität der eingesetzten Technologien bestimmt.

Es ist die zentrale Aufgabe des Prozess- und Technologiemanagements, ausgehend von den Marktbedingungen, den Leistungsstand der angewandten Prozesse und Technologien zu untersuchen und diesen gegebenenfalls zu verbessern.

Prozess- und Technologiemanagement stellen damit zwei wesentliche Säulen der Softwareentwicklung dar und werden weiter an Bedeutung gewinnen. Insbesondere wird der Druck auf Softwareunternehmen, Technologie-Entscheidungen systematisch zu treffen, weiter steigen: Die große Vielfalt an Softwaretechnologien und Entwicklungswerkzeugen und der oft kurze Lebenszyklus von Softwaretechnologien machen ein gezieltes Auswählen von Alternativen unabdingbar.

Das vorliegende Buch verbindet erstmals das Software-Prozessmanagement mit dem Software-Technologiemanagement. Es ist eine Anleitung und ein Nachschlagewerk zur Bewertung und Verbesserung von Entwicklungsprozessen und Technologien. Das Buch richtet sich an alle, die Interesse an diesem Thema haben: Softwareentwickler, Projektleiter, Qualitätsmanager und IT-Consultants bekommen Unterstützung bei der Bewertung und Verbesserung von Entwicklungsprozessen und Technologien. Dozenten und Studenten finden einen einschlägigen Lehr- bzw. Lernstoff. Schließlich können Fachleute, die sich um Erkenntnisse zu diesem Thema bemühen, Anregungen für eigene Forschungsarbeiten erhalten.

Das Buch basiert auf Erfahrungen, die ich während meiner zehnjährigen Tätigkeit bei Siemens AG als Software-Ingenieur, Projektleiter und schließlich Principal Consultant gewonnen habe. In dieser Zeit habe ich unter anderem zahlreiche Prozess- und Technologiebewertungen geleitet, welche insgesamt etwa sechzig meist große Projekte aus den Bereichen Information und Kommunikation, Medizin sowie Automation umfassten. Es war spannend in einem in vielen Gebieten führenden Unternehmen tätig zu sein, Neues über Softwareentwicklung zu lernen, mit motivierten Kollegen zu arbeiten und mit ihnen Gedanken auszutauschen. Ich bin allen zu Dank verpflichtet, besonders möchte ich aber danken Michael Frey, Otfried Fries, Michael Gloger, Andreas Jendyk, Karl Lebsanft, Peter Louis, Tilo Messer, Thomas Mehner und Christine Stobbe.

Mit Prof. Dr. Gustav Pomberger verbindet mich eine langjährige Zusammenarbeit; ich erfreue mich seiner Unterstützung und Anregungen bei verschiedenen Vorhaben. Von seiner Beteiligung beim ersten Einsatz des hier beschriebenen Verfahrens zur Technologiebewertung gingen Denkanstöße aus, die zur Klarheit der Bewertungsmethode sehr beitrugen. Ihm gilt mein besonderer Dank.

Ferner gebührt mein Dank denen, die sich am Review des Buches beteiligt haben, insbesondere Ulrike Fischer, Joachim Fröhlich, Stephan Henckel und meine Frau Chantal. Dem Oldenbourg Wissenschaftsverlag danke ich für sein Interesse an dieser ersten einschlägigen Veröffentlichung.

Dem Leser wünsche ich Spaß beim Lesen und ich wäre ihm dankbar für Anregungen und Hinweise auf Verbesserungsmöglichkeiten.

Mohsen Rezagholi

Inhalt

Vorwort V

Inhalt VII

1 Einleitung 1

1.1 Ausgangssituation und Motivation 1
1.1.1 Bessere Entwicklungsprozesse und bessere Produkte 2
1.1.2 Steigerung der Produktqualität als primäres Ziel 3
1.1.3 Bewertung als Basis für Verbesserung 4

1.2 Gegenstand und Ziele 5

1.3 Methodik und Vorgehensweise 7

1.4 Aufbau des Buchs 8

Teil I: Bewertung und Verbesserung von Entwicklungsprozessen und Technologien 11

2 Stand der Technik und Praxis 13

2.1 Verfügbare Ansätze zur Bewertung von Softwareentwicklungsprozessen 13
2.1.1 Software Capability Maturity Model 15
2.1.2 Bootstrap-Methode 18
2.1.3 Software Process Improvement and Capability dEtermination 20
2.1.4 Capability Maturity Model-Integrated 23

2.2 Bewertung des Technologiemanagements und der Technologieanwendung 26

2.3 Bewertung des Mitarbeitermanagements 26

2.4 Softwaremetriken und -messung 28
2.4.1 Goal/Question/Metric-Methode 29
2.4.2 Application of Metrics in Industry-Methode 30
2.4.3 Perspektiven der Softwaremessung 31

2.5 Resümee und Folgerung 32

3 Verbesserungsziele in der Softwareentwicklung 35

3.1 Allgemeine Ziele der Verbesserung 35
3.1.1 Reduktion der Entwicklungskosten 37

3.1.2	Reduktion der Entwicklungszeit	38
3.1.3	Qualitätssteigerung: Qualitätscharakteristiken des Softwareprodukts	38
3.1.4	Reduktion der Softwarefehler	42
3.2	Ermittlung unternehmensindividueller Verbesserungsziele	42
4	**Bewertung des Software-Entwicklungsprozesses**	**45**
4.1	Einführung und Überblick über den Bewertungsablauf	46
4.2	Voranalyse	47
4.2.1	Identifikation der Verbesserungsziele	47
4.2.2	Bestimmung der Projekte	48
4.2.3	Studium der Entwicklungsdokumente	48
4.3	Ermittlung des aktuellen Prozessstatus	49
4.3.1	Qualitative Prozessanalyse	51
4.3.2	Eingeschränkte quantitative Prozessanalyse	55
4.3.3	Erweiterte quantitative Prozessanalyse	58
4.4	Auswertung der Ergebnisse	62
4.4.1	Visualisierung des Prozessstatus	62
4.4.2	Definition von Verbesserungsmaßnahmen	64
4.4.3	Identifikation der Verbesserungstreiber	64
4.4.4	Definition von Metriken zur Kontrolle der Zielerreichung	65
4.5	Dokumentation der Bewertungsergebnisse	66
4.6	Voraussetzungen einer erfolgreichen Prozessbewertung	67
5	**Bewertung von Software-Technologien**	**69**
5.1	Einführung und Grundlegung	70
5.2	Überblick über den Bewertungsablauf	71
5.3	Analyse der Anwendungsdomäne	72
5.4	Ermittlung des Technologiestatus	75
5.4.1	Technologieanalyse	76
5.4.2	Marktanalyse	80
5.5	Dokumentation und Verwendung der Bewertungsergebnisse	81
6	**Management von Verbesserungsprojekten**	**83**
6.1	Einführung	83
6.2	Vorgehensmodell	84
6.2.1	Projektinitiierung	85
6.2.2	Planung	86
6.2.3	Aufbereitung	88
6.2.4	Pilotanwendung	89
6.2.5	Breiteneinführung	90

6.3	Projektorganisation	90
6.3.1	Aufgaben der Unternehmensleitung	91
6.3.2	Aufgaben und Eigenschaften des Projektleiters	92
6.3.3	Aufgaben und Eigenschaften der Team-Mitglieder	93
6.4	Steuerung, Kontrolle und Qualitätssicherung	93
6.5	Voraussetzungen erfolgreicher Verbesserungsprojekte	94

Teil II: Hilfsmittel der Bewertung — 97

7 Modell zur Bewertung von Kernprozessen der Softwareentwicklung — 99

7.1	Einführung	99
7.2	Bewertung von Kernprozessen des Softwaremanagements	100
7.2.1	Projektorganisation	100
7.2.2	Management externer Schnittstellen	101
7.2.3	Planung, Steuerung und Kontrolle	102
7.2.4	Konfigurations- und Änderungsmanagement	103
7.2.5	Technologiemanagement	103
7.3	Bewertung von Kernprozessen der Softwarerealisierung	105
7.3.1	Entwicklungsmethodik	105
7.3.2	Requirements Engineering	106
7.3.3	Architekturdefinition und Design	106
7.3.4	Implementierung und Integration	107
7.3.5	Qualitätssicherung: Review und Test	108
7.4	Der Faktor Mitarbeiter	109
7.4.1	Qualifikation und Fertigkeit	110
7.4.2	Motivation und Klima	111
7.4.3	Arbeitsumfeld	112
7.4.4	Kommunikation und Zusammenarbeit	112

8 Metrikkatalog — 115

8.1	Einführung	115
8.2	Aufwands- und Kostenmetriken	118
8.3	Zeitmetriken	126
8.4	Umfangsmetriken	131
8.5	Prozessqualitäts-Metriken	133
8.6	Produktqualitäts-Metriken	145
8.7	Geschäftsmetriken	154

9 Beispiele zur Prozess- und Technologiebewertung — 157

| 9.1 | Einführung | 157 |

9.2	Dokumentation der Bewertungsergebnisse	157
9.3	Ergebnisse einer qualitativen Prozessanalyse und Ergebnisauswertung	159
9.4	Beschreibung und Bewertung einer Softwaretechnologie	169
9.5	Beschreibung und Bewertung einer Prozesstechnologie	175
10	**Abschluss und Ausblick**	**181**
Begriffsverzeichnis		**185**
Literaturverzeichnis		**191**
Schlagwortverzeichnis		**201**

1 Einleitung

Zusammenfassung:

Softwareunternehmen verfolgen unterschiedliche Ziele auf dem Markt. Die Verbesserung der Softwareentwicklung muss daher auf einem Verfahren basieren, das sich den spezifischen Zielen eines Unternehmens anpassen lässt. Zudem muss das Verfahren die drei Dimensionen einer Verbesserung der Softwareentwicklung berücksichtigen:

1. Verbesserung des Entwicklungsprozesses,
2. Verbesserung der Produkt- und Prozesstechnologien,
3. Verbesserung des Mitarbeitermanagements.

Der Ausgangspunkt einer zielgerichteten Verbesserung ist die Bewertung des aktuellen Stands der angewandten Prozesse, der angewandten Technologien sowie des ausgeübten Mitarbeitermanagements. Das Verfahren muss eine auf Softwaremetriken gestützte Bewertung ermöglichen, um die Identifikation von Schwerpunkten der Verbesserung und die Steuerung der Verbesserungsaktivitäten zu erleichtern.

1.1 Ausgangssituation und Motivation

Software hat für viele Unternehmen eine hohe strategische Bedeutung erlangt. In vielen Produkten steigt der Anteil an Software, nicht nur bedingt durch die ständige Erweiterung des Leistungsumfangs vieler Produkte und Systeme, sondern auch durch die zunehmende Verlagerung von Hardware-Funktionalität in Software.

Der steigende Anteil an Software, gepaart mit zunehmender Komplexität von Produkten und Systemen, sowie die Verteilung der Entwicklung über mehrere Standorte lassen den Aufwand für Entwicklung, Pflege und Wartung von Software anwachsen. Dadurch wird die Softwareentwicklung zu einer zentralen Aktivität im Unternehmen. Eine Verbesserung der Softwareentwicklung kann daher einen beträchtlichen Beitrag zur Steigerung der Wettbewerbsfähigkeit eines Unternehmens der Software-Industrie leisten [Rezagholi 00c, 160].

Bis Ende der achtziger Jahre beschränkte sich die Verbesserung der Softwareentwicklung im Wesentlichen auf die Verbesserung des Einsatzes von CASE-Werkzeugen. Dann setzte sich immer mehr die Erkenntnis durch, dass viele Probleme der Softwareentwicklung, insbesondere Termin- und Kostenüberschreitungen, auf Unzulänglichkeiten des Entwicklungsprozesses zurückzuführen sind [Rezagholi 00c, 160].

Seitdem ist eine starke Konzentration auf die Verbesserung des Entwicklungsprozesses zu beobachten: Es sind mehrere Ansätze entwickelt worden, um Softwareentwicklungsprozesse systematisch zu verbessern. Prominente Beispiele solcher Ansätze sind CMM (Capability Maturity Model) [z.B. Dymond 02; Paulk 93a], Bootstrap-Methode [z.B. Kuvaja 96], SPICE (Software Process Improvement & Capability dEtermination) [z.B. ISO 15504; Rout 95] und Capability Maturity Model-Integrated (CMMI) [z.B. Ahern 03; Chrissis 03]. Diese und alle anderen vergleichbaren Ansätze lassen sich folgendermaßen charakterisieren:

- Allen Ansätzen liegt die These zugrunde, dass bessere Entwicklungsprozesse zu besseren Produkten führen.
- Dieser These zur Folge implizieren diese Ansätze, dass das primäre Ziel eines Unternehmens die Steigerung der Produktqualität, meist im Sinne der Reduktion von Produktfehlern, ist. Diese Ansätze sind jedoch Referenzmodelle und dienen einer allgemeinen, d.h. von spezifischen Unternehmenszielen unabhängigen Prozessverbesserung.
- Alle Ansätze betrachten das Verständnis des im Unternehmen definierten und gelebten Entwicklungsprozesses, also die Prozessbewertung, als ersten Schritt für eine systematische Prozessverbesserung. Die Bewertung findet auf einer qualitativen Basis, im Allgemeinen auf einer mehrstufigen Skala, statt. Die Verbesserung bedeutet das Erreichen einer höheren Stufe auf dieser Skala.

Die folgende Diskussion dieser Charakterisierung soll die aktuellen Fragestellungen zum Thema *Verbesserung der Softwareentwicklung* umreißen und zugleich die Gründe aufzeigen, die diese Arbeit motivieren.

1.1.1 Bessere Entwicklungsprozesse und bessere Produkte

Die These *bessere Prozesse führen zu besseren Produkten* ist in Bezug auf die Softwareentwicklung nicht ganz unumstritten. Für einige Autoren haben die intellektuellen Tätigkeiten eine besondere Bedeutung in der Softwareentwicklung [z.B. Sommerville 01, 570]; solche Tätigkeiten lassen sich schwer in einem Prozess abbilden.

Eine Vielzahl von weltweit durchgeführten Prozessverbesserungen bestätigen allerdings den Zusammenhang zwischen der Qualität einer Software und der Qualität des zu ihrer Entwicklung angewandten Prozesses, und zwar bei jeder Art der Weiterentwicklung, d.h. Entwicklung von Versionen und Varianten einer Software [siehe z.B. Ferguson 99; Diaz 97; Herbsleb 97]. Bei der Entwicklung *neuer* Software gilt diese These nur eingeschränkt, da der Erfolg solcher Entwicklungen in größerem Ausmaß von Technologien als vom Entwicklungsprozess abhängt. Auch der Anteil an intellektuellen Tätigkeiten ist bei Neuentwicklungen wesentlich höher als bei Weiterentwicklungen, wo sich viele Tätigkeiten im Laufe der Zeit einspielen und zu einem Prozess standardisieren lassen.

Insgesamt ist diese These weitgehend akzeptiert, da in einem Softwareunternehmen die standardisierbaren Weiterentwicklungen den beträchtlichen Teil der Gesamtentwicklung ausmachen. Dennoch ist eine profunde Untermauerung der These anhand von Daten aus den weltweit durchgeführten Prozessverbesserungen weiterhin wünschenswert.

1.1 Ausgangssituation und Motivation

Es gibt eine weitere These, die nicht vernachlässigt werden darf: *Bessere Technologien führen zu besseren Produkten*. Im Laufe der Zeit haben immer leistungsfähigere Entwicklungswerkzeuge und Softwaretechnologien die Produktivität der Entwicklung und die Qualität des Softwareproduktes verbessert, oder es zumindest ermöglicht, mit der wachsenden Komplexität der Software und steigenden Qualitätsanforderungen besser fertig zu werden.

Die Beschränkung der *Verbesserung der Softwareentwicklung* auf die *Verbesserung des Entwicklungsprozesses* mag dem Qualitätsziel Reduktion von Produktsfehlern angemessen sein. Wird der Qualitätsbegriff aber weiter gefasst, d.h. wird die Qualität in direktem Zusammenhang mit Wertsteigerung und Kundenzufriedenheit betrachtet, dann ist häufig auch eine *Verbesserung der Technologien* notwendig – ob nun als Verbesserung der Anwendung von Technologien oder als Anwendung von besseren Technologien.

Der Grund hierfür ist, dass die Menge der Leistungsmerkmale und ihre Realisierung in Form eines Produktes durch die Kombination von Prozesstechnologien (Entwicklungsparadigmen und -werkzeuge) und Produkttechnologien (z.B. Middleware-Technologien, Kommunikationsprotokolle) bestimmt ist. Daher kann eine Prozessverbesserung allein nicht zur Entwicklung marktgerechter Produkte führen.

Neben Entwicklungsprozess und Technologie stellt der Faktor *Mensch* (Mitarbeiter) die dritte Dimension einer Verbesserung in der Softwareentwicklung dar. Denn der Mitarbeiter, als Wissens- und Erfahrungsträger, konkretisiert die notwendigen Technologien nach einem vorgegebenen Prozess zu einem Softwareprodukt. Eine Verbesserung des Mitarbeitermanagements, wie z.B. im Hinblick auf die Arbeitsumgebung, die Anerkennung und die Qualifikation der Mitarbeiter bewirkt unmittelbar eine Verbesserung der Softwareentwicklung.

Zusammengefasst weist die *Verbesserung der Softwareentwicklung* drei Dimensionen auf:

1. Verbesserung des Entwicklungsprozesses,
2. Verbesserung der Produkt- und Prozesstechnologien,
3. Verbesserung des Mitarbeitermanagements.

Diese Dimensionen haben unterschiedliche Bedeutungen bei der Verbesserung der Softwareentwicklung. In der Regel geben die Art und der Umfang der Projekte eines Unternehmens Hinweise, welche der drei Dimensionen bei der Ausschöpfung von Produktivitäts- und Qualitätssteigerungspotentialen bedeutsamer ist. Erfahrungsgemäß ist bei größeren Projekten der Grenznutzen einer Prozessverbesserung größer als der einer Technologieverbesserung.

1.1.2 Steigerung der Produktqualität als primäres Ziel

Unternehmen der Software-Industrie müssen sich nicht in jedem Falle mit der Steigerung der Produktqualität und damit auch nicht mit der Reduktion von Produktfehlern, einem der Aspekte der Qualitätssteigerung, als primäres Ziel der Verbesserung identifizieren. Das primäre Ziel der Verbesserung der Softwareentwicklung aus Unternehmenssicht ist, gemäß der dieser Arbeit zugrunde liegenden Sicht, die *Steigerung der Wettbewerbsfähigkeit* und damit die *Verbesserung der Ertragslage*. Dieses Ziel lässt sich im Wesentlichen durch Steigerung der

Prozess- und/oder Produktqualität, Reduzierung der Entwicklungskosten und Verkürzung der Entwicklungszeit erreichen.

Welches dieser allgemeinen, zum Teil voneinander abhängigen Ziele das primäre Ziel der Verbesserung der Softwareentwicklung darstellt, hängt von der Marktsituation des Unternehmens ab. Beispielsweise ist auf einem Markt, der durch eine geringere Anzahl von Anbietern und eine Vielzahl von Nachfragern charakterisiert werden kann, die Verkürzung der Entwicklungszeit und damit eine schnellere Markteinführung des Produkts eher das primäre Ziel der Verbesserung. Hingegen kann auf einem Markt, der durch eine Vielzahl von Anbietern und geringere Anzahl von Nachfragern charakterisiert ist, die Kostensenkung das primäre Ziel der Verbesserung darstellen [Card 95].

Ebenso offensichtlich unterscheiden sich die Geschäftsziele eines sogenannten Low-cost-Herstellers von den Geschäftszielen eines High-end-Herstellers, des Marktführers oder des Technologieführers in einem Markt-/Kundensegment.

Die Wettbewerbsfähigkeit oder der Ertrag eines Unternehmens kann also auf unterschiedlichen Wegen gesteigert werden. Die Verbesserung der Softwareentwicklung ist dementsprechend als eine Aktivität zu betrachten, die für ein Unternehmen spezifisch ist [Sommerville 01, 567].

1.1.3 Bewertung als Basis für Verbesserung

Die Bewertung stellt in allen verfügbaren Ansätzen eine unabdingbare Voraussetzung für die Verbesserung dar: Zunächst wird die Ausgangssituation hinsichtlich des Softwareentwicklungsprozesses in Form eines *qualitativen* Stärken/Schwächen-Profils ermittelt, danach werden geeignete Verbesserungsmaßnahmen definiert. Die Prozessverbesserung ist dann eingeleitet, sobald mit der Umsetzung von Maßnahmen begonnen wird.

Es ist allerdings sinnvoller, die Bewertung nicht qualitativ, sondern vorwiegend quantitativ nach einem Prinzip des Messens durchzuführen: *metrikbasierte Bewertung*. Durch das Messen, etwa nach Kosten-, Zeit- und Qualitätsmaßstäben, wird nicht nur eine objektivere Basis für Verbesserungen geschaffen, sondern es kann auch wirksamer kontrolliert werden, ob die gesteckten Verbesserungsziele erreicht werden.

Messobjekte sind Entwicklungsprojekte und deren Produkte und Zwischenergebnisse. Das Messen gibt, entsprechend den diskutierten drei Dimensionen der Verbesserung, Auskunft über den Stand der angewandten Prozesse (alle betrachteten Tätigkeiten der Softwareentwicklung), der angewandten Produkt- und Prozess-Technologien sowie des ausgeübten Mitarbeitermanagements [siehe auch Heinrich 97b].

Aufgrund der metrikbasierten Bewertung ist es ferner möglich, den Grenznutzen einer Verbesserung der Softwareentwicklung zu beobachten und dementsprechend den Schwerpunkt der Verbesserung auf Prozess, Technologie oder Mitarbeiter zu legen. Wird etwa beobachtet, dass der Grenznutzen der Prozessverbesserung abnimmt, so kann der Fokus auf Verbesserung der Technologien oder des Mitarbeitermanagements gelegt werden.

1.2 Gegenstand und Ziele

Die bisherige Diskussion zeigt, dass zur Verbesserung der Softwareentwicklung ein Verfahren anzuwenden ist, das

- sich an den spezifischen Zielen eines Unternehmens orientiert,
- alle drei Dimensionen einer Verbesserung berücksichtigt,
- auf das Messen gründet.

Die Beschreibung eines solchen Verfahrens ist Gegenstand dieser Arbeit.

Das Verfahren soll einem Unternehmen ermöglichen, den aktuellen Status des Softwareentwicklungsprozesses und den der angewandten Technologien – einschließlich eigener Technologieposition – zu ermitteln und daraufhin ein auf Unternehmensziele zugeschnittenes *Verbesserungsprojekt* zu definieren. Die Bewertung stellt also weiterhin den Ausgangspunkt für eine zielgerichtete Verbesserung dar. Die Bewertung findet so weit wie möglich quantitativ statt; die Verbesserung wird so weit wie möglich quantitativ gesteuert.

Das Verfahren spiegelt die erwähnte Unternehmenssicht von der Verbesserung der Softwareentwicklung, nämlich Steigerung der Wettbewerbsfähigkeit und des Ertrags, wider. Es entspricht auch der in ISO 9004 geforderten Kontinuität einer Qualitätsverbesserung [ISO 9004].

Die verfügbaren Ansätze der Prozessverbesserung (insbesondere Capability Maturity Model, Bootstrap-Methode, Software Process Improvement & Capability dEtermination und Capability Maturity Model-Integrated) dienen als Grundlage für das Verfahren. Das Verfahren unterscheidet sich von diesen Ansätzen durch die Konzentration der Bewertung und Verbesserung auf die *Kernprozesse der Softwareentwicklung* und die systematische Verwendung von *Softwaremetriken* zu diesem Zweck. Das Verfahren stellt auch eine Weiterentwicklung der verfügbaren Ansätze dar, indem es diese um die Bewertung und Verbesserung angewandter Softwaretechnologien erweitert.

Das Verfahren erstreckt sich auf folgende Tätigkeiten:

- **Ermittlung von primären Zielen der Softwareentwicklung**
  Die Ermittlung von Unternehmenszielen, die das Softwaregeschäft betreffen, stellt den Ausgangspunkt einer zielorientierten individuellen Bewertung und Verbesserung dar. Diese Ziele bestimmen, welchen Entwicklungsprozessen oder Teilprozessen und welchen Technologien im Rahmen der Bewertung und Verbesserung besondere Beachtung zu schenken ist.

- **Bewertung des aktuellen Prozess- und Technologiestatus**
  Die Bewertung liefert ein den Verbesserungszielen entsprechendes Stärken/Schwächen-Profil der Softwareentwicklung und ermöglicht damit das Verständnis der aktuellen Prozesse und Technologien. Die ermittelten Schwächen zeigen die Verbesserungspotentiale auf und sind Grundlage zur Definition von Verbesserungsmaßnahmen. Im Rahmen der Bewertung werden alle sinnvollen in der Softwareentwicklung verfügbaren oder mit an-

gemessenem Aufwand ermittelbaren Daten genutzt, um den aktuellen Stand messbar zu belegen.

- **Verbesserung des Prozess- und Technologiestatus**
  Die ermittelten Verbesserungsmaßnahmen werden im Rahmen eines Verbesserungsprojekts umgesetzt. Das Verbesserungsprojekt legt für jede Verbesserungsmaßnahme Metriken fest, mit deren Hilfe sich später der Beitrag der Verbesserungsmaßnahme zur Zielerreichung ermitteln lässt. Hierfür können die zur Bewertung verwendeten Metriken weiterverwendet und gegebenenfalls um weitere Metriken ergänzt werden.

  Das Verbesserungsprojekt sieht für jede Maßnahme eine Pilotanwendung vor. In dieser Phase werden durch Messen und Analyse der Messergebnisse die Wirtschaftlichkeit und Wirksamkeit jeder Verbesserungsmaßnahme untersucht und gegebenenfalls Korrekturen vorgenommen. Anschließend wird entschieden, ob und wie die Maßnahmen in allen Entwicklungsprojekten umgesetzt werden.

Schließlich ist zu bemerken, dass das Verfahren für den Gebrauch in einer einzigen Anwendungsdomäne vorgesehen ist, da Prozesse und Technologien nur in Bezug auf gleichartige Produkte sinnvoll bewertet und verbessert werden können. Um das näher zu erläutern, muss zunächst der Begriff Anwendungsdomäne, wie er hier verwendet wird, definiert werden.

Eine *Anwendungsdomäne* umfasst alle Softwareprodukte, die ähnliche Funktionen enthalten oder für ähnliche Verwendungszwecke entwickelt werden. Diese Produkte weisen eine vergleichbare Architektur auf und werden unter Verwendung gleicher Technologien und Anwendung des gleichen Entwicklungsprozesses oder dessen Ausprägungen entwickelt – die in einer Anwendungsdomäne angewandten Prozesse und Technologien sind homogen. Nach dieser Definition umfasst eine Anwendungsdomäne eine Produktfamilie. Beispiele für eine Anwendungsdomäne sind: Bildverarbeitungssysteme, Fahrzeugsteuerungssysteme oder Softwareprodukte für Buchung und Reservierung.

Eine Anwendungsdomäne wird grundsätzlich von einer *Organisationseinheit* (äquivalente Begriffe aus der Praxis sind Abteilung, Fachabteilung oder neuerdings auch Business Unit) repräsentiert. Eine Organisationseinheit bezeichnet denjenigen Teil eines Unternehmens, der sich mit der Entwicklung von Software für eine bestimmte Anwendungsdomäne befasst. Demzufolge kann ein Unternehmen mehrere softwareentwickelnde Organisationseinheiten besitzen und in jeder Einheit, den Markterfordernissen und Bedingungen der Anwendungsdomäne entsprechend, unterschiedliche Ziele verfolgen.

Im Sinne der Bewertung und Verbesserung der Softwareentwicklung decken sich beide Begriffe ab: Dem Begriff Anwendungsdomäne liegt die Produktsicht zugrunde; dem Begriff Organisationseinheit liegt die institutionale Sicht, die Sicht der Aufbauorganisation im Unternehmen zugrunde. Im Weiteren wird der Einfachheit halber der vertrautere Begriff Organisationseinheit verwendet, es sei denn, dieser Begriff kann die gerade zugrundeliegende Produktsicht nicht eindeutig wiedergeben; in solchen Fällen wird der Begriff Anwendungsdomäne verwendet.

Die Gründe für die Einschränkung des Verfahrens auf eine Organisationseinheit sind nun leicht nachvollziehbar: Die unternehmerischen Ziele der Softwareentwicklung können besser berücksichtigt werden und es ist sinnvoller und leichter die angewandten Prozesse und Technologien dort zu bewerten und zu verbessern, wo sie homogen sind.

Die bisherige Beschreibung des Verfahrens in seinen Hauptzügen stellt zugleich das Verständnis der Arbeit von Prozess- und Technologiemanagement klar: Prozess- und Technologiemanagement umfassen alle Tätigkeiten, die dazu führen, den Stand des Entwicklungsprozesses und der Technologieanwendung zielführend zu bewerten und zu verbessern. Mit anderen Worten, Prozessmanagement bedeutet die Ausrichtung des Prozesses, so dass die gestellten Marktanforderungen, so bald sie sich auf den Entwicklungsprozess beziehen, erfüllt werden. Technologiemanagement bedeutet die kontinuierliche Ausrichtung der Ressourcen auf marktgerechte Technologien.

Die Beschreibung deutet auch darauf hin, dass das Mitarbeitermanagement nicht im Fokus des Verfahrens steht; nur die Bewertung einiger wichtiger Aspekte des Faktors Mitarbeiter wird behandelt. Dies beruht auf der Tatsache, dass derzeit nur wenig gesicherte Erkenntnisse zur Bewertung und Verbesserung des Mitarbeitermanagements in der Softwareentwicklung vorliegen.

Diese inhaltliche Abgrenzung des Verfahrens begründet zugleich die gewählte Bezeichnung für das Verfahren: **M**anagement of Software **P**rocesses and **T**echnologies based on **M**etrics (MPTM).

Auf die Folgerungen, die sich aus dem Stand der Technik und Praxis für MPTM ergeben, wird in Abschnitt 2.5 eingegangen. Dort wird auch die Diskussion der Ziele und des Gegenstands von MPTM wieder aufgenommen.

1.3 Methodik und Vorgehensweise

Prozess- und Technologiemanagement stellen, ihrer Definition von oben folgend, zwei der Bausteine des Software Engineering dar. „Software Engineering ist die praktische Anwendung wissenschaftlicher Erkenntnisse für die wirtschaftliche Herstellung und den wirtschaftlichen Einsatz qualitativ hochwertiger Software" [Pomberger 96]. Entsprechend dieser Zielsetzung schließt das Software Engineering die Verbesserung des Entwicklungsprozesses und der Technologie mit ein.

Software Engineering ist immer noch eine junge Disziplin [Sommerville 01]; es gibt dafür bis heute keine allgemein akzeptierte Definition. Die Experten sind sich jedoch einig, dass Software Engineering sich mit den praktischen Problemen der Softwareentwicklung beschäftigt – seine Entstehung lässt sich letztendlich auf die Probleme zurückführen, die bei der Erstellung großer Softwaresysteme entstehen (für weitere Definitionen des Begriffs Software Engineering siehe etwa in [Sommerville 01; Fairley 85; Boehm 76]). Aus dieser Überlegung heraus schrieb I. Sommerville: „Idealerweise sollte das gesamte Software Engineering auf den Theorien der Informatik basieren, aber in der Realität ist das oft nicht der Fall" und weiter „Die eleganten Theorien der Informatik können oft nicht auf reale, komplexe Probleme angewandt werden, die nach einer Softwarelösung verlangen" [Sommerville 01, 23].

So lassen sich die meisten Errungenschaften des Software Engineering, ob Methoden, Techniken, Beschreibungsmodelle, Notationen, Konventionen oder Empfehlungen theoriebasiert weder beweisen noch widerlegen. Sie können lediglich experimentell, d.h. aufgrund der Erfahrungen und Erkenntnisse aus ihrem praktischen Einsatz, in ihrer Wirtschaftlichkeit und Wirksamkeit beurteilt werden. Daher rührt auch der seit neuem, insbesondere in den englischsprachigen Literaturstellen und Studien zur Softwareentwicklung, verwendete Begriff *Best Practices*. Mit diesem werden alle Methoden, Techniken und Modelle des Software Engineering charakterisiert, die aus der Erfahrung heraus bestätigt wurden und folglich auch durch sie widerlegt werden können.

Sämtliche verfügbare Verfahren der Bewertung stellen Best-Practice-Modelle dar oder sind aufgrund weiterer Erfahrungen aus solchen Modellen entstanden. So auch das hier beschriebene Verfahren zum Prozess- und Technologiemanagement MPTM, das wie oben dargelegt, eine Weiterentwicklung und Erweiterung verfügbarer Verfahren ist. Die Methodik der Arbeit besteht also darin, die gefestigten Erfahrungen und Erkenntnisse aus der Bewertung und Verbesserung von Entwicklungsprozessen und Softwaretechnologien in ein Verfahren einzuordnen, welches eine schrittweise Anleitung für eine kontinuierliche Verbesserung der Softwareentwicklung darstellt.

1.4 Aufbau des Buchs

Die Arbeit besteht aus zwei Teilen. Teil I behandelt, nach einer Diskussion des Stands der Technik, die Bewertung und Verbesserung von Entwicklungsprozessen und Softwaretechnologien anhand des Verfahrens MPTM. Teil II stellt Hilfsmittel für die Prozess- und Technologiebewertung zur Verfügung.

Die einzelnen Kapitel sind inhaltlich wie folgt gegliedert: Kapitel 2 behandelt die wesentlichen verfügbaren Ansätze der Bewertung und Verbesserung der Softwareentwicklung, mit der Intention, die Stärken und Schwächen dieser Ansätze sowie ihre Bewertungspraxis darzulegen. Der Leser kann, bis auf den Abschnitt 2.5 (Resümee und Folgerung) auf jeden anderen Abschnitt dieses Kapitels, entsprechend seinem Wissensstand, verzichten.

Kapitel 3 stellt dann dar, welche Verbesserungsziele für das Softwaregeschäft im Allgemeinen von Bedeutung sind. Damit ist die Grundlage für eine eingehende Diskussion einer unternehmensindividuellen Bewertung und Verbesserung gelegt.

Ab Kapitel 4 lehnt sich die Struktur der Arbeit an die Struktur von MPTM an. Die Kapitel 4 und 5 beschäftigen sich mit der Bewertung von Softwareentwicklungsprozessen und Softwaretechnologien. Kapitel 6 beschreibt das Vorgehen zur Verbesserung der Softwareentwicklung. Es besteht eine enge inhaltliche Verbindung zwischen diesen drei Kapiteln und den Kapiteln 7, 8 und 9 im zweiten Teil des Buchs.

Kapitel 7 zeigt, was die Kernprozesse der Softwareentwicklung sind und im Hinblick auf welche Aspekte sie zu bewerten sind. Kapitel 8 diskutiert eine Reihe von Metriken, die sowohl die Bewertung als auch die Kontrolle der Erreichung von Verbesserungszielen unterstützen. Kapitel 9 zeigt anhand einiger Beispiele, welche Ergebnisse aus einer Bewertung resultieren können. Es zeigt auch, wie die Bewertungsergebnisse zu dokumentieren sind, damit sie eine geeignete Grundlage für die Verbesserung der Softwareentwicklung darstellen. Kapitel 10 schließt die Arbeit mit einer Zusammenfassung der Ergebnisse und einem Ausblick ab.

Das Begriffsverzeichnis umfasst die Definition aller Begriffe, deren Verständnis für diese Arbeit von besonderer Bedeutung ist. Es ermöglicht dem Leser einen ständigen Zugriff auf die Begriffdefinitionen. Es ist ferner zu beachten, dass bei Begriffdefinitionen gewisse Ermessensspielräume eine Rolle spielen, wie dies bei jedem Versuch einer Begriffsabgrenzung unvermeidlich ist.

Zum Schluss ein Hinweis zur Typographie: Bestimmte Begriffe werden im Text kursiv geschrieben, um eine besondere Aufmerksamkeit des Lesers auf diese Begriffe selbst oder auf den gerade behandelnden Sachverhalt zu lenken.

Teil I: Bewertung und Verbesserung von Entwicklungsprozessen und Technologien

2 Stand der Technik und Praxis

Zusammenfassung:

Der Stand der Technik und die Praxis der Bewertung wird in diesem Kapitel diskutiert; allerdings nur soweit, dass die sich daraus ergebenden Konsequenzen für die Entwicklung des Verfahrens MPTM ersichtlich werden.

Es gibt einige in der Praxis weit verbreitete Ansätze zur Bewertung des Softwareentwicklungsprozesses. Sie enthalten ein umfassendes Bewertungsmodell und können unmittelbar, ohne jede Anpassung, eingesetzt werden. Diesen Vorteilen stehen Nachteile gegenüber: Diese Ansätze sind umfangreich, starr in der Anwendung und kaum imstande unternehmensindividuelle Verbesserungsziele zu berücksichtigen. Zur Bewertung und Verbesserung der Technologien gibt es hingegen keine vergleichbaren Ansätze. Im Hinblick auf die Anwendung der Softwaremetriken für Bewertungszwecke steht der Stand der Praxis hinter dem der Technik.

Folglich ergeben sich wichtige Anforderungen an das Verfahren MPTM: Möglichkeit der Bewertung von Entwicklungsprozessen und Technologien; Berücksichtigung der individuellen Unternehmensziele bei der Bewertung; Verwendung eines schlanken Bewertungsmodells; Bereitstellung geeigneter Metriken zur Kontrolle der Zielerreichung.

2.1 Verfügbare Ansätze zur Bewertung von Softwareentwicklungsprozessen

Der Stand der Technik und der Praxis auf dem Gebiet der Bewertung von Softwareentwicklungsprozessen ist, verglichen mit dem Stand der Technik und der Praxis im Hinblick auf die Bewertung der Softwaretechnologien oder des Mitarbeitermanagements, als fortschrittlich zu bezeichnen. In den letzten Jahrzehnten sind eine Reihe von Bewertungs- und Verbesserungsansätzen zum besseren Management des Softwareentwicklungsprozesses entwickelt worden. Im Weiteren werden folgende Ansätze knapp behandelt:

- Software Capability Maturity Model (SW-CMM) [CMM 03; Dymond 02; Paulk 93a; Humphrey 89],
- Bootstrap-Methode [Bootstrap 03; Kuvaja 96; Haase 94],
- Software Process Improvement and Capability dEtermination (SPICE) – der angehende internationale Standard ISO/IEC 15504 [SPICE 03; ISO 15504; Rout 95],

- Capability Maturity Model-Integrated (CMMI) [Ahern 03; Chrissis 03; CMMI 03].

Die Auswahl dieser Ansätze beruht auf folgenden Tatsachen: Das SW-CMM ist das erste Modell seiner Art für die Prozessbewertung und -verbesserung. Es ist weit verbreitet und hat die Entwicklung aller vergleichbaren Ansätze entscheidend beeinflusst. Die Bootstrap-Methode ist eine wichtige europäischen Weiterentwicklung des CMM. Mit SPICE wird der Versuch unternommen, einen internationalen Standard für die Bewertung von Softwareentwicklungsprozessen einzuführen (ISO 15504). CMMI stellt die neueste Entwicklung im Bereich Prozessbewertung und -verbesserung dar.

Über diese Ansätze hinaus haben Forschungseinrichtungen und große Unternehmen der Software-Industrie spezifische Verfahren zur Verbesserung des Entwicklungsprozesses definiert [z.B. Lebsanft 00; Heinrich 97b; Heinrich 95; Trillium 94]. Diese Ansätze werden hier aber nicht weiter diskutiert.

Mit Prozessverbesserung werden oft auch das EFQM-Modell (European Foundation for Quality Management) und ISO 9000-Normen in Verbindung gebracht. Dem EFQM-Modell [Radtke 02; Bergbauer 98; Mellis 98] liegt folgende Prämisse zugrunde: Kundenzufriedenheit, Mitarbeiterzufriedenheit und gesellschaftliche Verantwortung werden durch ein Managementkonzept erzielt, das durch eine spezifische Politik und Strategie, eine geeignete Mitarbeiterorientierung sowie das Management der Ressourcen und Prozesse zu herausragenden Geschäftsergebnissen führt.

Entsprechend dieser Prämisse werden mit dem EFQM-Modell die gesamten Geschäftsprozesse, wie etwa der Marketing-, Vertriebs-, Auftragsabwicklungs- und notwendigerweise auch der Entwicklungsprozess evaluiert. Das Modell ist relativ umfassend und vom Abstraktionsniveau oberhalb CMM, der Bootstrap-Methode oder SPICE. Folglich sind die Bewertungsergebnisse zu allgemein, um für eine spezifische Verbesserung des Entwicklungsprozesses geeignet zu sein [Rezagholi 00c, 169].

Aus diesem Grund wird das EFQM-Modell im Weiteren nicht näher betrachtet. Dies gilt auch für die Normen ISO 9001:2000 (Qualitätsmanagementsystem-Forderungen) und ISO 9004:2000 (Qualitätsmanagementsystem-Leitfaden zur Leistungsverbesserung) [Wallmüller 01, 316–324]. ISO 9001:2000 formuliert allgemeine Forderungen an ein Qualitätsmanagementsystem, an denen sich Unternehmen bei der Definition eines solchen Systems orientieren können. Die Forderungen beziehen sich im Wesentlichen auf die Definition, Dokumentation und Einhaltung qualitätsrelevanter Prozesse. Die Prüfung, ob ein Qualitätsmanagementsystem diese Forderungen erfüllt, erfolgt durch das Verfahren „Zertifizierungs-Audit nach ISO 9001". Diese Bewertung ist im Hinblick auf den internen Nutzen für das betreffende Unternehmen jedoch stark ausgehöhlt: Sie konzentriert sich auf eine formale Prüfung der Forderungen (Vorliegen von Ergebnissen). Die formale Erfüllung der Forderungen lässt allerdings nicht auf die eigentliche Prozess- und Produktqualität schließen [Heinrich 97a, 427f], da die notwendige inhaltliche Prüfung (Eignung von Ergebnissen) fehlt. Zusammengefasst bietet eine Bewertung nach ISO 9001 keine solide Grundlage für eine Prozessverbesserung.

2.1.1 Software Capability Maturity Model

Das Software Capability Maturity Model (SW-CMM, kurz: CMM) ist eine Entwicklung des Software Engineering Institute der Carnegie Mellon University. Das Modell beruht auf den sogenannten Best Practices der Softwareentwicklung. Es liegt in der Version 1.1 vor [Paulk 93a]. Eine Version 2 des Modells wurde zwar 1997 zu Ende entwickelt (Software CMM V2.0 Draft C [Paulk 97]), offiziell aber nie freigegeben, anstelle dessen wurde später CMMI (CMM Integration) veröffentlicht (siehe Abschnitt 2.1.4) Die folgende Kurzbeschreibung von CMM lehnt sich an die neuere Version 2.0 Draft C an.

Dem CMM liegt folgendes Prozessverständnis zugrunde: „A software process can be defined as a set of activities, methods, practices, and transformations that people use to develop and maintain software and the associated products (e.g., project plans, design documents, code, test cases, and user manuals)." [Paulk 93a].

CMM ordnet dem Entwicklungsprozess fünf *Reifegradstufen* zu, und zwar von Stufe 1 (niedrigster Reifegrad) bis zur Stufe 5 (höchster Reifegrad). Jede Reifegradstufe spezifiziert die *Schlüsselprozesse* (Key Process Areas), die in einem Entwicklungsprozess der entsprechenden Reife integriert sein müssen. CMM definiert insgesamt neunzehn Schlüsselprozesse (Abb. 2.1). Ein Unternehmen muss also Fähigkeiten in einer Reihe von Schlüsselprozessen nachweisen, damit dem dort angewendeten Prozess eine bestimmte Reifegradstufe zugeordnet werden kann. Die Reifegradstufen kumulieren sich, d.h. ein Entwicklungsprozess der Reifegradstufe 3 umfasst die Schlüsselprozesse der Stufe 2 und die der Stufe 3.

CMM wird nicht nur zur Bestimmung der Prozessreife verwendet; es stellt auch einen Rahmen für eine schrittweise Prozessverbesserung zur Verfügung. CMM charakterisiert die fünf Reifegradstufen eines Softwareentwicklungsprozesses folgendermaßen:

- Stufe 1 Ad hoc
  Der Entwicklungsprozess ist nicht oder nur in Ansätzen definiert. Der Projekterfolg hängt im besonderen Maße von der Fähigkeit einzelner Personen ab.

- Stufe 2 Wiederholbar (Repeatable)
  Das Projektmanagement ist etabliert, so dass Kosten, Termine und die Realisierung spezifizierter Funktionen verfolgt werden können. Eine Prozessdisziplin, die notwendig ist, um frühere Projekterfolge bei zukünftigen ähnlichen Projekten wiederholen zu können, ist vorhanden.

- Stufe 3 Definiert (Defined)
  Alle Prozesse sind in Bezug auf die Management- und die Entwicklungstätigkeiten dokumentiert, standardisiert und in einem Entwicklungsprozess für das gesamte Unternehmen integriert. Alle Projekte leiten ihren spezifischen Entwicklungsprozess aus diesem Standardprozess nach definierten Kriterien ab.

- Stufe 4 Quantitativ geführt (Quantitatively Managed)
  Ein Metrik-System ist definiert und in den Entwicklungsprozess integriert, so dass der Entwicklungsprozess quantitativ verstanden und gesteuert werden kann. Die Qualität wird anhand von Metriken gemessen, um die Prozessleistung innerhalb der angemesse-

nen Grenzen zu halten. Die Messungen werden in geeigneter Weise erfasst und aufbereitet.

- Stufe 5 Optimierend (Optimizing)
Der Entwicklungsprozess wird aufgrund der Auswertung von Prozessmessungen sowie aufgrund von Erkenntnissen aus dem Einsatz neuer Ideen und Technologien dynamisch verbessert. Die Projekte analysieren die Fehlerursachen und definieren geeignete Maßnahmen mit dem Ziel, eine Wiederkehr von identifizierten Fehlern zu verhindern.

Level 5: Optimizing
- Defect Prevention
- Organization Process &Technology Innovation
- Organization Improvement Deployment

Level 4: Managed
- Organization Software Asset
- Commonality Organization Process
- Performance Statistical Process Management

Level 3: Defined
- Organization Process Focus
- Organization Process Definition
- Organization Training Program
- Integrated Software Management
- Software Product Engineering Project
- Interface Coordination
- Peer Reviews

Level 2: Repeatable
- Requirements Management
- Software Project Planning
- Software Project Control
- Software Acquisition Management
- Software Quality Assurance
- Software Configuration Management

Level 1: Initial

Abb. 2.1 Reifegradstufen und Schlüsselprozesse des CMM

CMM beschreibt die Schlüsselprozesse anhand von insgesamt 62 Prozesszielen und 318 *Schlüsselfähigkeiten* (Key Practices). Diese spezifizieren Anforderungen an die notwendige Infrastruktur und die durchzuführenden Tätigkeiten, die erfüllt sein müssen, um auf eine wirksame, wiederholbare und dauerhafte Implementierung des Schlüsselprozesses schließen zu können (siehe auch Abb. 2.2). Zum besseren Verständnis werden die Ziele und die geforderten Schlüsselfähigkeiten eines Schlüsselprozesses der Reifegradstufe 2, Software Requirements Management, ausgeführt.

CMM formuliert drei Ziele für das Requirements Management (für eine detaillierte Beschreibung siehe [Paulk 97]):

2.1 Verfügbare Ansätze zur Bewertung von Softwareentwicklungsprozessen 17

1. Die Tätigkeiten des Requirements Managements sind zu institutionalisieren (in eine feste akzeptierte Form zu bringen), um sie wiederholbar zu machen.
2. Softwareanforderungen sind zur Grundlage für die gesamte Softwareentwicklung (also auch für das Projektmanagement) zu machen.
3. Die Konsistenz der Projektpläne, Projektarbeiten und Projektergebnisse mit den Anforderungen sind zu sichern.

Anschließend definiert CMM folgende Schlüsselfähigkeiten für das Requirements Management (zur detaillierten Beschreibung siehe [Paulk 97]):

- Die Unternehmensleitung verfasst und pflegt eine Unternehmenspolitik zum Management von Anforderungen, insbesondere im Hinblick auf die Dokumentation von Anforderungen, Sicherung der Qualität von Anforderungen und Anforderungsänderungen.
- Das Management von Anforderungen (Dokumentation, Analyse, Bewertung usw.) wird geplant. Der Plan ist Bestandteil des Projektplans und wird gepflegt.
- Adäquate Ressourcen (Experten und Werkzeuge) und ein hinreichender Finanzrahmen werden bereitgestellt.
- Verantwortlichkeiten für die Analyse und Zuordnung von Systemanforderungen (Anforderungen an Hardware, Software und andere Systemkomponenten) sind definiert.
- Die im Requirements Management involvierten Personen werden für die Durchführung ihrer Aufgaben ausreichend geschult.
- Alle Tätigkeiten des Requirements Managements werden, im Sinne der Wiederholbarkeit, von allen Beteiligten nach einer festgelegten Prozessbeschreibung durchgeführt.
- Die Anforderungen werden dokumentiert und bezüglich ihrer Qualität geprüft. Die Anforderungsdokumente unterstehen dem Konfigurationsmanagement.
- Anforderungsänderungen und ihre Auswirkungen auf das Projekt werden analysiert und dokumentiert. Die Änderungen der bestehenden Ergebnisse und Pläne werden überwacht.
- Die Softwareentwicklung verwendet die Anforderungen und Anforderungsänderungen als Grundlage für die Projektplanung, inklusive der Festlegung der Arbeitspakete und der durchzuführenden Tätigkeiten.
- Metriken werden definiert, um Status und Fortschritt der Tätigkeiten bei der Umsetzung von Anforderungen zu messen (z.B. mittels Anzahl der Anforderungen, Anzahl der Änderungen, Implementierungsaufwand).
- Die definierten Tätigkeiten (Dokumentation, Analyse der Anforderungsänderungen usw.) werden daraufhin geprüft, ob sie im Einklang mit dem Prozess und den Standards durchgeführt werden.
- Jedes Arbeitspaket wird daraufhin geprüft, ob es im Einklang mit den ihm zugeordneten Anforderungen entwickelt wird.
- Die Tätigkeiten des Requirements Managements werden regelmäßig und bei Bedarf unter Beteiligung des oberen Managements verifiziert.
- Die Tätigkeiten des Requirements Managements werden regelmäßig und bei Bedarf unter Beteiligung der Projektleitung verifiziert.

Zur Bestimmung des Reifegrads eines Entwicklungsprozesses (Software Process Assessment) werden einige Projekte des betrachteten Unternehmens ausgewählt und im Rahmen von Dokumentenanalysen und Interviews mit Beteiligten untersucht. Die Bewertung wird von einem Team durchgeführt, das langjährige Erfahrung in der Softwareentwicklung besitzt und mit CMM vertraut ist.

Die Untersuchung wird anhand eines Fragenkatalogs durchgeführt. Mit den Fragen wird geprüft, ob die Schlüsselfähigkeiten im Einzelnen und die Schlüsselprozesse als Ganzes implementiert sind (Abb. 2.2). Jede Frage wird mit „Ja" oder „Nein" beantwortet. Die Antworten werden ausgewertet, und eine Liste von Feststellungen zum aktuellen Stand des Prozesses wird erstellt. Die Resultate stellen die Grundlage zur Definition von Maßnahmen zur Verbesserung des Entwicklungsprozesses dar.

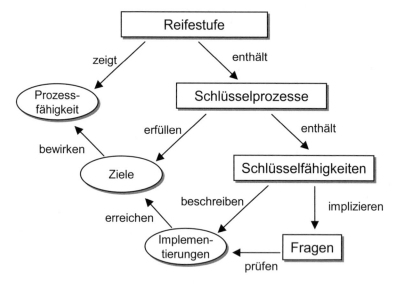

Abb. 2.2 CMM-Architektur

Die Prozessreife eines Unternehmens wird mittels des CBA IPI-Verfahrens (CMM based appraisal for internal process improvements) berechnet; der angewandte Prozess wird einer der Reifegradstufen 1, 2, 3, 4 oder 5 zugeordnet. Eine Reifegradstufe ist erreicht, wenn die Fragen dieser Stufe und der darunter liegenden Stufen mit „Ja" beantwortet sind. Zwischenreifegrade werden nicht vergeben; beispielsweise existiert ein Reifegrad 2,5 auch dann nicht, wenn die von der Reifegradstufe 3 geforderten Tätigkeiten im entsprechenden Maße im Prozess integriert sind.

2.1.2 Bootstrap-Methode

Die Bootstrap-Methode zur Bewertung und Verbesserung von Softwareentwicklungsprozessen [Kuvaja 96; Stienen 96; Haase 94; Kuvaja 94] ist nicht vollständig veröffentlicht und steht nur durch Lizenz zur Verfügung. Sie wurde auf der Basis von CMM entwickelt, indem dieses Modell unter Berücksichtigung von Anforderungen der ISO 9000-Standards und des Standardprozesses von ESA (European Space Agency) erweitert wurde. Mit dieser Erweite-

2.1 Verfügbare Ansätze zur Bewertung von Softwareentwicklungsprozessen

rung wurde CMM in einen europäischen Kontext gebracht, und es wurde durch einen anderen Berechnungsalgorithmus erreicht, dass ein genaueres Profil der Prozessreife, sowohl für ein Unternehmen als auch für dessen Projekte getrennt aufgestellt werden kann.

Die Bootstrap-Methode berücksichtigt in der aktuellen Version 3.2 den Bewertungsrahmen von SPICE (siehe Abschnitt 2.1.3) und die Anforderungen von ISO 12207 (Information Technology - Software Life Cycle Processes) [ISO 12207]. In Folge der Anpassung an SPICE wurde die Methode von 5 auf 6 Reifegradstufen erweitert (Abb. 2.3)

Level 5	Optimizing Process
Level 4	Predictable Process
Level 3	Established Process
Level 2	Managed Process
Level 1	Performed Process
Level 0	Incomplete Process

Abb. 2.3 Reifegradstufen der Bootstrap-Methode

Die Bootstrap-Methode definiert eine Reihe von Prozessen und gliedert diese in die Bereiche Organisation, Methodologie und Technologie (Abb. 2.4). Die Methode umfasst zwei Schritte:

- Bewertung des Softwareentwicklungsprozesses hinsichtlich der Organisation, der Entwicklungsmethodik und des Technologiemanagements, wobei die Methodik im Vordergrund steht.
- Entwicklung eines Verbesserungsplans, der die notwendigen Schritte zur Erreichung einer höheren Reifegradstufe und damit die Verbesserung der Prozessqualität festlegt.

Die Bewertung erfolgt in der Regel durch erfahrene Berater. Diese interviewen Personen aus der Leitung, Qualitätssicherung, Entwicklung und Wartung, analysieren entsprechende Dokumente und werten die Ergebnisse aus. Die Bewertung wird mit Hilfe von Fragebögen durchgeführt. Abb. 2.4 zeigt, auf welche Prozesse sich eine Bewertung bezieht.

Die Bootstrap-Methode zeichnet sich vor allem durch die Anwendung eines flexiblen Bewertungsalgorithmus aus. Jede Frage wird auf der Skala <nicht erfüllt, zum Teil erfüllt, im Wesentlichen erfüllt, voll erfüllt> beantwortet, je nachdem ob und zu welchem Grad der hinterfragte Sachverhalt implementiert ist. Es gibt die Möglichkeit, eine Frage als „nicht zutreffend" zu kennzeichnen, falls der Sachverhalt für das untersuchte Unternehmen nicht relevant ist. Der Bewertungsalgorithmus berücksichtigt auch die auf höheren Reifegradstufen vorhandenen Stärken des Prozesses. Die Prozessreife wird dementsprechend auf der Skala 1 bis 5 in 0,25-Schritten ausgedrückt. Der Bewertungsalgorithmus vermittelt damit, verglichen mit dem von CMM eingesetzten Bewertungsverfahren, ein genaueres Bild der Prozessfähigkeit eines Unternehmens.

Auf der Basis der Bewertungsergebnisse werden geeignete Verbesserungsmaßnahmen definiert. Die Umsetzung der Maßnahmen wird, unter Berücksichtigung der Geschäftsziele des Unternehmens, inhaltlich und zeitlich geplant.

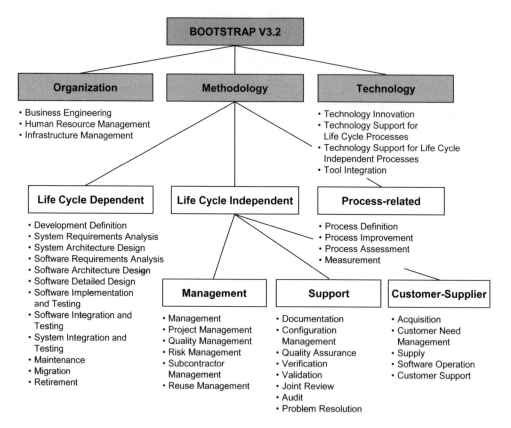

Abb. 2.4 Struktur des Bootstrap-Modells

2.1.3 Software Process Improvement and Capability dEtermination

Die große Anzahl von Verfahren und Modellen zur Prozessbewertung sowie ihr vermehrter Einsatz in der Software-Industrie waren die Auslöser für „Software Process Improvement and Capability dEtermination" (SPICE), eine 1992 gestartete internationale Initiative mit dem Ziel, einen internationalen Standard zur Bewertung von Softwareentwicklungsprozessen zu entwickeln [Rout 95]. Seit dem Abschluss des SPICE-Projekts (Mitte 1995) werden die Standardisierungsarbeiten von einer Arbeitsgruppe des International Software Engineering Standards Committee gesteuert. SPICE ist unter dem Einfluss von ISO 9000-Normen und

2.1 Verfügbare Ansätze zur Bewertung von Softwareentwicklungsprozessen

insbesondere von CMM entstanden und befindet sich derzeit in einer Vorstufe zur endgültigen Norm ISO/IEC 15504.

SPICE stellt einen Rahmen für die Bewertung des Entwicklungsprozesses zur Verfügung, der von allen Unternehmen verwendet werden kann, die sich mit Planung, Management, Akquisition, Lieferung, Entwicklung und Support von Software befassen, und zwar unabhängig von Größe und Betätigungsfeld des Unternehmens. In den SPICE-Bewertungsrahmen fügen sich ein Bewertungsmodell, eine Reihe von Richtlinien und Methoden sowie ein Glossar ein. Der Bewertungsrahmen besteht aus neun 1998 verabschiedeten technischen Berichten, deren Struktur in Abb. 2.5 dargestellt ist [ISO 15504].

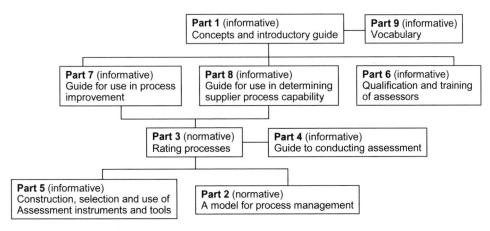

Abb. 2.5 SPICE-Bewertungsrahemen

Das dem SPICE-Bewertungsrahmen zugrundeliegende Modell unterscheidet fünf Prozesskategorien (Abb. 2.6):

1. Die Prozesskategorie *Kunde/Lieferant* umfasst alle Prozesse, die eine direkte Schnittstelle zu Kunden aufweisen.
2. Die Prozesskategorie *Engineering* umfasst alle Prozesse, die sich direkt auf die Entwicklung und Wartung von Softwareprodukten beziehen.
3. Die Prozesskategorie *Management* besteht aus Prozessen, die das Initiieren von Projekten und das Management von Ressourcen unterstützen.
4. Die Prozesskategorie *Support* umfasst alle Prozesse, die die Ausführung anderer Prozesse in einem Projekt ermöglichen oder unterstützen.
5. Die Prozesskategorie *Organisation* besteht aus Prozessen, die das Festlegen von Unternehmenszielen unterstützen und für die Zielerreichung geeignete Prozesse, Produkte und Ressourcen entwickeln.

SPICE

Customer-Supplier
- Acquisition
  - Acquisition Preparation
  - Supplier Selection
  - Supplier Monitoring
  - Customer Acceptance
- Supply
- Requirements Elicitation
- Operation
  - Operational Use
  - Customer Support

Engineering
- Development
  - System Requirements Analysis & Design
  - Software Requirements Analysis
  - Software Design
  - Software Construction
  - Software Integration
  - Software Testing
  - System Integration & Testing
- System & Software Maintenance

Support
- Documentation
- Configuration Management
- Quality Assurance
- Verification
- Validation
- Joint Review
- Audit
- Problem Resolution

Management
- Management
- Project Management
- Quality Management
- Risk Management

Organization
- Organizational Alignment
- Improvement Process
  - Process Establishment
  - Process Assessment
  - Process Improvement
- Human Resource Management
- Infrastructure
- Measurement
- Reuse

Abb. 2.6 *Struktur des SPICE-Modells*

SPICE unterscheidet sechs Reifegradstufen der Prozessfähigkeit (Capability Levels). Reifegradstufe 0 besagt, dass ein ausgeführter Prozess nicht erkennbar ist; die Identifikation von Arbeitspaketen und Prozessergebnissen ist erschwert. Reifegradstufe 1 besagt, dass eine disziplinierte Planung und Verfolgung von Projektarbeiten nicht stattfindet. Die Reifegradstufen 2 bis 5 können ähnlich wie die entsprechenden CMM-Stufen ausgelegt werden (Abb. 2.7).

Es gibt allerdings einen grundlegenden Unterschied: Die CMM-Reifegradstufen stellen die Prozessreife eines Unternehmens insgesamt dar; die einzelnen Prozesse sind hier einer der Reifegradstufen fest zugeordnet. Diese Art der Reifegrad-Darstellung wird als *Staged Representation* bezeichnet. Die SPICE-Reifegradstufen werden hingegen auf einzelne Prozesse angewendet. Die Bewertung kennzeichnet die aktuelle Praxis innerhalb eines Unternehmens, ausgedrückt in Reife der ausgewählten Prozesse [Paulk 95]. Hier werden die Reifegrade einzelner Prozesse, wie etwa Softwaredesign oder Konfigurationsmanagement, ermittelt. Diese Art der Reifegrad-Darstellung wird als *Continuous Representation* bezeichnet.

Die Bewertungsergebnisse können verwendet werden, um die Prozessfähigkeit des Unternehmens, unter Betrachtung der Geschäftsziele und der in Prozessen inhärenten Risiken und Chancen, zu verbessern.

Level 5	Continuously-Improving
Level 4	Quantitatively-Controlled
Level 3	Well-Defined
Level 2	Planned-and-Tracked
Level 1	Performed-Informally
Level 0	Not-Performed

Abb. 2.7 SPICE-Reifegradstufen

2.1.4 Capability Maturity Model-Integrated

Das Software Engineering Institute der Carnegie Mellon University hat mit Capability Maturity Model-Integrated (CMMI) [Ahern 03; Chrissis 03; Kneuper 02] ein Konzept entwickelt, um seine Reifegradmodelle kumulativ zu vereinigen. Hierdurch soll eine abgestimmte unternehmensweite Prozessverbesserung ermöglicht werden. Derzeit liegen die folgenden, sogenannten CMMI-Modelle vor:

- CMMI for Software Engineering, V1.1, 2002 [CMMI 02a; CMMI 02b],
- CMMI for Systems Engineering and Software Engineering, V1.1, 2002 [CMMI 01a; CMMI 01b],
- CMMI for Systems Engineering, Software Engineering, and Integrated Product and Process Development, V1.1, 2002 [CMMI 01c; CMMI 01d],
- CMMI for Systems Engineering, Software Engineering, Integrated Product and Process Development, and Supplier Sourcing, V1.1, 2002 [CMMI 02c; CMMI 02d].

Das Software Engineering Institute verfolgte mit der CMMI-Entwicklung folgende Hauptziele:

- Übereinstimmung mit ISO/IEC 15504: Die CMMI-Modelle unterstützen sowohl eine Staged Representation als auch, wie von ISO/IEC 15504 gefordert, eine Continuous Representation. Das Software CMM V2.0 wurde 1997 auch deshalb nicht freigegeben, weil es die zu diesem Zeitpunkt bereits bekannten Anforderungen von ISO/IEC 15504 an Modelle zur Prozessverbesserung nicht erfüllte.

- Überarbeitung der Reifegradmodelle: Die CMMI-Modelle enthalten neue Schlüsselprozesse, welche auf den Erkenntnissen basieren, die aus der Anwendung der entsprechenden Reifegradmodelle gewonnen wurden. Auch die Abstimmung zwischen dem Lebenszyklus des Produkts und den Entwicklungsaktivitäten wurde verbessert.
- Präzisierung der höheren Reifegradstufen: Die Anforderungen der Reifegradstufen 4 und 5 an die Prozesse sind anhand neuer Schlüsselfähigkeiten präzisiert worden.
- Verbesserung der Reifegradbestimmung: Die Prozessreife wird anhand des SCAMPI-Verfahrens (Standard CMMI Appraisal Method for Process Improvement) bestimmt, das klarer als sein Vorgänger sein soll.

Das Software Engineering Institute wird künftig neben den CMMI-Modellen nur noch das People-CMM (siehe Abschnitt 2.3) und das CMM for Software Acquisition unterstützen. Die Unterstützung für das Software CMM wurde zum Dezember 2003 aufgekündigt. Allerdings steht mit CMMI for Software Engineering, V1.1 seit August 2002 ein neuer Ersatz zur Verfügung.

Abb. 2.8 zeigt die vier Prozesskategorien von CMMI for Software Engineering, die als Grundlage zur Darstellung des Reifegrads einzelner Prozesse dienen (Continuous Representation). Abb. 2.9 zeigt die den Reifestufen des Modells zugeordneten Schlüsselprozesse. Diese stellen die Grundlage zur Darstellung der Prozessreife der gesamten Organisation dar (Staged Representation). Abb. 2.10 zeigt die den beiden Darstellungsformen zugrundeliegenden Reifegradstufen.

CMMI-SW V1.1

Process Management
- Organizational Process Focus
- Organizational Process Definition
- Organizational Training
- Organizational Process Performance
- Organizational Innovation and Deployment

Project Management
- Project Planning
- Project Monitoring and Control
- Supplier Agreement Management
- Integrated Project Management
- Risk Management
- Quantitative Project Management

Engineering
- Requirements Management
- Requirements Development
- Technical Solution
- Product Integration
- Verification
- Validation

Support
- Configuration Management
- Process and Product Quality Assurance
- Measurement and Analysis
- Decision Analysis and Resolution
- Causal Analysis and Resolution

Abb. 2.8 CMMI for Software Engineering - Continuous Representation

2.1 Verfügbare Ansätze zur Bewertung von Softwareentwicklungsprozessen

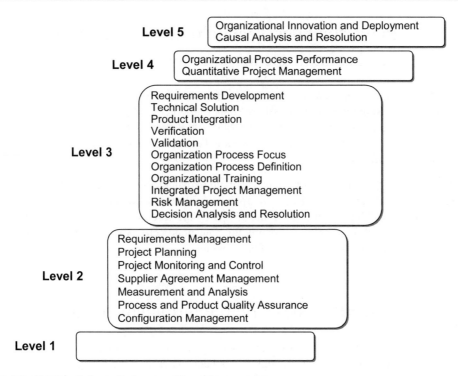

Abb. 2.9 CMMI for Software Engineering - Staged Representation

	Continuous Represantation	**Staged Representation**
Level 5	Optimizing	Optimizing
Level 4	Quantitatively Managed	Quantitatively Managed
Level 3	Defined	Defined
Level 2	Managed	Managed
Level 1	Performed	Initial
Level 0	Incomplete	Not applicable

Abb. 2.10 CMMI-Reifegradstufen

Die Anwendbarkeit der CMMI-Modelle in der Praxis kann noch nicht beurteilt werden; es liegen kaum Erfahrungen vor. Es ist anzunehmen, dass CMMI, insbesondere in den USA, eine ähnlich hohe Akzeptanz erfahren wird wie CMM: Voraussichtlich wird die vorhandene große CMM-Kundenbasis schrittweise auf CMMI umsteigen.

2.2 Bewertung des Technologiemanagements und der Technologieanwendung

Das Software-Technologiemanagement ist ein Bestandteil des Softwareentwicklungsprozesses und muss im Rahmen einer Prozessbewertung mitberücksichtigt werden. Die verfügbaren Modelle der Prozessbewertung, wie etwa CMM, Bootstrap und SPICE, behandeln dieses Thema relativ ungenau. CMM sieht das Software-Technologiemanagement als einen Schlüsselprozess der Reifegradstufe 5 an.

In der einschlägigen Literatur wird das Technologiemanagement in der Regel aus strategischer Sicht und als ein Konzept der Unternehmensführung diskutiert, ohne direkten Bezug zur Softwareentwicklung [siehe z.B. Zahn 95]. Die dort beschriebenen Ansätze zur Technologiebewertung sind allgemein und damit für eine praktische Anwendung zur Bewertung einer Softwaretechnologie nicht unmittelbar geeignet.

2.3 Bewertung des Mitarbeitermanagements

Der *Mitarbeiter* wurde in der Softwareentwicklung lange Zeit vernachlässigt, ob als Entwickler, Tester oder Projektleiter. Lediglich das Fachwissen und die Fertigkeiten eines Mitarbeiters, gelegentlich auch seine Sozialkompetenz, fanden eine besondere Beachtung. Die Betriebswirtschaftslehre diskutiert zwar seit langem und ausführlich das Thema Personalmanagement in einschlägiger Literatur, jedoch ohne engen Bezug zur Softwareentwicklung. Es liegt jedoch nahe, dass Aspekte wie Leistung, Anerkennung oder Arbeitsumgebung in der Softwareentwicklung anders zu behandeln sind als im herkömmlichen Produktions- und Dienstleistungsbereich, denn Software ist ein Produkt mit besonderen Eigenschaften: Sie ist ein immaterielles Produkt, das schwer zu vermessen ist, das – immer noch – entwickelt und nicht produziert wird.

T. DeMarco und T. Lister sind die Ersten, die sich mit der Stellung des Mitarbeiters in der Softwareentwicklung ausführlich befassen [DeMarco 87] und mit ihren Veröffentlichungen ein breites Bewusstsein für das Thema geschaffen haben [DeMarco 97]. In ihren Werken prangern sie insbesondere Folgendes an: zu viele Entwickler auf engem Raum, zu wenig Anerkennung, schlechte Kommunikation im Projekt, defizitäre Teamarbeit, Mangel an geeigneten Kompetenzen, Ad-hoc-Weiterbildung, häufige Umorganisationen, wenig Entwicklungsmöglichkeiten in der technischen Laufbahn usw.

Obwohl ihre Beobachtungen und scharfe Kritik wertvoll sind, lassen sie eine geeignete Struktur vermissen, so dass sie für eine systematische Bewertung und Verbesserung der Stellung der Mitarbeiter in der Softwareentwicklung nur begrenzt geeignet sind.

Seit 1995 steht jedoch mit People Capability Maturity Model (P-CMM) ein strukturierter Ansatz für diesen Zweck zur Verfügung [Hafley 98; Curtis 95]. Nachdem 1996 eine Bewertungsmethode für das Modell entwickelt wurde, fanden die ersten Anwendungen statt (in

2.3 Bewertung des Mitarbeitermanagements

Europa Ende 1998 bei Ericsson Niederlande). Die breite Anwendung des Modells lässt auf sich warten. Daher liegen noch keine gesicherten Erfahrungen mit diesem Modell vor.

Die Ziele des P-CMM können folgendermaßen zusammengefasst werden:

- Bestimmung der Unternehmensreife im Hinblick auf das Mitarbeitermanagement,
- Definition von Reifegradstufen, um die Kompetenz der Mitarbeiter konsequent zu fördern,
- Hilfestellung bei der Umsetzung eines systematischen Mitarbeitermanagements,
- Schaffung einer Kultur, die die Besten anzieht und im Unternehmen hält.

Abb. 2.11 gibt einen Überblick über die Struktur des Modells und die darin enthaltenen Schlüsselprozesse. Wie die Abbildung es vermuten lässt, liegen dem P-CMM genau die Prinzipien zugrunde, auf die das Software-CMM gründet (Abschnitt 2.1.1). Das bedeutet, dass die Vorgehensweise zur Bewertung und Verbesserung bei beiden Modellen gleich ist.

Insgesamt ist festzuhalten, dass noch kein ausreichendes Verständnis für die Bewertung des Mitarbeitermanagements vorhanden ist. Dieses Verständnis ist aber die Voraussetzung für die Verbreitung der Bewertung und Verbesserung des Mitarbeitermanagements.

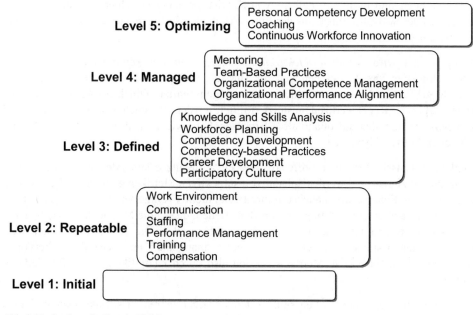

Abb. 2.11 Struktur des People CMM

2.4 Softwaremetriken und -messung

Softwaremetrik wird definiert als eine quantitative Skala und eine Methode, mit welcher der Wert ermittelt werden kann, den ein *Indikator* für ein bestimmtes Softwareprodukt oder ein bestimmtes Softwareprojekt aufweist. [siehe ISO 9126]. Beispiele für Indikatoren sind etwa Anzahl, Typ und Dichte von (nicht)erfüllten Anforderungen, welche Hinweise zur funktionalen Vollständigkeit einer Software liefern.

In Anlehnung an diese Definition wird in dieser Arbeit unter dem Begriff *Softwaremetrik* eine Formel oder Methode verstanden, die imstande ist, technische oder wirtschaftliche Eigenschaften von Softwareprodukten, Softwareentwicklungsprozessen oder Softwaretechnologien in Zahlen (gegebenenfalls auf einer vordefinierten Skala) auszudrücken[1]. Diese Definition dient auch dem Verständnis der *Messung*: die Anwendung von Metriken auf eine Software oder auf ein Entwicklungsprojekt. Das Ergebnis einer Messung ist ein *Messergebnis*.

Die für die Erhebung einer Metrik benötigten Daten werden als *Primärdaten* (Messdaten) bezeichnet. Eine Metrik könnte z.B. die Formel oder das Schaubild sein, das die Frage nach der Anzahl der gemeldeten Fehler für die letzten drei Releases einer Software beantwortet. Die Primärdaten sind in diesem Fall die von Kunden gemeldeten Fehler. Primärdaten ergeben sich aus der Software selbst, aus der Entwicklung der Software oder aus der Anwendung der Software.

Im Allgemeinen wird zwischen *objektiven* und *subjektiven Metriken* unterschieden [Möller 93, 57]. Objektive Metriken eignen sich zur Messung von quantitativen Eigenschaften, subjektive Metriken zur Messung von qualitativen Eigenschaften. Objektive Metriken können einfach und in der Regel werkzeuggestützt ermittelt werden. Beispiele solcher Metriken sind alle diejenigen, die sich auf quantitative Eigenschaften, wie etwa Programmgröße, Anzahl Fehler oder Aufwand beziehen.

Komplexe Eigenschaften einer Software, wie etwa Benutzbarkeit oder Wartbarkeit, sind schwer quantifizierbar und werden anhand von subjektiven Metriken gemessen. Hierfür wird die zu messende Eigenschaft zunächst in ihre Bestandteile (Teilmerkmale) zerlegt. Anschließend wird im Rahmen einer Befragung von Betroffenen, diesen die Möglichkeit gegeben, die Teilmerkmale etwa mittels einer Punktevergabe zu beurteilen. Die gewonnenen Daten werden zusammengefasst und auf einer Skala wie etwa <mangelhaft, ausreichend, gut, hervorragend>, abgebildet. Subjektive Metriken werden also durch Klassifikation von Primärdaten ermittelt.

Die Anfänge der Softwaremetriken sind in den siebziger Jahren zu suchen. Damals haben T. J. McCabe die strukturelle Komplexitätsmetrik [McCabe 76] sowie M. H. Halstead die textuelle Komplexitätsmetrik [Halstead 77] eingeführt. Seit Anfang der achtziger Jahre wur-

---

[1] Unter Einfluss der englischsprachigen Literatur zu Software Engineering hat sich der Begriff Metrik inzwischen auch in der deutschsprachigen Fachliteratur durchgesetzt, obwohl es im Deutschen äquivalente Begriffe gibt: Maß oder Kennzahl. Auch in diesem Buch wird dem allgemeinen Trend folgend der Begriff Metrik verwendet.

den beginnend mit Constructive Cost Model (COCOMO), einem Kostenschätzungsverfahren [Boehm 81], eine Reihe von Softwaremetriken definiert, die sich vor allem auf Softwarefehler, Entwicklungsaufwand und -zeit beziehen [siehe Fenton 91; Putnam 91; Zuse 91; Grady 87; Feigenbaum 83].

In den neunziger Jahren kamen dann eine Reihe von Metriken mit Bezug zur Objektorientierung hinzu [siehe Zuse 95; Zuse 94]. Heute werden Softwaremetriken zur Beurteilung der Softwarequalität, der Produktivität der Softwareentwicklung und in Verbindung mit den oben diskutierten Verbesserungsmodellen zur Kontrolle der Verbesserung des Entwicklungsprozesses eingesetzt. Für diesen Zweck haben sich zwei Methoden bewährt: Goal/Question/Metric und Application of Metrics in Industry. Beide führen in eine zielorientierte Prozessverbesserung unter Verwendung von Metriken ein und verdienen gerade deshalb eine nähere Betrachtung.

2.4.1 Goal/Question/Metric-Methode

Die Goal/Question/Metrik-Methode (GQM) wurde an der University of Maryland entwickelt [siehe Differding 96; Basili 94a; Basili 92; Rombach 91; siehe auch Gresse 95]. Sie definiert sechs Schritte zur Definition und Einführung von Metriken:

1. Charakterisierung des Projekts
   Das Projekt, in dem eine Messung nach GQM-Methode durchgeführt werden soll, wird anhand von existierenden Projektbeschreibungen und -dokumenten charakterisiert.

2. Identifikation der Ziele / Entwicklung der Pläne
   Die Messziele (GQM-Ziele) werden aus den Unternehmenszielen und Projektzielen abgeleitet. Für jedes GQM-Ziel wird ein GQM-Plan entwickelt. Der Plan besteht aus je einer Menge von Fragen und Metriken, die sich direkt auf das Ziel beziehen. Die Metriken werden unter Beteiligung und aus der Sicht derjenigen Personen festgelegt, die das Ergebnis der Messungen zur Grundlage ihrer Entscheidungen machen können. Abb. 2.12 zeigt einen solchen Plan.

3. Entwicklung der Messpläne
   Für jede der in GQM-Plänen enthaltenen Metriken wird ein Messplan erstellt. Der Messplan beschreibt, welche Daten benötigt werden, was die Quellen der Daten sind, wie die Daten erhoben werden, nach welchen Kriterien die Daten geprüft werden und schließlich wie die Daten verwaltet werden.

4. Sammlung und Analyse der Daten
   Die Daten werden entsprechend des Messplans erhoben, projektbegleitend in definierten Zeitabschnitten ausgewertet und im Sinne des jeweiligen GQM-Ziels interpretiert. Die Interpretation der Daten geschieht durch die in die Metrikdefinition involvierten Personen.

5. Post mortem-Analyse
   Die Auswertung schließt mit einer projektübergreifenden post mortem-Analyse der Daten ab, um Erkenntnisse zu gewinnen, die über die Grenzen einzelner Projekte hinausgehen.

6. Sicherung der Ergebnisse
Die GQM-Pläne, die Messpläne, die gewonnenen Daten und Erfahrungen werden in einer Erfahrungsdatenbank abgelegt. Sie bilden die Basis für ein experimentelles Software Engineering [Basili 94a; Basili 88].

Ziel G1: Beurteilung der Produktqualität im ersten Jahr nach der Lieferung

    Frage Q1: Wie hoch ist die Produktqualität bei der Lieferung?

        Metrik M1.1: Anzahl der Releases

        Metrik M1.2: Abdeckungsgrad der Testfälle im Systemtest

        Metrik M1.3: Anzahl gemeldeter Fehler

        Metrik M1.4: Anzahl akzeptierter Fehler

        Metrik M1.5: Schweregrad der Fehler (Anzahl Fehler pro Fehlerklasse)

        Metrik M1.6: Verhältnis der Anzahl akzeptierter Fehler zu Release-Volumen

    Frage Q2: Wie hoch ist die Qualität der Benutzerdokumentation?

        Metrik M2.1: Anzahl der Dokumente, die einem Review unterzogen wurden

        Metrik M2.2: Anzahl gemeldeter Fehler in Benutzerdokumenten

    Frage Q3: Wie hoch ist der Aufwand der Fehlerbehebung?

        Metrik M3.1: Monatlicher Fehlerbehebungsaufwand

        Metrik M3.2: Anzahl behobener Fehler

    Frage Q4: Wie zufrieden sind die Kunden?

        Metrik M4.1: Release-Einschätzung durch Kunden

Abb. 2.12 Beispiel eines GQM-Plans

2.4.2 Application of Metrics in Industry-Methode

Die Application of Metrics in Industry-Methode (ami) wurde in einem ESPRIT-Projekt der Europäischen Union von einem Konsortium aus neun Unternehmen entwickelt. Die ami-Methode [Pulford 96; Mittelmann 96; Debou 95; Debou 94] unterstützt die Verwendung von Metriken zur Kontrolle und Verbesserung des Softwareentwicklungsprozesses. Sie besteht aus vier Tätigkeiten, die jeweils in drei Schritten organisiert sind. Der Ablauf dieser Tätigkeiten wird im Folgenden kurz dargestellt, ohne auf die einzelnen Schritte näher einzugehen:

1. Assessment
Zuerst wird die Reife des Entwicklungsprozesses anhand eines Bewertungsansatzes (von ami-Konsortium wird CMM empfohlen) ermittelt. Die aus diesem Assessment resultierenden Verbesserungsmaßnahmen bilden gemeinsam mit anderen Unternehmenszielen die Basis für die Definition von Primärzielen der Prozessverbesserung.

2. Analyse
Für die Analyse wird die GQM-Methode angewandt. Die Primärziele werden in Teilziele zerlegt und geeignete Metriken werden identifiziert. Das Ergebnis dieser Tätigkeit entspricht einem GQM-Plan.

3. Metrikanwendung
Die Grundlage für die Metrikanwendung ist ein Metrikplan, in dem die anzuwendenden Metriken und das Vorgehen zur Datenerfassung beschrieben, die benötigten Werkzeuge bestimmt und die Verantwortlichkeiten festgelegt werden. Während der gesamten Datenerfassung wird die Konsistenz der Daten geprüft und gegebenenfalls werden Korrekturen vorgenommen.

4. Verbesserung
Während der Verbesserungsarbeiten werden die entsprechenden Daten erfasst und ausgewertet. Vor allem wird geprüft, inwieweit die Ziele erfüllt werden. Es wird aber auch untersucht, ob die Metriken ihrem Zweck entsprechen. Zum Schluss dieser Tätigkeit wird mit „Assessment" eine neue Iteration begonnen, indem die Prozessreife erneut ermittelt wird.

2.4.3 Perspektiven der Softwaremessung

Die Softwaremessung stellt noch ein Teilgebiet mit großem Entwicklungspotential dar: Es fehlen Standarddefinitionen für Metriken und solide theoretische Grundlagen für die Softwaremessung [Möller 93, 25; Sommerville 01, 558]; viele Metriken werden unterschiedlich definiert oder angewandt. Von einigen wenigen Softwaremerkmalen, wie etwa der strukturellen Komplexität, abgesehen, gibt es für vielfältigere Qualitätsmerkmale, wie Benutzerbarkeit und Wartbarkeit, zwar ausreichend viele Definitionen, aber keine anerkannten Formeln oder Methoden, um sie zu messen. Erst auf Grundlage von Standards für Metriken können die Messungen sicher interpretiert und die Messergebnisse und -erfahrungen aus unterschiedlichen Projekten und Unternehmen verglichen werden.

Softwaremetriken stehen insgesamt für mehr Systematik und Transparenz in der Entwicklung – dazu noch mehr in den Kapiteln 4 und 5. Diese Tatsache und der Mangel an Standards haben viele, primär die großen Softwarehersteller, veranlasst, eine Reihe von Metriken selbst zu definieren oder sich zu verschaffen, um Kosten, Aufwand und Qualität zu schätzen und zu beurteilen [zu diesen Metriken siehe Jones 00; Barnard 94; Basili 94b; Paulish 94; Grady 93; Möller 93; Grady 92; Jones 91; Mays 90; Asam 86]. Die Bereitschaft der Industrie zur verstärkten Anwendung von Metriken gibt sicherlich Impulse für weitere Standardisierungen und lässt für die Zukunft auf vermehrten Einsatz von Metriken zur Fehlervermeidung, zur

Identifikation von Verbesserungspotentialen und zur Kontrolle der Zielerreichung in Folge von Verbesserungen schließen.

Die Anwendung von Metriken wird auch aus einem weiteren Grund an Bedeutung gewinnen: zur Darstellung des Nutzens einer Verbesserung. Die Verbesserung der Softwareentwicklung erfordert häufig erhebliche Investitionen. Daher hat die quantitative Darstellung des Nutzens einer Verbesserung, am besten in Kostenersparnis ausgedrückt, eine besondere Bedeutung für die Unternehmen. Es ist zwar schwer den Geschäftswertbeitrag einer Verbesserung der Softwareentwicklung direkt zu messen [Lebsanft 00], Metriken können dennoch helfen, die Gründe zu identifizieren, die zum Nutzen geführt haben.

Der breite Einsatz von Metriken hängt davon ab, dass sie systematisch eingeführt werden (zur Einführung von Metrikprogrammen in der Industrie siehe [Hall 97; Offen 97]). Eine systematische Einführung von Metriken muss folgende Prinzipien beachten, deren Missachtung bisher immer zu einer ablehnenden Haltung des Managements und der Mitarbeiter gegenüber Softwaremessung geführt hat:

- Der Zweck jeder Metrik und ihr Beitrag zur Verbesserung der Entwicklung müssen klar sein, sonst bleibt der Nutzen der Metrik fraglich.
- Metriken können sich auf das Softwareprodukt, das Projekt, die Technologien oder den Entwicklungsprozess beziehen. Metriken zur Messung der Leistungsfähigkeit einzelner Mitarbeiter müssen hingegen vermieden werden, denn die Leistungsfähigkeit besitzt zahlreiche Facetten (Qualität und Quantität der Arbeit, Integrations- und Teamfähigkeit usw.), die sich kaum alle in Metriken erfassen lassen. Viele Mitarbeiter stehen solchen Metriken zu Recht skeptisch gegenüber. Die Anwendung oder gar das Vorschlagen solcher Metriken kann zu einer Ablehnung des gesamten Metriksystems führen.
- Es dürfen keine unrealistischen und insbesondere kurzfristigen Erwartungen an Metrikanwendung gestellt werden. Die Messergebnisse müssen über einen gewissen Zeitraum erzielt werden. Erst dann gewinnen sie an Aussagekraft und können sinnvoll interpretiert werden.
- Die Softwaremessung muss schrittweise eingeführt werden. Die gleichzeitige großräumige Einführung von vielen Metriken läuft Gefahr fehlzuschlagen.

2.5 Resümee und Folgerung

Trotz einiger Unterschiede [siehe Messnarz 97; Paulk 95] stehen die bekannten Ansätze der Prozessbewertung und -verbesserung, CMM, Bootstrap-Methode, SPICE und CMMI, für die gleiche Idee, nämlich Steuerung im Regelkreis: Ermittlung der aktuellen Prozessreife, Definition von Verbesserungsmaßnahmen aufgrund des ermittelten Reifegrads, Umsetzung der Maßnahmen und erneute Ermittlung der Prozessreife. Diese Ansätze haben verschiedene Vorteile:

- Sie erzeugen einheitliche Terminologie und Definitionen und tragen damit zur Schaffung eines gemeinsamen Verständnisses aller Beteiligten an einer Entwicklung (Hersteller, Kunden, Entwickler, Anwender und Lieferanten) bei.

2.5 Resümee und Folgerung

- Sie umfassen Abläufe und Methoden des Software Engineering, die von vielen Fachleuten für bestmöglich erachtet bzw. als Best Practices bezeichnet werden. Die Forderungen dieser Ansätze an einen Entwicklungsprozess sind insgesamt nachvollziehbar. Allerdings stellen auch viele Fachleute, Softwareentwickler im weiteren Sinn, die Frage, ob die Orientierung des gesamten Entwicklungsprozesses an den Best Practices sinnvoll sei.

- Sie sind als Referenzmodelle entwickelt und als solche haben sie den Vorzug der unmittelbaren Anwendbarkeit, d.h. jeder Entwicklungsprozess kann unmittelbar gegen sie bewertet werden. Und da sie unverändert in jede Bewertung eingehen, ist zum einen die Wiederholbarkeit einer Bewertung sichergestellt und zum anderen sind die durch ihre Anwendung erzielten Ergebnisse, in welchem Unternehmen diese auch immer entstanden, untereinander vergleichbar.

- Sie berücksichtigen eine erhebliche Anzahl von Prozessaspekten. Damit ermöglichen sie eine umfassende Bewertung eines Entwicklungsprozesses. Sie weisen ferner eine stufenweise Struktur auf, die sowohl der Bestimmung der Prozessreife als auch der Planung der Prozessverbesserung dient.

Diese Ansätze weisen aber auch Nachteile auf:

- Sie berücksichtigen, wie gerade erwähnt, sehr viele Aspekte eines Entwicklungsprozesses – sie erheben implizit einen Anspruch auf Vollständigkeit. Sie sind daher sehr umfangreich und in der Anwendung schwerfällig. Zudem schreiben sie einige Tätigkeiten vor, deren Nutzen schwer nachvollziehbar ist [siehe auch Wallmüller 01, 95]. Der Aufwand einer Prozessbewertung, von der Planung, über die Durchführung bis zur Berichterstattung, ist hoch. Er kann, je nach Größe der Organisation, mehrere Mitarbeitermonate umfassen.

- Das Ziel dieser Ansätze besteht in der Erreichung immer höhere Reifegradstufen. Eine Reifestufe steht aber a priori in keiner Korrelation mit den durch Markt- und sonstigen Randbedingungen bestimmten Unternehmenszielen. Und solange keine eindeutige Korrelation erstellt werden kann, ist die Festlegung eines Reifegrads als Ziel der Verbesserung nicht sinnvoll. Dieser Nachteil kann zwar durch Kombination dieser Ansätze mit einer der Methoden GQM oder ami behoben werden, das aus dieser Kombination entstandene Verfahren wirkt jedoch überdimensioniert und wird noch schwerfälliger in der Anwendung. Es birgt zudem Zielkonflikte derart, dass das Erreichen von GQM-Zielen keinen Beitrag zur Erreichung der zum Ziel gesetzten Reifegradstufe leistet und umgekehrt. Die Praxis weist nicht genügend Beispiele auf, bei denen Kombinationen von z.B. CMM oder Bootstrap-Methode mit GQM- oder ami-Methode erfolgreich eingesetzt wurden.

Aus den ausgeführten Vor- und Nachteile ergeben sich Konsequenzen für die Entwicklung des hier vorgestellten Verfahrens MPTM:

- Mit MPTM wird nun versucht, durch Konzentration auf die Kernprozesse der Softwareentwicklung und die wesentlichen Aspekte dieser Prozesse die Bewertung wirksamer und wirtschaftlicher zu gestalten. Bei der Definition der Kernprozesse werden die maßgebenden Forderungen dieser Ansätze an einen Entwicklungsprozess berücksichtigt.

- MPTM integriert, in Anlehnung an GQM, die Definition und die Berücksichtigung der konkreten Unternehmensziele verfahrensseitig. Die Berücksichtigung konkreter Unternehmensziele legt nahe, MPTM in einzelnen Organisationseinheiten eines Unternehmens und nicht auf das Gesamtunternehmen anzuwenden, denn die Organisationseinheiten entwickeln Software für unterschiedliche Anwendungsdomänen, setzten hierfür unterschiedliche Prozesse und unterschiedliche Technologien ein; gerade deshalb kann ein Unternehmen in jeder Organisationseinheit andere Ziele verfolgen (siehe auch Abschnitt 1.2).

Der Einsatz von MPTM in einzelnen Organisationseinheiten ermöglicht nicht nur die differenzierte Betrachtung der Unternehmensziele. Es ist auch einfacher, die Entwicklungsprozesse und Technologien in einzelnen Organisationseinheiten zu verbessern: Der Wirkungsbereich der Verbesserung ist kleiner und überschaubarer und die Verbesserungen können in kürzerer Zeit erreicht werden.

Die Berücksichtigung unterschiedlicher Unternehmensziele bedingt die Anwendung unterschiedlicher Softwaremetriken zur Kontrolle der Zielerreichung. Hierfür stellt das Verfahren MPTM eine Reihe praxisrelevanter Metriken zur Verfügung.

Der Stand der Technik bezüglich der Verbesserung der Technologieanwendung und bezüglich der Verbesserung des Mitarbeitermanagements ist hinter dem der Prozessverbesserung zurück. Mit P-CMM gibt es zwar ein vergleichbares Modell zur Bewertung der Stellung menschlicher Ressourcen, es liegen aber kaum gesicherte Erfahrungen und Ergebnisse aus dessen Anwendung vor. Für die Bewertung und Verbesserung der Technologieanwendung ist kein solches Modell verfügbar.

In diesem Zusammenhang stellt MPTM eine Weiterentwicklung des Technikstandes dar. Es ermöglicht neben der Bewertung und Verbesserung des Entwicklungsprozesses auch eine Bewertung und Verbesserung der Technologienanwendung. Hingegen wird die dritte Dimension einer Verbesserung der Softwareentwicklung, die Verbesserung des Mitarbeitermanagements, bis auf wenige Aspekte, nicht berücksichtigt.

3 Verbesserungsziele in der Softwareentwicklung

Zusammenfassung:

Verbesserungsziele der Softwareentwicklung werden oft wie folgt formuliert: Steigerung der Kundenzufriedenheit, Steigerung der Produktqualität, Reduktion von Softwarefehlern, Reduktion der Entwicklungszeit, Reduktion der Entwicklungskosten oder Steigerung der Produktivität.

Diese Ziele müssen näher bestimmt werden, um die Verbesserungspotentiale in der Softwareentwicklung wirksam identifizieren zu können. Verbesserungsziele wie Reduktion der Entwicklungszeit oder Reduktion der Entwicklungskosten lassen sich in Verbindung mit dem Lebenszyklus der Software konkretisieren. Qualitätsziele können anhand eines Qualitätsmodells näher bestimmt werden.

Es gibt insgesamt keine feste Anleitung zur Erlangung der Verbesserungsziele. Es gibt jedoch ein praxiserprobtes Vorgehen, das die maßgebenden technischen und wirtschaftlichen Ziele einer Organisationseinheit festlegt und deren Bedeutung für die Softwareentwicklung ermittelt.

3.1 Allgemeine Ziele der Verbesserung

Das Verständnis der Unternehmensziele ist für die Verbesserung der Softwareentwicklung von großer Bedeutung. Die Bedeutung dieser Ziele ist darin zu sehen, dass sie den Schwerpunkt der Bewertung und der anschließenden Verbesserung bestimmen. Andererseits legen sie den Rahmen für die Definition von Metriken fest, die dem Management als Steuerungsinstrument im Hinblick auf die Kontrolle der Zielerreichung dienen.

Der Maßstab für den unternehmerischen Erfolg ist letztendlich der wirtschaftliche Erfolg. Das primäre Ziel eines Unternehmens ist daher, wie in der Einleitung bereits erwähnt, die Steigerung der Wettbewerbsfähigkeit und damit die Verbesserung der Ertragslage. Das ist auch das primäre Ziel eines Softwareunternehmens. Dass in einem Softwareunternehmen die Wertschöpfung zum großen Teil durch Entwicklungsleistungen erbracht wird, bestimmt den Weg der Zielerreichung entscheidend, ändert jedoch nichts an diesem Ziel.

Das Ziel Steigerung der Wettbewerbsfähigkeit gilt für das gesamte Unternehmen und ist daher zu allgemein für eine Verbesserung der Softwareentwicklung. Es muss entsprechend präzisiert werden. Der Ausgangspunkt hierzu ist das Verständnis der Anforderungen, die der Markt an die Softwareentwicklung insgesamt und gegebenenfalls an die einzelnen Softwareprodukte oder -systeme stellt.

Die Hauptquelle für die Ermittlung dieser Ziele ist die Unternehmensleitung, einschließlich der Entwicklungsleitung. Die Erfahrungen aus einer Vielzahl von Prozessbewertungen zeigen, dass, so variantenreich die Unternehmensleitung die Ziele der Softwareentwicklung auch ausformuliert, die Ziele stets Aspekte oder Bestandteile der folgenden allgemeineren Ziele darstellen:

- Steigerung der Kundenzufriedenheit,
- Steigerung der Prozess- oder Produktqualität (Reduktion von Fehlern im Hinblick auf Entwicklungsarbeiten, Phasenergebnisse oder Endprodukte),
- Qualitätssteigerung (in Bezug auf Produktmerkmale, wie z.B. Funktionalität, Verfügbarkeit und Erweiterung),
- Reduzierung der Entwicklungszeit (auch die Termintreue kann im Vordergrund stehen),
- Reduzierung der Entwicklungskosten (dieses Ziel entspricht dem Ziel „Reduzierung des Entwicklungsaufwands", da in der Softwareentwicklung der Aufwand, d.h. die Personalkosten, den nennenswerten Anteil von Kosten ausmachen; Softwareentwicklung ist extrem arbeitsintensiv.),
- Produktivitätssteigerung (das Verhältnis der Entwicklungsleistung zum Aufwand – Produktivität steht im engen Zusammenhang mit Durchlaufzeit und Qualität),
- Steigerung der Reifegradstufe (es wird gelegentlich beobachtet, dass der Nachweis einer bestimmten Prozessreife das Ziel eines Unternehmens darstellt. Das trifft insbesondere dann zu, wenn der Hauptauftraggeber z.B. die CMM-Level 2 für eine Auftragserteilung voraussetzt).

Das Ziel *Steigerung der Kundenzufriedenheit* ist eine Funktion der Qualitätssteigerung, der Kostensenkung und der Reduzierung der Entwicklungszeit. Dies gilt ebenso für das Ziel *Produktivitätssteigerung*. Demnach reduzieren sich die oben genannten potenziellen Ziele einer Verbesserung in der Softwareentwicklung auf die folgenden: Reduktion der Entwicklungskosten, Reduktion der Entwicklungszeit und Steigerung der Qualität.

Diese Ziele werden im Folgenden diskutiert; das Ziel *Qualitätssteigerung* wird, aufgrund der Komplexität, weiter heruntergebrochen und konkretisiert. Hierzu wird eine methodische Vorgehensweise beschrieben.

Auf die Wechselwirkung zwischen Qualität, Zeit und Kosten wird nicht näher eingegangen, nur so viel, dass *einige* Merkmale und Teilmerkmale der Softwarequalität *positive* und andere *negative* Wirkung auf Zeit und Kosten haben [Pomberger 96, 14]. Aus diesem Grund stellen Qualität – als Ganzes –, Zeit und Kosten a priori keine konkurrierenden Ziele dar. Verallgemeinerte Aussagen, dass etwa die Qualitätsverbesserungen mit Abstrichen im Hinblick auf Zeit und/oder Kosten einhergehen, sind zu vermeiden. Sie wurden in der Softwareentwicklung oft widerlegt: Es gibt zahlreiche Softwareprojekte, die belegen, dass Qualitätssteigerung gleichzeitig zur Verbesserung der Kostenlage und Reduktion der Entwicklungszeit führt.

Es ist kein Widerspruch, z.B. die Anzahl der Fehler zu reduzieren und damit auch die Entwicklungskosten zu senken; das kann unter anderem über die Reduktion der Kosten der Fehlerbehandlung, der Kosten der Weiterentwicklung und der Kosten der Kundenbetreuung geschehen. Es gibt aber auch Beispiele, die eine solche Aussage bestätigen.

Daher ist es umso wichtiger vor der endgültigen Festlegung von Verbesserungszielen, die Wechselwirkung zwischen ihnen differenziert und situativ zu betrachten.

3.1.1 Reduktion der Entwicklungskosten

Der Begriff Entwicklungskosten wird oft allgemein für die gesamte Lebenszykluskosten verwendet. Dabei sind die Entwicklungskosten nur ein Bestandteil der Lebenszykluskosten; die Wartungskosten stellen einen weiteren Bestandteil dar. Die Wartungskosten können, insbesondere bei großen technischen und Echtzeit-Anwendungen, die Entwicklungskosten bei weitem (um das Drei- bis Vierfache) übersteigen. Insgesamt scheint folgende Kosteneinteilung sinnvoll:

- **Entwicklungskosten**
  Kosten der Anforderungsspezifikation, der Architektur- und Designdefinition, der Implementierung und der Qualitätssicherung (Review, statische Analyse, Test und Abnahme).

- **Wartungskosten**
  Unter Wartungskosten werden alle Kosten zusammengefasst, die nach der Lieferung eines Softwaresystems oder eines Releases entstehen: Erweiterung, Stabilisierung, Optimierung und Änderung (von der Behebung von Softwarefehlern bis hin zur Änderung der Softwarearchitektur). In der Praxis kann zwischen den unterschiedlichen Wartungskosten nicht immer eindeutig unterschieden werden: Nach einer Fehlerbehebung kann sich eine Erweiterung der Software anschließen; oft sind Erweiterungen und Änderungen eng gekoppelt. Insgesamt stellt nicht die Fehlerbehebung den wesentlichen Anteil der Wartungskosten dar, sondern die Erweiterung und Änderung der Software.

- **Ausfallkosten**
  Systemausfälle können bei bestimmten Softwaresystemen, etwa bei Steuerungssystemen oder Web-Anwendungen, hohe Kosten verursachen, z.B. in Form von Produktionsstillstand oder entgangenem Umsatz. Bei einer solchen Software ist eine separate Betrachtung der Ausfallkosten sinnvoll.

Im Sinne einer wirksamen Verbesserung sollte nach Möglichkeit festgelegt werden, welche dieser Kosten zu reduzieren sind.

3.1.2 Reduktion der Entwicklungszeit

Das Ziel *Reduktion der Entwicklungszeit* kann, ähnlich wie die Reduktion der Entwicklungskosten, bezogen auf die einzelnen Phasen des Softwarelebenszyklus konkretisiert werden. Beispiele solcher Ziele sind: Reduktion der Entwicklungszeit für Anforderungsspezifikation, Reduktion der Entwicklungszeit für Architektur- und Designdefinition und Reduktion der Wartungszeit.

3.1.3 Qualitätssteigerung: Qualitätscharakteristiken des Softwareprodukts

Qualität ist nichts Absolutes. Sie bezieht sich immer auf Anforderungen und Erwartungen der Kunden und des Herstellers. ISO/IEC 9126 definiert die Qualität wie folgt: „Die Gesamtheit der Merkmale eines Softwareprodukts, die sich auf dessen Eignung beziehen, festgelegte oder vorausgesetzte Erfordernisse zu erfüllen" [ISO 9126]. Die Softwarequalität bezieht sich also nicht nur auf Softwarefehler; die Reduktion der Softwarefehler ist nur ein Teilaspekt der Qualitätssteigerung. Die Softwarequalität muss genauer spezifiziert werden und dies kann unter Benutzung eines Qualitätsmodells geschehen.

Es gibt eine Reihe von Standards, die anhand von Softwareeigenschaften ein Qualitätsmodell definieren und damit einen Rahmen schaffen, sowohl für die Bewertung von Softwareprodukten als auch für die Definition von Metriken zur Charakterisierung des Softwareprodukts selbst. Die bekanntesten dieser Standards sind:

- Software quality characteristics and metrics (ISO/IEC 9126),
- Software product evaluation (ISO/IEC 14598),
- Measurement and rating of performance of computer based software systems (ISO/CD 14756),
- Guideline for the evaluation and selection of CASE tools (ISO/IEC 14102),
- User documentation and cover information for consumer software packages (ISO 9127),
- Software packages - Quality requirements and testing (ISO/IEC 12119),
- Ergonomic requirements for office work with visual display terminals (ISO 9241),
- Software requirements specifications (IEEE Std.830).

Da es bei einem Standard für Produktqualität vor allem auf das Aufstellen eines Qualitätsmodells ankommt, werden hier nicht die Standards, sondern das Qualitätsmodell, also die Qualitätscharakteristiken der Software im Allgemeinen, diskutiert. Denn diese bestimmen, im Sinne dieser Arbeit, den Rahmen für die Zielsetzung und Bewertung.

Die Frage ist nun, welches *Qualitätsmodell* kann verwendet werden? Ein frühes weitgehend akzeptiertes Modell zur Spezifikation der Softwarequalität ist das von McCall und seinen Kollegen vorgeschlagene Modell [McCall 77]. Dieses Modell unterscheidet drei Aspekte der Qualität und Qualitätsmessung:

- Faktoren, welche die Software aus externer Sicht, also aus Anwendersicht, beschreiben,

3.1 Allgemeine Ziele der Verbesserung

- Kriterien, welche die Software aus interner Sicht, also aus der Entwicklersicht beschreiben,
- Metriken, welche definiert und verwendet werden, um eine Skala und Methode für die Messung bereitzustellen.

Auf dieser Basis definiert das Modell Qualitätsmerkmale für drei Verwendungszwecke eines Softwareproduktes: Weiterentwicklung und Pflege (Wartbarkeit, Flexibilität, Testbarkeit), Übertragung (Portabilität, Wiederverwendbarkeit, Interoperabilität) und Einsatz (Korrektheit, Zuverlässigkeit, Effizienz, Integrität, Benutzbarkeit).

Später wurden verschiedene Qualitätsmodelle definiert, angepasst und erweitert (für die prominenten Beispiele siehe [Gillies 92; Grady 92; Deutsch 88; Boehm 78]). Das Bedürfnis nach einem allgemein anerkannten Qualitätsmodell stieg weiter und ein standardisiertes Qualitätsmodell wurde immer dringender. Der ISO/IEC 9126 Standard ist das Ergebnis einer Konsensfindung im Hinblick auf die Softwarequalität [ISO 9126]. Ziel dieses Standards ist die Bereitstellung eines Rahmens für die Bewertung der Softwarequalität. ISO/IEC 9126 definiert also keine Anforderungen an Software, sondern ein Qualitätsmodell, das auf jeden Typ Software angewandt werden kann [ISO 9126]. Das Modell definiert:

- sechs produktbezogene Merkmale zur Beschreibung und Beurteilung der Softwarequalität, wobei jedes Qualitätsmerkmal zu einem Satz von Teilmerkmalen verfeinert wird
- ein Vorgehensmodell zur Ermittlung der Softwarequalität im Hinblick auf einzelne Teilmerkmale und
- eine Skala, <schlecht geeignet, ausreichend geeignet, gut geeignet, voll geeignet>, zur Einstufung der Messwerte.

Die sechs Qualitätsmerkmale sind:

1. *Funktionalität* (im Sinne der funktionalen Eignung),
2. *Zuverlässigkeit* (Korrektheit im Zeitverlauf),
3. *Benutzbarkeit* (Bedienbarkeit durch Anwender),
4. *Effizienz* (Verhältnis Leistungsniveau der Software zum Betriebsmitteleinsatz),
5. *Änderbarkeit* (im Sinne der Pflege und Wartung),
6. *Übertragbarkeit* (im Sinne der Portabilität).

Abb. 3.1 gibt einen Überblick über die sechs Qualitätsmerkmale und ihre Verfeinerung in Teilmerkmale, Abb. 3.2 eine kurze Definition der Teilmerkmale.

Auch dieses Modell unterscheidet drei Sichtweisen von Qualität: Sicht des Anwenders, Sicht des Entwicklers und Sicht des Managers. Da die definierten Qualitätsmerkmale gleichermaßen für Anforderungen und Abnahme gelten, geht das Modell davon aus, dass Anwender und Entwickler dieselben Merkmale für die Bewertung der Qualität einer Software verwenden, allerdings mit unterschiedlichen Interessen: Während die Anwender die Qualitätsmerkmale auf das Endprodukt anwenden, müssen die Entwickler diese Qualitätsmerkmale *auch* auf die Zwischenergebnisse anwenden. Der Manager hingegen ist weniger an einzelnen Qualitätsmerkmalen als am Gesamteindruck der Qualität interessiert, um diese zusammen mit anderen Faktoren zur Entscheidungsgrundlage seines Handelns zu machen [ISO 9126].

Die Steigerung bzw. Optimierung jedes Qualitätsmerkmals oder -teilmerkmals kann das Ziel einer Verbesserung der Softwareentwicklung darstellen. Aufgrund des direkten Bezugs der Qualitätsmerkmale zum Produkt betonen solche Ziele die Produktsicht in einer Verbesserung. Bei der Definition von Zielen ist zu berücksichtigen, dass Qualitätsziele sich oft ausschließen: Beispielsweise kann Zuverlässigkeit oft nur auf Kosten der Anpassbarkeit erzielt werden; ebenso lassen sich Benutzbarkeit, Sicherheit und Übertragbarkeit nur auf Kosten der Effizienz (Verbrauchs- und Zeitverhalten) verwirklichen.

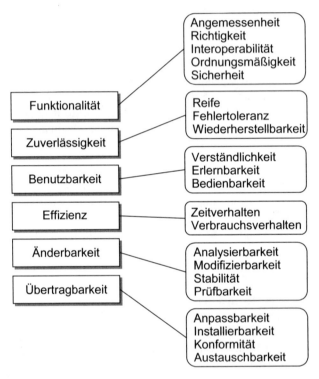

Abb. 3.1 Softwarequalitätsmerkmale nach ISO/IEC 9126

Ferner stellt jede Software, je nach Typ, ob Batch-, interaktive, menügesteuerte oder reaktive Software [Floyd 97], unterschiedliche Qualitätsanforderungen. Die Qualitätsmerkmale Funktionalität und Zuverlässigkeit sind für alle Softwaretypen gleichermaßen bedeutsam. Bei anderen Merkmalen scheint der Softwaretyp eine Rolle zu spielen: Während für eine Echtzeit-Software, welche durch hohe Datenübertragung unter Echtzeit-Bedingungen gekennzeichnet ist, noch das Qualitätsmerkmal Effizienz von Bedeutung ist, sind für eine betriebswirtschaftliche Anwendung die Qualitätsmerkmale Benutzbarkeit und Wartbarkeit relevant; Effizienz spielt hier kaum eine Rolle.

3.1 Allgemeine Ziele der Verbesserung

Qualitäts-Teilmerkmale	Eigenschaft von Software, die sich bezieht auf ...
Angemessenheit	... Vorhandensein und Eignung einer Menge von Funktionen für spezifizierte Aufgaben.
Richtigkeit	... Lieferung der richtigen oder vereinbarten Ergebnisse oder Wirkungen.
Interoperabilität	... ihre Eignung mit vorgegebenen Systemen zusammenzuwirken.
Ordnungsmäßigkeit	... Erfüllung von Normen, Vereinbarungen, gesetzlichen Bestimmungen und ähnlichen Vorschriften.
Sicherheit	... ihre Eignung, unberechtigten Zugriff auf Programme und Daten zu verhindern.
Reife	... Häufigkeit von Versagen durch Fehlzustände in der Software.
Fehlertoleranz	... ihre Eignung, ein spezifisches Leistungsniveau bei Fehlern oder Nichteinhaltung ihrer spezifizierten Schnittstelle zu bewahren.
Wiederherstellbarkeit	... Wiederherstellung des Leistungsniveaus und Wiedergewinnung der direkt betroffenen Daten bei einem Versagen unter Beachtung der hierfür benötigten Zeit und des benötigten Aufwands.
Verständlichkeit	... Aufwand für den Benutzer, das Konzept und die Anwendung zu verstehen.
Erlernbarkeit	... Aufwand für den Benutzer, ihre Anwendung zu erlernen.
Bedienbarkeit	... Aufwand für den Benutzer bei der Bedienung und Steuerung.
Zeitverhalten	... Antwort- und Verarbeitungszeiten und den Durchsatz bei der Ausführung ihrer Funktionen.
Verbrauchsverhaten	... benötigtes Betriebsmittel und benötigte Zeit zur Ausführung ihrer Funktionen.
Analysierbarkeit	... notwendigen Aufwand, um Mängel oder Ursachen von Versagen zu diagnostizieren oder um änderungsbedürftige Teile zu bestimmen.
Modifizierbarkeit	... notwendigen Aufwand zur Ausführung von Verbesserungen, zur Fehlerbeseitigung oder zur Anpassung an Umgebungsänderungen.
Stabilität	... Risiko unerwarteter Wirkungen von Änderungen.
Prüfbarkeit	... notwendigen Aufwand zur Prüfung der geänderten Software.
Anpassbarkeit	... Möglichkeit, sie an verschiedene festgelegte Umgebungen anzupassen.
Installierbarkeit	... notwendigen Aufwand zur Installation der Software in einer festgelegten Umgebung.
Konformität	... Erfüllung der Normen oder Vereinbarungen zur Übertragbarkeit.
Austauschbarkeit	... Möglichkeit und Aufwand, sie anstelle einer spezifizierten anderen Software zu verwenden.

Abb. 3.2   Definition der Qualitäts-Teilmerkmale nach ISO/IEC 9126

3.1.4 Reduktion der Softwarefehler

Die Reduktion von Softwarefehlern ist Bestandteil der Qualitätssteigerung. Sie wird hier, aufgrund der Bedeutung, die sie in der Softwareentwicklung erfährt, gesondert behandelt. Die Bedeutung rührt von der Tatsache her, dass Fehler für viele Softwareunternehmen *die* qualitätsbezogene Größe darstellen, wohl deshalb, weil der Zusammenhang zwischen Softwarefehlern und Fehlerfindungs- und Fehlerbehebungskosten leicht ersichtlich ist.

Die Softwarefehler entstehen in den Phasen Anforderungsspezifikation, Designspezifikation und Codierung. Etwa 20% dieser Fehler können schon in diesen Phasen durch Spezifikations- und Code-Reviews gefunden werden; der große Rest wird in den Testphasen (ca. 70%) und im Betrieb (ca. 10%) gefunden [Möller 96, 113].

Die Fehlerfindungs- und Fehlerbehebungskosten sind, je nachdem wann ein Fehler entsteht und wann er gefunden und behoben wird, unterschiedlich hoch. In der Regel gilt: Je früher ein Fehler entsteht, desto teurer ist seine Behebung. Anforderungs- und Design-Fehler sind um ein Vielfaches teurer zu beheben als Codefehler, da sie meist in späteren Testphasen gefunden werden. Es gilt auch: Je früher ein Fehler gefunden wird, z.B. durch Reviews von Spezifikationen, desto billiger ist seine Behebung.

Dieser Diskussion zur Folge können bezüglich der Reduktion von Softwarefehlern genaue Verbesserungsziele definiert werden. Beispiele sind: Steigerung der Fehlerfindungsrate in frühen Phasen der Entwicklung, Steigerung der Fehlerfindungsrate im Integrationstest und Reduktion der von Kunden gemeldeten Fehler.

3.2 Ermittlung unternehmensindividueller Verbesserungsziele

Im vorangehenden Abschnitt wurde diskutiert, welche Verbesserungsziele sich ein Unternehmen der Softwareindustrie im Allgemeinen setzen kann. Hier handelt es sich nun um die Festlegung konkreter Ziele, die für eine Verbesserung der Softwareentwicklung in einer Organisationseinheit maßgebend sind.

Da es die ureigene Aufgabe des oberen Managements ist, geeignete Ziele für das Unternehmen und dessen Organisationseinheiten zu setzen und zu erreichen sowie die Ergebnisse zu verantworten, müssen die Verbesserungsziele vom Management definiert werden. Obwohl es hier um die Ziele für die Verbesserung der Softwareentwicklung geht, darf die Festlegung der Ziele auf keinen Fall nur der Leitung der Softwareentwicklung überlassen werden. Die Beteiligung von denjenigen Personen, die für die Produktplanung verantwortlich sind, ist unabdingbar. Nur auf diese Weise wird sichergestellt, dass alle wesentlichen Ziele – ob technische, wirtschaftliche, strategische oder soziale Ziele – und ihre Bedeutung bei der Softwareentwicklung berücksichtigt werden.

3.2 Ermittlung unternehmensindividueller Verbesserungsziele

Oft werden von der Unternehmensleitung Ziele formuliert, die sich erst bei näherer Betrachtung und Analyse auf konkrete Ziele, wie z.B. Reduktion der Wartungskosten, Reduktion der Entwicklungszeit oder Verbesserung der Zuverlässigkeit, zurückführen lassen. Beispielsweise hat die eingehende Diskussion des im Rahmen einer Prozessbewertung genannten Ziels *Steigerung der Marktanteile im südostasiatischen Markt* ergeben, dass es sich auf zwei Ziele herunterbrechen lässt: *Reduktion der Kosten*, um ein Niedrigpreis-System für diesen Markt anbieten zu können und *Verbesserung der Bedienbarkeit des Steuerungsprogramms*, so dass auch weniger qualifizierte Benutzer mit dem System arbeiten können. Für die Softwareentwicklung war letztendlich die Verbesserung der Bedienbarkeit der Software von besonderer Bedeutung. Die Reduktion der Kosten bezog sich auf die Hardware des Systems.

Es gibt allerdings keine feste Anleitung zur Erlangung der Verbesserungsziele. In der Praxis hat sich ein Treffen mit dem Management bewährt, das sowohl Interview- als auch Workshop-Charakter hat. Folgende Fragen sind von besonderer Bedeutung für die Zieldefinition und müssen im Rahmen dieses Treffens diskutiert werden:

- Ausrichtung der Organisationseinheit
  Um welche Art von Markt (Niedrigpreismarkt, Hochqualitätsmarkt, Trendsetter usw.) handelt es sich? Welchen Stellenwert haben die einzelnen Softwareprodukte in der Organisationseinheit und im Unternehmen?

- Herausforderungen
  Welchen Herausforderungen wird die Organisationseinheit oder werden die einzelnen Produkte sich künftig stellen müssen (Technologiewandel, Reduktion der Wertschöpfungstiefe, Eindringen in neue Märkte, Produktivitätssteigerung usw.)?

- Lebenszyklus der Softwareprodukte
  Wie lang oder kurz ist der Lebenszyklus einzelner Produkte? Die Frage kann auch im Hinblick auf die Hauptkomponenten diskutiert werden, aus denen die Produkte bestehen.

- Wirtschaftliche Eckdaten
  Hat die Organisationseinheit ihre wirtschaftlichen Ziele (Marktvolumen, Marktanteil, Umsatz, Geschäftswertbeitrag, Ausgaben für Forschung und Entwicklung usw.) erreicht? Diese Frage kann bezüglich der gesamten Organisationseinheit und bezüglich einzelner Produkte der Organisationseinheit diskutiert werden.

- Bisherige Verbesserungsaktivitäten
  Hier können alle Aspekte diskutiert werden, die einen Einblick über bisherige Verbesserungen der Softwareentwicklung geben: Ziele und Verbesserungsmaßnahmen, Status der Maßnahmenumsetzung, Grad der Zielerreichung usw.

Die Verbesserungsziele können innerhalb kürzester Zeit festgelegt werden, vorausgesetzt, das Management des Unternehmens befasst sich kontinuierlich mit solchen Fragen und ist damit in der Lage, jederzeit aktuelle und präzise Antworten auf diese Fragen zu geben.

Die Verbesserungsziele verschiedener Unternehmen ähneln oft einander, stimmen gar im Wortlaut überein. Die Verbesserungsziele machen selten die Individualität einer Verbesserung der Softwareentwicklung aus. Die Individualität einer Verbesserung besteht hauptsächlich in dem Weg der Zielerreichung: Die Unternehmen müssen unterschiedliche Wege einschlagen, um dasselbe Ziel zu erreichen; mit anderen Worten, in jedem Unternehmen sind andere Teile des Softwareentwicklungsprozesses oder andere Technologien von der Verbesserung betroffen.

4 Bewertung des Software-Entwicklungsprozesses

Zusammenfassung:

Das wesentliche Ziel der Bewertung eines Softwareentwicklungsprozesses ist die Definition von konkreten nachvollziehbaren Maßnahmen zur Verbesserung des Entwicklungsprozesses in einer Organisationseinheit.

Da ein Entwicklungsprozess in Projekten gelebt wird, muss er dort hinsichtlich seines Qualitätsstandes untersucht werden. Das Verfahren MPTM (Management of Software Processes and Technologies based on Metrics) sieht hierfür drei Analysemethoden vor:

- Qualitative Prozessanalyse
- Eingeschränkte quantitative Prozessanalyse
- Erweiterte quantitative Prozessanalyse

Die Entscheidung für eine bestimmte Analysemethode oder eine bestimmte Kombination dieser Methoden hängt von der Verfügbarkeit geeigneter Daten in der betreffenden Organisationseinheit und vom Erfahrungsstand der Organisationseinheit in der Prozessverbesserung ab.

Die qualitative Prozessanalyse findet anhand eines Bewertungsmodells statt, das sich auf die Bewertung von Kernprozessen der Softwareentwicklung konzentriert und damit auf die Identifikation maßgebender Verbesserungspotentiale ausgerichtet ist. Das Modell berücksichtigt auch den Faktor *Mitarbeiter*. Die quantitative Prozessanalyse geschieht mittels Softwaremetriken, die aufgrund messbarer Merkmale des Entwicklungsprozesses ausgewählt werden. Mit Abschluss der Prozessanalyse steht ein Stärken/Schwächen-Profil des Entwicklungsprozesses, auf dessen Basis geeignete Verbesserungsmaßnahmen definiert werden können.

Dieses Kapitel steht in enger Verbindung mit den Kapiteln 7, 8 und 9: Das vollständige Modell zur qualitativen Prozessanalyse ist in Kapitel 7 enthalten. Kapitel 8 fasst eine Reihe praxisrelevanter Metriken zur Unterstützung einer quantitativen Prozessanalyse zusammen. Kapitel 9 zeigt die Ergebnisse einer Prozessbewertung (Prozessstatus und Verbesserungsmaßnahmen) als Beispiel.

4.1 Einführung und Überblick über den Bewertungsablauf

Nach dem Verfahren MPTM erfolgt die Verbesserung der Softwareentwicklung auf Grundlage einer Bewertung des Entwicklungsprozesses und einer Bewertung der Softwaretechnologien. In diesem Kapitel wird die Prozessbewertung behandelt; die Technologiebewertung ist Gegenstand des Kapitels 5. Zuerst werden einige Begriffe des Entwicklungsprozesses erörtert.

Unter Softwareentwicklungsprozess wird eine Menge von geordneten methodengestützten Tätigkeiten verstanden, die ein Entwicklungsteam ausübt, um Software zu entwickeln oder zu warten; dabei wird die Software als eine Menge von Programmen und Daten zusammen mit zugehörigen Dokumenten zu ihrer Entwicklung und Benutzung aufgefasst. Dieses Prozessverständnis ist umfassend, denn es enthält alle Tätigkeiten der Entwicklung – von der Ermittlung und Analyse der Anforderungen bis zu deren Realisierung und Abnahme – sowie alle Tätigkeiten des Projektmanagements, wie etwa Projektplanung, Qualitätssicherung und Konfigurationsmanagement [Rezagholi 00c].

Für eine Prozessbewertung ist jedoch eine differenzierte Betrachtung des Entwicklungsprozesses erforderlich. Um dies zu ermöglichen wird ein weiterer Begriff eingeführt: *Entwicklungs-Teilprozess*. Ein Teilprozess umfasst eine Reihe von Tätigkeiten, die in einem engen Zusammenhang zueinander stehen und definierte Ergebnisse hervorbringen. Diese Ergebnisse stellen ein Teil der Software dar. Als Beispiel eines Teilprozesses kann die Qualitätssicherung betrachtet werden. Die Ergebnisse der Qualitätssicherung sind etwa Testpläne, Testfallspezifikationen, Review- und Testprotokolle. Sie bilden einen Teil der Entwicklungsdokumentation.

Der Begriff Entwicklungs-Teilprozess legt unmittelbar nahe, dass unter Softwareentwicklungsprozess die Gesamtheit aller Teilprozesse verstanden wird. Das Software-CMM, SPICE, CMMI und andere vergleichbare Modelle sind nach diesem Verständnis strukturiert (siehe z.B. Abb. 2.6, 2.8 und 2.9).

Das wesentliche Ziel der Bewertung eines Softwareentwicklungsprozesses ist die Definition von konkreten nachvollziehbaren Maßnahmen zur Verbesserung der Softwareentwicklung in einer Organisationseinheit. Hierfür ist eine Statusbestimmung des Softwareentwicklungsprozesses notwendig, bei der entsprechend der Verbesserungsziele der Organisationseinheit die wesentlichen Teilprozesse detailliert untersucht werden.

Die Untersuchung erfolgt durch Interviews mit ausgewählten Personen aus der Softwareentwicklung und durch Studium der Planungs- und Entwicklungsdokumente. Die Ergebnisse sollen die Organisationseinheit in die Lage versetzen, die notwendigen Entscheidungen zur Verbesserung des Entwicklungsprozesses auf einer fundierten Basis zu treffen. Abb. 4.1 zeigt die vier Phasen einer Prozessbewertung mit MPTM. Die Phasen werden im Verlauf dieses Kapitels ausführlich behandelt.

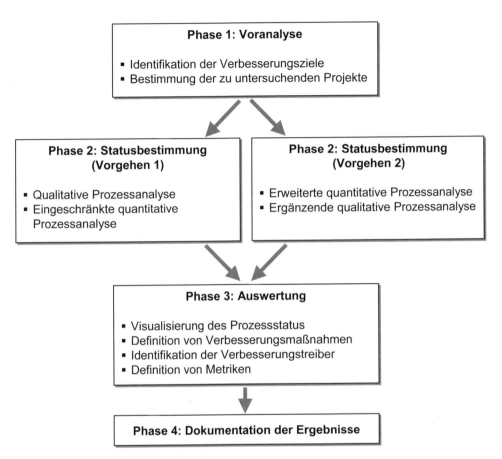

Abb. 4.1 *Phasen der Prozessbewertung*

4.2 Voranalyse

4.2.1 Identifikation der Verbesserungsziele

Das Vorgehen zur Ermittlung unternehmensindividueller Verbesserungsziele wurde bereits in Abschnitt 3.2 diskutiert. Die ermittelten Ziele müssen nun konsolidiert werden, so dass eine überschaubare Anzahl stabiler entscheidender Ziele entsteht. Es ist von besonderer Bedeutung, dass die definierten Ziele keine kurzfristigen Ziele der Organisationseinheit darstellen, denn es wird – je nach Umfang der Verbesserung – Zeit benötigt, bis die Ergebnisse einer Prozessverbesserung greifen und Erfolge sichtbar werden. Die Ziele dürfen nicht inzwischen ihre Gültigkeit verloren haben.

Darüber hinaus muss noch untersucht werden, ob es unter den Verbesserungszielen der Organisationseinheit Ziele gibt, die eindeutig als Ziele der Prozessverbesserung zu betrachten sind. Es ist allerdings selten von vornherein ersichtlich, ob sich ein Ziel ausschließlich über eine Prozessverbesserung oder nur über eine Technologieverbesserung erreichen lässt. Viele Ziele können nur durch eine konzertierte Verbesserung des Entwicklungsprozesses, der Technologien und des Mitarbeitermanagements erreicht werden. Tendenziell werden Ziele mit Bezug zur Reduktion der Entwicklungszeit, Senkung der Entwicklungskosten und Reduktion der Fehler über eine Prozessverbesserung und Ziele mit Bezug zur Produktqualität (Skalierbarkeit, Zuverlässigkeit, Effizienz usw.) über eine Technologieverbesserung erreicht.

4.2.2 Bestimmung der Projekte

Ein Entwicklungsprozess wird in Projekten gelebt, daher muss er auch dort hinsichtlich seiner Qualität untersucht werden. Es muss also analysiert werden, wie gut der Prozess und die darin enthaltenen Regelungen und Methoden zur Projektdurchführung geeignet sind. Zu diesem Zweck müssen in dieser Phase der Bewertung repräsentative Projekte ausgewählt werden. Der Auswahl ist eine große Bedeutung beizumessen, denn sie bestimmt die Aussagekraft der Ergebnisse maßgebend.

Da die Prozessbewertung in einer einzigen Organisationseinheit stattfindet und sich damit auf eine einzige Anwendungsdomäne bezieht, ist die Projektauswahl erleichtert. Denn zur Eigenschaft einer Anwendungsdomäne zählt, dass die Projekte ähnliche Produkte entwickeln und dazu Ausprägungen eines einzigen Entwicklungsprozesses verwenden. Die Projekte sind also vom gleichen Typ; das einzig bedeutende Unterscheidungsmerkmal bleibt die Projektgröße. Sind die Projekte von ähnlicher Größe, so kann die Prozessbewertung sogar anhand eines einzigen Projektes erfolgen. Weisen die Projekte unterschiedliche Größe auf, so können ein großes und ein kleineres Projekt die Organisationseinheit in der Bewertung repräsentieren.

4.2.3 Studium der Entwicklungsdokumente

Ziel des Dokumentenstudiums ist, erste Erkenntnisse über den Entwicklungsprozess zu gewinnen und diese den ermittelten Verbesserungszielen gegenüber zu stellen. Die Erkenntnisse können sich auf die Unzulänglichkeiten oder Unklarheiten im Prozess beziehen. Sie liefern jedenfalls Anhaltspunkte für die Interviews, die in der zweiten Phase der Prozessbewertung zur Ermittlung des Prozessstatus stattfinden. Zudem können aufgrund dieser Erkenntnisse, geeignete Gesprächspartner für die Interviews bestimmt werden.

Im Folgenden werden eine Reihe von Projektdokumenten aufgelistet, die einen hohen Informationsgehalt haben und deren kritische Prüfung im Vorfeld der Ermittlung des Prozessstatus sinnvoll ist. Der Inhalt und die besondere Bedeutung dieser Dokumente für die Prozessbewertung werden in Abschnitt 4.3 noch klarer.

- **Allgemeine Dokumente**
  Diese Dokumente werden vor allem studiert, um die Verflechtungen der Projekte und die in Projekten verwendete Terminologie zu verstehen. Beispiele solcher Dokumente sind die Organisationspläne der Projekte, die Lieferantenverträge, das Prozesshandbuch (Richtlinien der Organisationseinheit für die Softwareentwicklung) und die Produkt- und Technologie-Roadmap.

- **Projektspezifische Dokumente**
  Die projektspezifischen Dokumente können eingeteilt werden in Entwicklungsdokumente sowie in Planungs- und Steuerungsdokumente. Zu den Entwicklungsdokumenten zählen Softwarespezifikationen aller Art, wie etwa Anforderungs-, Architektur-, Design- und Testspezifikation.

  Beispiele für Dokumente der Planung und Steuerung sind Projektpläne (Termin und Aufwand je Arbeitspaket), Mitarbeitereinsatzpläne (Liste aller aktuellen und ehemaligen Projektmitglieder mit Angaben insbesondere zu deren Funktion im Projekt und zur Dauer ihrer Projektzugehörigkeit), Konfigurationsmanagementpläne, Qualitätssicherungspläne, Projektstatusberichte, Testberichte (Fehlerstatistiken, Zuverlässigkeit der Software usw.).

4.3 Ermittlung des aktuellen Prozessstatus

Ziel der Statusbestimmung ist es, anhand von verfügbaren Daten zu zeigen, wie es mit dem aktuellen Leistungsstand des Softwareentwicklungsprozesses steht und welche Verbesserungspotentiale gegebenenfalls bestehen. Im Einzelnen zielt die Statusbestimmung auf Folgendes ab:

- Darstellung des aktuellen Status des Entwicklungsprozesses in Form eines Stärken/Schwächen-Profils als Grundlage für die Identifikation potentieller Verbesserungsbereiche,
- Prüfung, ob sich die Prozessqualität seit der letzten Bewertung verbessert hat (Wie hoch ist der Grad der bisherigen Prozessverbesserung?),
- Gegebenenfalls Berücksichtigung der Konsequenzen, die sich aus dieser Prüfung für die Identifikation von potentiellen Verbesserungsbereichen ergeben.

Ob in einer Organisationseinheit oder in einem Projekt Probleme im Entwicklungsprozess bestehen, lässt sich leicht feststellen. Auf solche Probleme deuten z.B. folgende Symptome hin:

- Projektmeilensteine sind bereits mehrfach verschoben worden.
- Der Projektfortschritt entzieht sich jeder Beurteilung: Die Projektpläne sind seit längerem nicht mehr aktualisiert worden; eine Schätzung des noch zu erbringenden Aufwandes liegt nicht vor. Folglich gibt es widersprüchliche Aussagen zum Projektstatus.
- Ab etwa der Mitte der geplanten Projektdauer nimmt die Zahl an Überstunden permanent zu.

- Die Entwicklungsergebnisse sind instabil und enthalten viele Fehler.
- Die Entwicklungsdokumente, insbesondere die Spezifikationen, sind mangelhaft. Eine geordnete Implementierung ist erschwert.

Allein die Erkenntnis, dass Probleme im Entwicklungsprozess vorhanden sind, reicht nicht aus, um einen Entwicklungsprozess wirksam zu verbessern. Die Schwachstellen im Prozess müssen im Rahmen einer Analyse ermittelt und insbesondere ihre Ursachen genau lokalisiert werden.

Die Statusbestimmung, im Sinne von MPTM, soll eine möglichst quantitative Darstellung des Entwicklungsprozesses sein. Der Statusbestimmung geht also ein *zielorientiertes Messen* voraus. Messen zielt seinerseits auf die Lieferung von Daten ab, die eine Verbesserung der Software und der Softwareentwicklung ermöglichen. Messen darf also kein Selbstzweck sein; es muss mit Verbesserungstätigkeiten einhergehen.

Das MPTM sieht drei Analysemethoden zur Ermittlung des aktuellen Prozessstatus einer Organisationseinheit vor:

1. Qualitative Prozessanalyse,
2. Eingeschränkte quantitative Prozessanalyse,
3. Erweiterte quantitative Prozessanalyse.

Nicht alle diese Analysemethoden kommen bei der Ermittlung des Prozessstatus gleichzeitig zum Einsatz. Es gibt zwei Vorgehen zur Ermittlung des Prozessstatus. Die Entscheidung, welches Vorgehen geeignet ist, hängt vom Erfahrungsstand der betreffenden Organisationseinheit in der Verbesserung der Softwareentwicklung ab:

Vorgehen 1: Qualitative Prozessanalyse mit einer ergänzenden quantitativen Prozessanalyse

Eine Organisationseinheit, die bisher keine mehrjährige (3- bis 5-jährige) systematische Verbesserung der Softwareentwicklung durchgeführt hat, besitzt demzufolge kaum oder nur wenig motivierte Daten als Ergebnis von Messungen. In einer solchen Organisation kommt die *qualitative Prozessanalyse* zum Einsatz. Der Prozessstatus wird anhand von Aussagen ermittelt, die aus dem Studium der Entwicklungsdokumente und den Befragungen der Fachleute der Organisationseinheit gewonnen werden. Abschnitt 4.3.1 zeigt die Prozesse und Prozessaspekte, die bei einer qualitativen Analyse zu beachten sind.

Über die qualitative Analyse hinaus soll eine *eingeschränkte quantitative Prozessanalyse* als Ergänzung stattfinden. Im Rahmen dieser zusätzlichen Analyse wird der Versuch unternommen, aus den wenigen, mehr oder minder motivierten und zufälligen Daten (z.B. Entwicklungsaufwand, Fehlerzahl), die in einer solchen Organisationseinheit vorhanden sind, quantitative Aussagen zum Prozessstatus zu gewinnen (siehe Abschnitt 4.3.2).

Vorgehen 2: Erweiterte quantitative Prozessanalyse mit einer ergänzenden qualitativen Prozessanalyse

Eine Organisationseinheit mit mehrjähriger Erfahrung in Verbesserung der Softwareentwicklung besitzt Metriken, die zielorientiert definiert und systematisch erhoben werden.

Die Organisationseinheit bedient sich der Messergebnisse als Grundlage für Entscheidungen und für Prognosen bezüglich der Softwareentwicklung. In einer solchen Organisationseinheit kommt die *erweiterte quantitative Prozessanalyse* zum Einsatz: eine systematische und umfassende quantitative Ermittlung des Prozessstatus (Abschnitt 4.3.3).

Im Rahmen dieses Vorgehens wird die *qualitative Prozessanalyse nur als Ergänzung* herangezogen. Auf sie kann nicht vollständig verzichtet werden, denn viele Teilprozesse der Entwicklung lassen sich qualitativ wirtschaftlicher bewerten als quantitativ. Dies wird im weiteren Verlauf dieses Kapitels noch aufgegriffen.

Es bedarf allerdings einiger Jahre, bis eine Organisationseinheit eine weitgehend quantitative Bewertung und Verbesserung der Softwareentwicklung durchführen kann, denn die Metriken werden im Zeitverlauf immer solider und können immer zuverlässigere Messergebnisse liefern. Bis dieser Zustand erreicht ist, mit anderen Worten, bis eine Organisationseinheit verlässliche Daten über ihre Projekte besitzt, die für eine ebenso verlässliche Statusbestimmung verwendet werden können, werden die Statusbestimmungen, zumal die ersten, vorwiegend auf einer qualitativen Basis (Vorgehen 1) stattfinden.

4.3.1 Qualitative Prozessanalyse

Der Softwareentwicklungsprozess besteht, wie in der Einführung zu diesem Kapitel dargelegt, aus einer Vielzahl von Entwicklungs-Teilprozessen. Daher kann eine qualitative Analyse des Entwicklungsprozesses recht aufwändig werden, es sei denn, die Analyse beschränke sich auf *die Kernprozesse der Softwareentwicklung*. Ein Kernprozess der Softwareentwicklung ist ein Entwicklungs-Teilprozess mit folgenden Eigenschaften:

- Er ist erfahrungsgemäß für den Erfolg eines Projektes von besonderer Bedeutung; z.B. ist Requirements Engineering ein Kernprozess.
- Er wird ausschließlich anhand von *Prozessaspekten* (Prozessthemen und -tätigkeiten) beschrieben, die für den erfolgreichen Ablauf des Prozesses unbedingt erforderlich sind. Für das Beispiel Requirements Engineering sind folgende Aspekte ausschlaggebend: Produktstrategie, Versions- und Release-Planung, Ermittlung und Analyse der Anforderungen, Spezifikation der Anforderungen sowie Verfolgung der Anforderungen.

Bei den Kernprozessen ist davon auszugehen, dass sie den wesentlichen Anteil der *Verbesserungstreiber* stellen werden und es verdienen, vorrangig untersucht zu werden. Mit anderen Worten: Konzentriert sich die Prozessanalyse auf die Kernprozesse, so können die ernsthaften Schwachstellen des Entwicklungsprozesses in kürzerer Zeit und mit weniger Aufwand ermittelt werden. Folglich kann die Verbesserung des Entwicklungsprozesses auf Kernprozesse ausgerichtet und damit zielführend gestaltet werden.

Die Kernprozesse lassen sich zwei Kategorien zuordnen: Kernprozesse des Softwaremanagements und Kernprozesse der Softwarerealisierung. Jede Kategorie besteht aus fünf Kernprozessen (Abb. 4.2)². Es ist zu beachten, dass eine exakte Zuordnung eines Kernprozesses zu einer Kategorie nicht immer möglich ist, z.B. enthält die Qualitätssicherung neben Komponenten der Softwarerealisierung auch Komponenten des Projektmanagements, der Planung, Steuerung und Kontrolle.

Kernprozesse der Softwareentwicklung

Softwaremanagement
- Projektorganisation
- Management externer Schnittstellen
- Planung, Steuerung und Kontrolle
- Konfigurations- und Änderungsmanagement
- Technologiemanagement

Softwarerealisierung
- Entwicklungsmethodik
- Requirements Engineering
- Architekturdefinition und Design
- Implementierung und Integration
- Qualitätssicherung: Review und Test

Abb. 4.2 Kernprozesse der Softwareentwicklung

Im Folgenden werden die Kernprozesse der Softwareentwicklung kurz beschrieben. Kapitel 7 enthält eine nähere Beschreibung dieser Prozesse in Form eines Modells. Das Modell dient als Grundlage für eine qualitative Prozessanalyse.

1. **Projektorganisation**

    Es gilt herauszufinden, welche Aufgabenbereiche im Projekt definiert sind und wie sie wahrgenommen werden. Neben der klaren Abgrenzung der Zuständigkeiten müssen Berichtswege sowohl innerhalb des Projekts als auch zwischen dem Projekt, dem Management, den anderen beteiligten Organisationseinheiten und Projekten festgelegt sein. Entscheidend ist allerdings das Gesamtbild, das auf eine gute Zusammenarbeit im Projekt und in der Organisation hindeuten muss: Wichtige Aspekte sind die Art und Weise des Informationsaustauschs und der Abstimmungen, die Koordination der Aufgaben und die

---

² Die Auswahl dieser Prozesse als Kernprozesse der Softwareentwicklung gründet auf eigenen Erfahrungen, die im Rahmen von zahlreichen Prozessbewertungen und Projekt-Risiko-Audits gemacht wurden, und auf Erfahrungen anderer, die mir in Form von Bewertungsberichten zur Verfügung standen (insbesondere Erfahrungen mit CMM, und Bootstrap-Methode) oder in unterschiedlichen Literaturstellen [siehe insbesondere SPMN 03; Jones 00; Rezagholi 00a; Rezagholi 00b; SPMN 00; Brown 98; ISO 15504; Peters 98; SPMN 98a; SPMN 98b; Humphrey 97; McConnell 97; Paulk 97; Yourdon 97; Flowers 96; McConnell 96; Brooks 95; Kornwachs 95; Lowe 95; Thomsett 95; Trillium 94; SEL 92; Humphrey 89; DeMarco 86] zu finden sind.

Konfliktlösung zwischen den betroffenen Gruppen. Eine lebendige Kommunikationsstruktur im Projekt ist von besonderer Bedeutung, da nur so Risiken aufgedeckt und Informationen ausgetauscht werden können.

2. Management externer Schnittstellen
Alle für den Erfolg des Projektes wesentlichen externen Schnittstellen, insbesondere die Schnittstellen zu den Kunden und zu den Lieferanten, müssen untersucht werden. Durch geeignetes Management dieser Schnittstellen, muss gewährleistet sein, dass die Aufgabenteilung auf die jeweils verantwortlichen Stellen und der Informationsaustausch zwischen diesen Stellen im Hinblick auf die optimale Abwicklung des Projekts ausgerichtet sind.

3. Planung, Steuerung und Kontrolle
Es ist zu prüfen, ob der Projektplan eine verbindliche Grundlage für die Entwicklung darstellt: Die auszuführenden Arbeiten sind eindeutig bestimmt und der Projektablauf ist so gestaltet, dass die Zeit-, Kosten- und Qualitätsziele unter bestehenden Restriktionen eingehalten werden können. In diesem Zusammenhang kommt dem Aspekt Aufwandsschätzung eine große Bedeutung zu.

Die wesentlichen Projektrisiken sind identifiziert und allen Beteiligten mitgeteilt. Die Auswirkungen der Risiken sind ermittelt; um folgenschweren Risiken zu begegnen, werden Maßnahmen definiert. Ferner wird der Ist-Zustand des Projektes, etwa hinsichtlich des Aufwands und der Termine, regelmäßig geprüft, um gegebenenfalls in das Projektgeschehen steuernd eingreifen zu können.

Die Planung, Steuerung und Kontrolle sind die entscheidenden Faktoren für das Gelingen eines Projekts und damit auch oft das Gebiet mit dem größten Verbesserungspotential. Mängel in diesem Bereich haben große Auswirkungen auf den Projekterfolg. Es muss daher sehr genau untersucht werden, ob die Projektsteuerung wirksam erfolgt und damit alle Projekt-Beteiligten in die Lage versetzt, zielführend zusammenzuarbeiten.

4. Konfigurations- und Änderungsmanagement
Es ist zu untersuchen, ob die Konsistenz der Projektergebnisse gegeben ist. Das bedeutet zum einen, dass die wesentlichen Entwicklungsergebnisse dem Konfigurationsmanagement unterstellt werden, dass hierfür ein angemessenes Werkzeug im Einsatz ist, und dass die Ergebnisse systematisch freigegeben werden. Zum anderen muss das definierte Verfahren zum Änderungsmanagement gewährleisten, dass die Änderungen an freigegebenen Arbeitsergebnissen, etwa aufgrund von Fehlerkorrekturen oder Anforderungsänderungen, kontrolliert vorgenommen werden.

5. Technologiemanagement
Erfolgreiche Projekte erfordern eine konsequente Ausrichtung von Produkt- und Prozesstechnologien auf Marktbedürfnisse und Wirtschaftlichkeit. Es ist daher zu prüfen, ob diese Fokussierung von einem effizienten Technologiemanagement unterstützt wird: Es werden geeignete Methoden und Techniken bereitgestellt, um den technologischen Handlungsbedarf der Organisationseinheit auf der Grundlage einer systematischen Analyse

und Bewertung zu ermitteln, die entsprechenden Technologien zu beschaffen und kontrolliert in die Entwicklung zu integrieren [Rezagholi 00a; Rezagholi 00b].

Ferner ist zu untersuchen, ob der Wissenstransfer innerhalb der Projekte sowie zwischen den Projekten, den Kunden und den Technologie-Lieferanten auf geeignete Weise stattfindet.

6. Entwicklungsmethodik

Das projektspezifische Prozessmodell muss definiert und von allen Beteiligten verstanden und akzeptiert sein. Es muss sichergestellt sein, dass das gewählte Prozessmodell und die darin festgelegten Methoden und Werkzeuge für das Entwicklungsvorhaben geeignet sind. Dabei ist nicht nur die Ausstattung der Projekte mit Softwarewerkzeugen zur Unterstützung der Entwicklungs- und Projektmanagement-Tätigkeiten von Bedeutung. Ebenso wichtig ist eine Infrastruktur, die den Austausch von Entwicklungsergebnissen ermöglicht, insbesondere wenn diese an unterschiedlichen Orten (verteilte Entwicklung) entstehen.

7. Requirements Engineering

Requirements Engineering ist ein Prozess von herausragender Bedeutung, denn er bestimmt die Stabilität und Qualität der Anforderungen. Daher muss genau geprüft werden, ob die Anforderungen anhand von geeigneten Methoden ermittelt, analysiert und dokumentiert werden. Ferner muss die Vorgehensweise zum Requirements Engineering gewährleisten, dass alle Projektbeteiligten das gleiche Verständnis der Anforderungen gewinnen.

8. Architekturdefinition und Design

Es muss ein systematisches Verfahren zur Definition tragfähiger Architekturen für die Produkte der Organisationseinheit geben. Das Verfahren regelt insbesondere die Hauptaufgaben der Architekturdefinition und der Design-Spezifikation. Das sind etwa die funktionale Aufteilung des Systems, Definition der Systemkomponenten und deren Schnittstellen, Modellierung des dynamischen Verhaltens der Komponenten, Sicherstellung der nicht funktionalen Eigenschaften, Wiederverwendung verfügbarer Komponenten sowie Koordination aller Architekturausprägungen und Schnittstellen.

9. Implementierung und Integration

Die Implementierung muss auf eine systematische Umsetzung der Anforderungen in ein konkretes Produkt mit den entsprechenden Dokumentationen hindeuten. Im Mittelpunkt stehen die Erstellung und der Test von Modulen bzw. Komponenten des Softwareprodukts. Diese Arbeiten erfolgen unter Einhaltung definierter Vorgaben und Konventionen.

Bei der Integration werden Module bzw. Komponenten – unter Wiederholung entsprechender Tests – schrittweise zusammengefügt, bis das vollständige Produkt erstellt ist. Der Integrationstest konzentriert sich auf die Prüfung der Schnittstellen zwischen den verschiedenen Modulen bzw. Komponenten.

10. Qualitätssicherung: Review und Test

Es ist zu untersuchen, ob das Projekt die Einhaltung von Anforderungen und Standards laufend überwacht sowie die Review- und Test-Ergebnisse erfasst und analysiert, mit dem Ziel, Aussagen bezüglich der Qualität der Ergebnisse treffen zu können und Fehler möglichst früh zu lokalisieren.

Es muss festgelegt sein, welche Entwicklungsergebnisse zu welchem Zeitpunkt einem Review und/oder Test unterzogen werden. Alle Reviews und Tests werden geplant. Der Plan regelt nicht nur den Ablauf, sondern auch die jeweils einzusetzenden Methoden. Er legt ferner die Erfassung und Verwendung von Review- und Testergebnissen fest.

Die Prüfung, ob ein Entwicklungsprozess diese Anforderungen erfüllt, geschieht, wie bereits erwähnt, durch Interviews mit Projektmitgliedern. Als Gesprächpartner kommen lediglich die entscheidenden Projektmitglieder in Frage, wie etwa Projektleiter, Produktmanager, Systemarchitekt, Verantwortliche für Konfigurationsmanagement, Verantwortliche für Qualitätssicherung, ausgewählte Entwickler und Tester. Diese können in Gruppen oder einzeln befragt werden. Die Entscheidung hierfür muss immer im Sinne der Effizienz der Informationsgewinnung getroffen werden. Gegebenenfalls können durch Gespräche mit ausgewählten Kunden und Lieferanten weitere Informationen über die Zusammenarbeit an den Schnittstellen des Projekts gewonnen werden.

Zusammengefasst ermittelt die qualitative Analyse den Prozessstatus einer Organisationseinheit in Bezug auf die Kernprozesse der Softwareentwicklung. Dieses Ergebnis, insbesondere die festgehaltenen Schwächen des Entwicklungsprozesses, ist die Grundlage für die Definition von Verbesserungsmaßnahmen. Der Prozessstatus soll knapp aber präzise dargestellt werden (zur Darstellung des Status eines Entwicklungsprozesses als Ergebnis einer qualitativen Prozessanalyse siehe Abb. 9.2 in Abschnitt 9.3).

4.3.2 Eingeschränkte quantitative Prozessanalyse

Die quantitative Prozessanalyse ermöglicht es, die oben genannten Ziele der Statusbestimmung, nämlich die Darstellung des Leistungsstands eines Prozesses und die Identifikation von Verbesserungspotentialen, auf eine sachlich nachvollziehbare Basis zu stellen. Dadurch werden die Ergebnisse der Bewertung leichter verstanden und können ebenso leichter vermittelt werden. Aus diesem Grund muss schon sehr früh versucht werden, als Ergänzung zu einer qualitativen Analyse eine quantitative Statusbestimmung vorzunehmen und damit die auf *Messen* basierte Prozessverbesserung einzuleiten.

Es ist also anzustreben, Prozesse, die einer quantitativen Bewertung unterzogen werden können, wie etwa der Test-, Planungs- und Steuerungsprozess, auch quantitativ zu bewerten. Gerade das scheint aber im Widerspruch zu der Tatsache zu stehen, dass in einer Organisationseinheit, in der das systematische Bewerten und Messen bisher keine Beachtung gefunden hat, keine zweckdienlich aufbereiteten Daten vorliegen.

Trotzdem ist es möglich, unverzüglich mit einer quantitativen Prozessanalyse anzufangen und ihr zunehmend eine größere Bedeutung in der Prozessbewertung einzuräumen. Diese Forderung ist dadurch begründet, dass auch Organisationseinheiten ohne Erfahrung in systematischer Prozessverbesserung über Daten, zum Teil sogar ihnen unbekannte Rohdaten, verfügen, die zur quantitativen Darstellung der Softwareentwicklung verwendet werden können: Aufgrund mangelhafter Qualität der Daten kann es sich hier nur um eine *eingeschränkte* quantitative Prozessanalyse handeln. An diese Statusbestimmung dürfen keine hohen Anforderungen gestellt werden. Es ist jedoch möglich, durch Fokussierung auf ein oder zwei wesentliche Ziele und durch Analyse einiger für diese Ziele charakteristischer Daten einige Hinweise auf Verbesserungspotentiale zu gewinnen.

Zu diesem Zweck müssen alle verfügbaren Daten betrachtet werden, die einen Beitrag zur quantitativen Bestimmung des Zustands eines Entwicklungsprozesses leisten können. Als Folge der Interpretation dieser Daten werden Stärken und Schwächen des Prozesses und damit die Verbesserungspotentiale identifiziert. Diese sollten mit den zuvor vom Management formulierten Zielen korrespondieren. Korrespondiert ein Teil von identifizierten Verbesserungspotentialen nicht mit den Zielen, dann kann das ein Hinweis auf die Unvollständigkeit der Ziele sein. Es ist zu beachten, dass auch das Management einen Lernprozess durchlaufen muss, bevor es die wesentlichen Verbesserungsziele sicher identifizieren und festlegen kann.

Auf der Suche nach Daten dürfen nicht nur Quellen betrachtet werden, wo entsprechende Daten in der Regel zu finden sind, sondern auch alle möglichen Projekt- und Entwicklungsdokumente, die in einem solchen Unternehmen erstellt werden. Zudem muss oft, mangels dokumentierter Daten, auf das Gedächtnis der Projektmitarbeiter zurückgegriffen werden. Es ist also herauszufinden, was für Daten verfügbar sind und welche Schlüsse aus ihnen gezogen werden können.

Eine systematische Vorgehensweise zur Erlangung von benötigten Daten gibt es in diesem Fall nicht. Es muss situativ und aus der Erfahrung heraus gehandelt werden. Erfahrungsgemäß können folgende Primärdaten leicht ermittelt werden:

- **Anzahl der von Kunden gemeldeten Fehler**
  Jede softwareentwickelnde Organisationseinheit, unabhängig von ihrer Reife, erfasst zwangsläufig die von Kunden gemeldeten Fehler. Viele von ihnen erfassen auch noch den Aufwand oder die Kosten der Fehlerbehebung, einige sogar noch die Fehlerklassen (Klassifizierung der Fehler nach ihrem Ausmaß und ihrer Bedeutung). Die Anzahl von gemeldeten Fehlern kann über eine Reihe von Projekten oder Releases analysiert werden. Wesentlich ist jedoch, dass lediglich die Fehler beachtet werden, die in einem festgelegten Zeitraum gemeldet werden (z.B. im ersten Jahr des Einsatzes jedes Releases), um die Vergleichbarkeit sicherzustellen.

- **Anzahl der Anforderungsänderungen**
  Viele softwareentwickelnde Organisationseinheiten erfassen die Anzahl der Anforderungsänderungen, die von Kunden an das Projekt gestellt werden. Eventuell kann noch herausgefunden werden, wie viele Anforderungsänderungen bisher angenommen, abgewiesen oder zurückgestellt wurden.

- **Entwicklungszeit**
  Fast immer können die geplante und tatsächliche Laufzeit eines Projekts und die Dauer der wesentlichen Projektphasen einigermaßen genau ermittelt werden. Im ungünstigsten Fall, d.h. wenn keine Projektpläne verfügbar sind, besteht die Möglichkeit, den Projekt-

4.3 Ermittlung des aktuellen Prozessstatus

leiter und die Projektmitglieder nach der geplanten und tatsächlichen Projektdauer gezielt zu befragen: Wann begann das Projekt? Wann begann der Test? Wann wurde die Software fertiggestellt?

- **Entwicklungsaufwand**
  Auch der Aufwand kann, sollten die Projektpläne hierzu keine Daten liefern können, auf einem Umweg ermittelt werden: Zunächst ist die Anzahl von Projektmitgliedern zu bestimmen. Ist ein Kontierungssystem im Einsatz, so kann es dazu verwendet werden, die Anzahl der Personen und nach Möglichkeit auch die Anzahl der erbrachten Stunden festzustellen. Ansonsten kann wieder durch die Befragung der Projektbeteiligten ermittelt werden, wann und für wie lange jede Person bisher im Projekt tätig war. Nun kann der Versuch unternommen werden, den Entwicklungsaufwand in Mitarbeitermonaten zu berechnen. Eventuell kann noch versucht werden, den Aufwand phasenbezogen zu ermitteln.

- **Softwaregröße**
  Die Softwaregröße wird in der Regel in Anzahl von Function Points oder Lines of Code ausgedrückt. Es ist unwahrscheinlich, dass eine in Prozessverbesserung unerfahrene Organisationseinheit die Softwaregröße mittels Function Points-Methode misst, denn diese Methode erfordert eine gewisse Prozessqualität. Daher bleibt Lines of Code meist die einzige Möglichkeit die Softwaregröße zu ermitteln. Die Voraussetzung dafür ist, dass der im Projekt entwickelte Code klar ausgemacht werden kann, dass gewisse Programmierkonventionen von den Entwicklern eingehalten werden und dass geeignetes Messwerkzeug vorhanden ist.

  Alternativ kann die Softwaregröße durch die Anzahl der Anforderungen oder die Anzahl der Module repräsentiert werden. In diesem Fall muss berücksichtigt werden, dass die Anforderungen unterschiedliche Realisierungsumfänge implizieren und die Module unterschiedlich groß sein können. Die Größe eines objektorientiert entwickelten Softwareprogramms kann auch mittels Class Points ausgedrückt werden.

- **Produktivität**
  Sind der Entwicklungsaufwand und die Softwaregröße ermittelt worden, so kann das Verhältnis der Softwaregröße zum Aufwand als ein einfacher Indikator für die Produktivität betrachtet werden.

- **Testgrößen**
  Letztlich kann noch versucht werden, Primärdaten aus dem Test zu gewinnen. Je nach Reife der Organisationseinheit können Anzahl der Testfälle, Anzahl fehlgeschlagener Tests, Anzahl gefundener Fehler, Aufwand und Dauer von Tests usw. ermittelt werden. Auch hier besteht die Möglichkeit aus dem Gedächtnis der Projektmitglieder zu schöpfen.

Der Metrikkatalog (Kapitel 8) enthält weitere Metriken, die in einer eingeschränkten quantitativen Analyse eingesetzt werden können. Im Metrikkatalog werden die Metriken klassifiziert und einzeln beschrieben. Aufgrund der Metrikbeschreibung kann entschieden werden, welchen Nutzen die betroffene Metrik für die Prozessanalyse hat, ob sie erhoben werden kann (stehen die notwendigen Datenquellen zur Verfügung?) und wann sie auszuwerten ist.

Die folgenden Beispiele zeigen wie diese Daten interpretiert und zu einer Statusbestimmung zusammengesetzt werden können.

Beispiel 1: Ein wesentliches Ziel eines Unternehmens ist die Reduktion von Fehlern, die von Kunden gefunden werden. Nun besteht die Möglichkeit, über den Kundendienst oder die Hotline zu ermitteln, wie viele Fehler in den vorausgehenden Releases von Kunden gemeldet wurden. Die Anzahl der von Kunden gemeldeten Fehler liefert lediglich einen Ansatzpunkt und noch keine sichere Grundlage zur Beurteilung der Produktqualität. Kann noch die Softwaregröße ermittelt werden, dann kann diese zur Relativierung der von Kunden gemeldeten Fehler benutzt werden. Damit ist eine Grundlage zur Beurteilung der Produktqualität geschaffen.

Beispiel 2: Das Verbesserungsziel ist die Reduktion der Entwicklungszeit. In diesem Fall können die Ist- und Plandaten miteinander verglichen werden. Liegen die geplante und die tatsächliche Projektlaufzeit weit auseinander, so ist das ein erstes Indiz für schlechtes Projektmanagement. Wenn es noch gelingt, den Projektaufwand und die Größe des Releases zu ermitteln, dann kann eine einfache Produktivitätsmessung stattfinden. So wird nicht nur das Verständnis für das gesetzte Ziel erhöht, sondern auch Hinweise über die Schwachstellen des Prozesses erzielt.

Insgesamt ist festzuhalten, dass die eingeschränkte quantitative Prozessanalyse eine qualitative Prozessanalyse nur ergänzen kann. Die Aussagen einer solchen Analyse müssen entsprechend der Qualität der verfügbaren Daten beachtet werden.

4.3.3 Erweiterte quantitative Prozessanalyse

Die erweiterte quantitative Prozessanalyse gründet stark auf dem Messen. Sie kommt in einer Organisationseinheit zum Einsatz, die seit einigen Jahren eine systematische Verbesserung durchführt. Eine solche Organisationseinheit kommt im Laufe der Zeit immer mehr in den Besitz von systematisch ermittelten Primärdaten und Metriken, so dass sie den Prozessstatus überwiegend auf der Basis von Metriken feststellen kann.

Allerdings ist zu beachten, dass sich nicht jeder Prozess und vor allem nicht bezüglich aller seiner Aspekte wirtschaftlich, d.h. mit angemessenem Nutzen/Kosten-Verhältnis, quantitativ bewerten lässt. Es gibt Prozessfragen, die anhand einer qualitativen Analyse effizienter beantwortet werden können, z.B. ob in einer Organisationseinheit die Verantwortlichkeiten festgelegt sind, die Berichtswege vorhanden sind oder ob die ausgewählte Entwicklungsmethodik die Anforderungen der Projekte erfüllt. Folglich benötigt die erweiterte quantitative Prozessanalyse eine qualitative Prozessanalyse als Ergänzung.

Die Fähigkeit einer Organisationseinheit, ihre Prozesse weitgehend quantitativ zu bewerten, impliziert nicht, dass die Organisationseinheit eine Vielzahl von Softwaremetriken einsetzt. Es deutet vielmehr darauf hin, dass das Messen in dieser Organisationseinheit systematisch erfolgt:

4.3 Ermittlung des aktuellen Prozessstatus

- Die benötigten Metriken werden zielorientiert identifiziert und präzise definiert.
- Die Erhebung der Primärdaten und die Berechung oder Ermittlung von Metriken sind genau festgelegt.
- Das Vorgehen zur Prozessanalyse mittels Metriken ist definiert.
- Es gibt ferner ein datenbankgestütztes Werkzeug, das eine geeignete Aufbewahrung und Analyse von Primärdaten und Messergebnissen ermöglicht.

Sind diese Voraussetzungen erfüllt, so ist die Organisationseinheit imstande, durch die Nutzung vorhandener Metriken den Zustand des Softwareentwicklungsprozesses jederzeit – ohne eine eigens geplante Prozessbewertung – darzustellen, den Handlungsbedarf entsprechend zu erkennen und Verbesserungen zu initiieren. Sie kann auf der Basis der Kunden- und der eigenen Bedürfnisse quantitative Verbesserungsziele, wie etwa Reduktion der Entwicklungszeit um 10%, begründen und die Zielerreichung kontrollieren.

Die erweiterte quantitative Prozessanalyse baut auf sechs Metrikkategorien auf:

1. Aufwands- und Kostenmetriken,
2. Zeitmetriken,
3. Umfangsmetriken,
4. Prozessqualitäts-Metriken,
5. Produktqualitäts-Metriken,
6. Geschäftsmetriken.

Im Folgenden werden diese Metrikkategorien kurz behandelt. Kapitel 8 (Metrikkatalog) enthält zu jeder dieser Kategorien eine Reihe von praxisrelevanten Metriken mit detaillierter Beschreibung. Der Metrikkatalog stellt eine Grundlage für die Auswahl, Definition und Anwendung von Metriken zur Analyse der Softwareentwicklung sowie zur Prüfung des Fortschritts in der Verbesserung dar.

Aufwands- und Kostenmetriken
Im Vordergrund stehen der Vergleich des tatsächlich erbrachten mit dem geplanten Aufwand (Aufwandsabweichung) sowie der Vergleich der tatsächlichen mit den geplanten Kosten (Kostenabweichung). Die Abweichungen können für den gesamten Lebenszyklus des Prozesses, für die einzelnen Entwicklungsphasen oder für bestimmte Arbeitspakete ermittelt und untersucht werden. Eine weitere, eng mit Aufwands- und Kostenmetriken verbundene Metrik ist die Anzahl von Projektmitarbeitern im Verlauf der Entwicklung oder je Entwicklungsphase (Personalaufbau und -abbau im Zeitverlauf).

Aus den historischen Messergebnissen sollen Aufwand und Kosten neuer Projekte vorausgesagt werden können – Vergleichbarkeit der Projekte vorausgesetzt. Darüber hinaus soll, unter Einbeziehung von Qualitäts- und Umfangsmetriken, der Einfluss der Faktoren Aufwand, Kosten, Entwicklungszeit und Qualität aufeinander analysiert werden können.

Anhand der Aufwands- und Kostenmetriken können eine Reihe von Projektfragen beantwortet werden, wobei die Kenntnis von Terminen und/oder das Wissen über den Umfang der zu erbringenden oder erbrachten Leistungen erforderlich ist. Beispiele solcher Fragen sind:

- Entsprechen die Projektergebnisse dem Projektplan?
- Ist der geplante Aufwand bzw. sind die geplanten Kosten konsistent mit dem vorgegebenen (geplanten) Budget?
- Reicht der geplante Aufwand aus, um die Termine einhalten zu können?
- Der Ressourcenverbrauch steigt. Ist das Projekt daher neu zu planen?

Zeitmetriken

Die Zeitmetriken dienen, ähnlich wie die Aufwands- und Kostenmetriken vor allem der Ermittlung von Terminabweichungen über den Vergleich der aktuellen Termine mit den geplanten Terminen. Auch hier können die Abweichungen in Bezug auf die gesamte Entwicklung, die einzelnen Entwicklungsphasen oder die Entwicklungszeit bestimmter Arbeitspakete ermittelt werden. Werden die Zeitmetriken über einen längeren Zeitraum erhoben, dann können sie zur Prognose von Entwicklungszeiten und Terminen in neuen Projekten verwendet werden. In Verbindung mit Aufwands-, Qualitäts- und Umfangsmetriken können weitere Analysen durchgeführt werden.

Ferner können mit Zeitmetriken weitere Projektfragen beantwortet werden. Auch hier ist es oft erforderlich, den Aufwand und den ihm gegenüberstehenden Leistungsumfang zu kennen. Beispiele solcher Fragen sind:

- Liegen die Projektergebnisse zu den geplanten Terminen vor?
- Lässt sich aus dem bisher erbrachten Aufwand den Schluss ziehen, dass die Termine eingehalten werden können?
- Der Ressourcenverbrauch steigt. Sind die Projekttermine daher neu zu planen?

Umfangsmetriken

Der Umfang der Ergebnisse einer Softwareentwicklung (Spezifikationen, Programme) lässt sich über unterschiedliche Maßeinheiten, wie etwa Anzahl der Function Points, der Lines of Code, der Class Points, der Anforderungen oder der Seiten ausdrücken. Mit Umfangsmetriken soll der Projektfortschritt im gesamten Lebenszyklus der Entwicklung dargestellt werden: Der Fertigstellungsgrad von Spezifikationen oder des Codes im Zeitverlauf.

Aus den historischen Umfangsdaten kann in zukünftigen Projekten die Gesamtgröße der Software, die Größe einzelner Softwarekomponenten, die Größe des neu geschriebenen Codes oder die Größe des wiederverwendeten Codes vorausgesagt werden. Dann besteht auch die Möglichkeit, die Abweichung der tatsächlichen von der geschätzten Softwaregröße zu analysieren.

Umfangsmetriken sind Anzeichen für die Vollständigkeit der Anforderungen sowie für die Fähigkeit des Projektteams, das Softwareprodukt innerhalb des Budgets und Termins zu entwickeln. Sie sind damit die unabdingbare Ergänzung zu den Aufwands- und Zeitmetriken, um zuverlässige Aussagen zum Projektstatus machen zu können. Mittels Umfangsmetriken können Fragen folgender Art beantwortet werden:

- Weicht der tatsächliche Umfang der Entwicklungsergebnisse von der geschätzten ab? Wie groß ist die Abweichung?

4.3 Ermittlung des aktuellen Prozessstatus

- Lässt die Zunahme der Softwaregröße im Projektverlauf darauf schließen, dass der geplante Termin und Aufwand einzuhalten ist?
- Wie steht es mit der aktuellen Produktivität des Projektteams insgesamt (über alle Entwicklungsergebnisse hinweg)?
- Ist es aufgrund des aktuellen Fertigstellungsgrads von Entwicklungsergebnissen notwendig, das Projekt neu zu planen?

Prozessqualitäts-Metriken
Die Prozessqualitäts-Metriken dienen der Beurteilung der Qualität aus Prozesssicht, z.B. in Bezug auf die Erfüllung von Anforderungen durch die Software oder die Wirksamkeit der Fehlerfindung und -behebung. Sie liefern also Hinweise, sowohl auf die Produktqualität als auch auf die Prozessqualität. Sie zeigen ferner, worauf eine mangelnde Prozessqualität zurückzuführen ist.

Die Prozessqualitäts-Metriken weisen eine große Vielfalt auf. Sie beziehen sich auf die Anforderungen (Anzahl erfüllter oder nichterfüllter Anforderungen), Anforderungsänderungen (eingegangen, offen, angenommen, implementiert), Fehler (Anzahl, Priorität, wann gemeldet, wann analysiert, wann behoben, Fehlerbehebungskosten) usw.

Beispiele für Fragen, die mittels Qualitätsmetriken beantwortet werden können, sind:

- Werden die spezifizierten Anforderungen auch tatsächlich implementiert?
- Wie verhält sich die Anzahl von Anforderungsänderungen im Projektverlauf? Nimmt sie ab oder steigt sie?
- Wie entwickeln sich die Fehlerzahl, die Fehlerzahl pro Fehlertyp und die Fehlerdichte (Anzahl Fehler pro Modulgröße) im Zeitverlauf?
- Wie entwickeln sich die Fehlersuche und -behebung im Projekt oder in einzelnen Testphasen?
- Kann die Software an den Kunden geliefert werden (zeigen die aktuellen Metriken, dass die Software die entsprechende Lieferqualität erreicht hat)?
- Führt die aktuelle Softwarequalität (Anzahl noch zu behebender Fehler) zu Problemen in der Wartungsphase oder bei der Weiterentwicklung der Software?

Produktqualitäts-Metriken
Die aus der Sicht des Softwareprodukts definierten Qualitätsmetriken haben eine besondere Stellung unter den Metriken. Mit ihnen können die Qualitätsmerkmale oder -teilmerkmale eines Softwareprodukts bewertet werden. Beispielsweise können Fragen bezüglich der Zuverlässigkeit, der Benutzbarkeit, der Verfügbarkeit oder des Zeit-Verhaltens einer Software beantwortet werden. Die Produktqualitäts-Metriken liefern zusätzlich Hinweise, worauf eine mangelnde Produktqualität zurückzuführen ist.

Geschäftsmetriken
Die Kategorie Geschäftsmetriken enthält Metriken, die sich auf die gesamte softwareentwickelnde Organisationseinheit beziehen, also neben dem Softwareentwicklungsprozess auch auf andere Prozesse, etwa im Marketing, Service und Management. Beispiele für solche

Metriken sind Kundenzufriedenheit, Mitarbeiterzufriedenheit, Innovationsfähigkeit, Anzahl der Schulungstage pro Mitarbeiter und Umsatzentwicklung. Die Geschäftsmetriken liefern keine direkten Aussagen zum Zustand der Softwareentwicklung und werden daher hier nicht ausführlich behandelt. Lediglich die Metriken Kundenzufriedenheit und Schulungsgrad werden aufgrund ihrer besonderen Bedeutung für die Softwareentwicklung in den Metrikkatalog aufgenommen (siehe Kapitel 8).

4.4 Auswertung der Ergebnisse

4.4.1 Visualisierung des Prozessstatus

Ziel der Visualisierung ist, die Ergebnisse der Prozessanalyse so darzustellen, dass der Beherrschungsgrad einer Organisationseinheit im Hinblick auf bestimmte Kernprozesse eindeutig ersichtlich ist. Es ist entscheidend, dass die qualitativen und die quantitativen Aussagen zum Prozessstatus insgesamt ein einheitliches und widerspruchfreies Bild des Softwareentwicklungsprozesses wiedergeben.

Wird der Status des Entwicklungsprozesses unter Einsatz von Metriken quantitativ analysiert, so kann der Prozessstatus entsprechend der Definition der angewandten Metriken in Form von Diagrammen, Verteilungen oder Trenddarstellungen (chronologisch geordnete Folge von Messergebnissen) aufbereitet werden. Kapitel 8 (der Metrikkatalog) schlägt für jede Metrik, wenn angemessen, eine geeignete Darstellungsform vor.

Erfolgt die Statusbestimmung anhand einer qualitativen Analyse, so wird ein Bewertungsschema benötigt, das eine Quantifizierung der Analyseergebnisse ermöglicht. MPTM stellt den Erfüllungsgrad eines Kernprozesses der Softwareentwicklung auf einer Skala von 0% bis 100% dar. Der höchste Erfüllungsgrad (100%) liegt vor, wenn der untersuchte Kernprozess gänzlich systematisch und methodengestützt vollzogen wird; mit anderen Worten, wenn die in Kapitel 7 gestellten Anforderungen an diesem Prozess voll erfüllt werden. Erfüllt der Prozess diese Anforderungen nicht, so hat dies eine entsprechende Abstufung des Beherrschungsgrads zur Folge (Abb. 4.3). Es ist zulässig, nach Bedarf zwischen den vorgegebenen Werten zu interpolieren.

Das arithmetische Mittel der Erfüllungsgrade aller Aspekte eines Kernprozesses ergibt den Erfüllungsgrad des Kernprozesses (siehe Abb. 9.3 in Abschnitt 9.3). Eine Gewichtung einzelner Prozessaspekte, entsprechend ihrer Bedeutung in einer Organisationseinheit, ist möglich. Der Erfühlungsgrad eines Kernprozesses wird dann über das gewichtete arithmetische Mittel errechnet.

Zusätzlich ist eine graphische Visualisierung des Prozessstatus sinnvoll. Sie hat den Vorteil, die seit der letzten Bewertung erzielte Prozessverbesserung komprimiert darstellen zu können (Abb. 4.4, siehe auch Abb. 9.3 und 9.4 in Abschnitt 9.3).

4.4 Auswertung der Ergebnisse

Erfüllungsgrad	Interpretation
0%	Kein fundiertes Vorgehen: Die Anforderungen an den Prozess werden nicht erfüllt.
25%	Teilweise Integration in die Entwicklungsaktivität: Der Prozess erfüllt teilweise die gestellten Anforderungen.
50%	Ansätze eines systematischen Vorgehens: Der Prozess erfüllt die Hälfte der gestellten Anforderungen.
75%	Gute Integration in die Entwicklungsaktivität: Der Prozess erfüllt einen wesentlichen Teil der gestellten Anforderungen.
100%	Vollständige Integration in die Entwicklungsaktivität: Der Prozess erfüllt die gestellten Anforderungen.

Abb. 4.3 Bewertungsschema zur Visualisierung des Prozessstatus

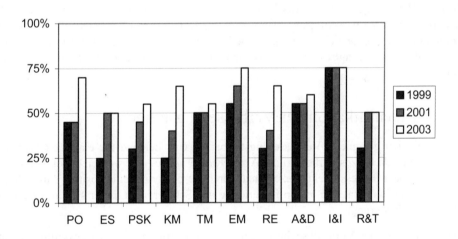

Legende:
PO: Projektorganisation
ES: Management externer Schnittstellen
PSK: Planung, Steuerung und Kontrolle
KM: Konfigurations- und Änderungsmanagement
TM: Technologiemanagement

EM: Entwicklungsmethodik
RE: Requirements Engineering
A&D: Architekturdefinition und Design
I&I: Implementierung und Integration
R&T: Qualitätssicherung: Review und Test

Abb. 4.4 Erfüllungsgrad der Kernprozesse im Zeitverlauf

4.4.2 Definition von Verbesserungsmaßnahmen

Die Definition von Verbesserungsmaßnahmen ist das Hauptziel einer Prozessbewertung. Nach einer erweiterten quantitativen Analyse muss jedes Messergebnis einzeln, im Zeitverlauf (bisherige Entwicklungsrichtung) und in Kombination mit anderen Messergebnissen ausgewertet werden. Aus dieser Auswertung können Schwachstellen bestimmter Kernprozesse erkannt und geeignete Maßnahmen zur Verbesserung der betroffenen Prozesse abgeleitet werden. Voraussetzung dafür ist, dass die Metriken zielorientiert definiert worden sind: Für jede Metrik ist also festgehalten, welche Fragen sie beantworten kann, mit anderen Worten, wie die aus ihrer Anwendung erzielten Ergebnisse zu interpretieren sind (siehe Metrikbeschreibungen in Kapitel 8).

Wird der Entwicklungsprozess qualitativ analysiert, so werden die Verbesserungsmaßnahmen auf der Basis des zugrunde liegenden Bewertungsmodells definiert. Alle Anforderungen, die das Modell an einen Prozess stellt, die aber von dem untersuchten Prozess nicht erfüllt werden, können als Verbesserungsmaßnahmen formuliert werden (zur Definition von Verbesserungsmaßnahmen als Ergebnis einer qualitativen Prozessanalyse siehe Abb. 9.2 in Abschnitt 9.3).

An dieser Stelle ist noch zu betonen, dass das Vorliegen eines Bewertungsmodells – im Falle qualitativer Bewertung – oder Metrikdefinitionen – im Falle quantitativer Bewertung – für die Definition von Verbesserungsmaßnahmen notwendig aber nicht hinreichend ist. Für die Definition qualitativ gute Verbesserungsmaßnahmen sind zudem Erfahrungen in Prozessbewertung und -verbesserung sowie Kenntnis der Rahmenbedingungen einer Organisationseinheit unerlässlich.

4.4.3 Identifikation der Verbesserungstreiber

Die Identifikation geeigneter Verbesserungstreiber ist entscheidend für eine zielorientierte und kostenoptimale Prozessverbesserung. Als *Verbesserungstreiber* werden dabei diejenigen Kernprozesse oder Prozessaspekte bezeichnet, deren Verbesserung eine positive Auswirkung auf die Zielerreichung hat. Sie bilden folgerichtig den Schwerpunkt in der sich anschließenden Prozessverbesserung.

Es wird bereits in der Voranalysephase, d.h. bei der Definition von Verbesserungszielen, damit begonnen, die Verbesserungstreiber zu identifizieren: Welcher Prozess lässt sich mit welchem Ziel sinnvoll in Verbindung bringen und wie groß ist sein Beitrag zur Zielerreichung? Die Antwort auf diese Frage nimmt während der Prozessanalyse immer mehr Gestalt an. Sie kann auch die Prozessanalyse in die eine oder andere Richtung intensivieren. Nach Abschluss der Prozessanalyse muss diese Frage beantwortet werden können.

Die Auswertung der Analyseergebnisse, insbesondere die festgestellten Schwachstellen im Prozess, bilden die Grundlage zur Identifikation von Verbesserungstreibern. Auch hier muss unterschieden werden, ob es sich um die Auswertung von Messergebnissen oder um die Auswertung qualitativer Analyseergebnisse handelt. Im ersten Fall liefert die Beobachtung der Trends (Entwicklung von Messergebnissen im Zeitverlauf) Hinweise, welche Prozesse oder Prozessaspekte im Hinblick auf die Zielerreichung bedeutend sind und damit als Verbesserungstreiber in Frage kommen. Die Identifikation von Verbesserungstreibern in diesem Fall ist deshalb erleichtert, da jede Metrik mit mindestens einem Verbesserungsziel im Zusammenhang steht.

Hingegen ist die Identifikation von Verbesserungstreibern auf Grundlage qualitativer Analyseergebnisse schwieriger und fordert mehr Erfahrung in der Prozessbewertung und im Umgang mit solchen Ergebnissen. Hier muss unter den Prozessen mit den schwerwiegenden Schwachstellen (unter den Prozessen, die den Großteil der Anforderungen des Bewertungsmodells nicht erfüllen), der oder die Verbesserungstreiber identifiziert werden. Einige Prozesse lassen sich einem Verbesserungsziel direkt zuordnen: Der Beitrag des Prozesses zur Zielerreichung in solchen Fällen ist eindeutig und erfahrungsgemäß naheliegend. Bei anderen Prozessen müssen die Auswertungen eingehender untersucht und aufgrund der Rahmenbedingungen entschieden werden.

Nachdem die Prozesse den Zielen zugeordnet wurden und die Stärke ihres Beitrags zur Zielerreichung eingeschätzt wurde, lassen sich die Verbesserungstreiber leicht ausmachen: Das sind alle Prozesse, deren Verbesserung einen markanten Beitrag zur Erreichung der Ziele leistet. In der Regel ist es sinnvoller, die Verbesserungstreiber nicht unter den Prozessen, sondern unter den Prozessaspekten zu suchen. Durch diese differenzierte Betrachtung können die Schwerpunkte der Prozessverbesserung noch genauer bestimmt werden (zur Ermittlung der Verbesserungstreiber als Ergebnis einer qualitativen Prozessanalyse siehe Abb. 9.5 und 9.6 in Abschnitt 9.3).

Mit dem Abschluss der Identifikation von Verbesserungstreibern sind zugleich die Prioritäten der Verbesserungsmaßnahmen festgelegt: Alle Maßnahmen, die einen Bezug zu einem der Verbesserungstreiber haben, müssen mit höchster Priorität im Rahmen der anschließenden Prozessverbesserung umgesetzt werden.

Können durch die Analyse der Kernprozesse keine Verbesserungstreiber identifiziert werden, so besteht die Möglichkeit, anhand der verfügbaren Modelle, wie etwa CMMI for Software Engineering oder SPICE, andere Prozesse und Prozessaspekte in die Analyse einzubeziehen. Zuvor ist aber die Frage zu beantworten, ob die Behebung der auf diese Weise eventuell ermittelten Prozessschwächen noch ein gutes Nutzen/Kosten-Verhältnis aufweist, und ob nicht der Sättigungsgrad der Prozessverbesserung bereits erreicht wurde. Dann sollte auf eine weitere Prozessverbesserung verzichtet werden; gegebenenfalls ist eine Verbesserung der Softwareentwicklung durch Verbesserung der Technologien oder des Mitarbeitermanagements sinnvoller.

4.4.4 Definition von Metriken zur Kontrolle der Zielerreichung

Nachdem die Verbesserungstreiber festgelegt und den Verbesserungszielen zugeordnet worden sind, muss unmittelbar diskutiert werden, wie die Zielerreichung aus Management-Sicht beurteilt werden kann und welche Informationen dazu notwendig sind.

Zu diesem Zweck wird in jedem als Verbesserungstreiber identifizierten Prozess nach Merkmalen gesucht, durch die der Beitrag des betreffenden Prozesses zur Zielerreichung *gemessen* werden kann. Können solche Merkmale gefunden werden, so können geeignete Metriken definiert oder ausgewählt werden, womit zugleich der erste Schritt zu einer metrikgesteuerten Bewertung und Verbesserung des betreffenden Prozesses getan ist.

Als Beispiel kann der Testprozess betrachtet werden. Hier sind Merkmale wie Fehlerfindung, Fehlerbehebung, Testdurchführung usw. messbar. Zu ihrer Messung dienen Metriken wie etwa Fehlerfindungsrate, Aufwand der Fehlerfindung und -behebung sowie Testfortschritt (für weitere Beispiele siehe Metrikkatalog, Kapitel 8). Es ist darauf zu achten, dass die Metriken aussagekräftig und einfach zu ermitteln sind.

Die nicht oder nur mühsam messbaren Merkmale eines Prozesses müssen weiterhin qualitativ analysiert und anhand ihres aktuellen Erfüllungsgrads beurteilt werden; von einer zwanghaften Definition von Metriken wird abgeraten.

4.5 Dokumentation der Bewertungsergebnisse

Nachdem der Entwicklungsprozess bewertet wurde, müssen die Ergebnisse in angemessener Breite und Tiefe in Form einer sachlichen Darstellung von Tatsachen dokumentiert werden. Die Dokumentation gilt als eine Art Anforderungsspezifikation für die anschließende Prozessverbesserung. Zum inhaltlichen Bestandteil dieser Dokumentation gehören:

- ein Überblick über die charakteristischen Eigenschaften der Organisationseinheit und der Projekte, die die Organisationseinheit in der Bewertung repräsentieren,
- die Auflistung der Verbesserungsziele,
- die Darstellung des aktuellen Prozessstatus, insbesondere im Hinblick auf die Schwachstellen des Entwicklungsprozesses,
- die Definition von konkreten Maßnahmen zur Behebung der Schwachstellen,
- die identifizierten Verbesserungstreiber sowie deren Zuordnung zu den Verbesserungszielen,
- die Metriken, die benötigt werden, um die Zielerreichung zu überwachen.

Ferner sollte die Dokumentation gründlich und verständlich gestaltet werden (Die Abschnitte 9.2 und 9.3 zeigen im Ganzen, wie eine solche Ergebnisdokumentation aussehen kann).

4.6 Voraussetzungen einer erfolgreichen Prozessbewertung

Im bisherigen Verlauf dieses Kapitels wurde der Ablauf einer Prozessbewertung behandelt. Die Einhaltung dieses Ablaufs alleine reicht nicht aus, um eine Prozessbewertung erfolgreich durchzuführen. Folgende Faktoren sind Voraussetzungen einer erfolgreichen Bewertung:

- **Planung**
  Der zeitliche Ablauf aller Bewertungstätigkeiten und der daraus resultierende Aufwand müssen geplant werden. Der Plan stellt sicher, dass alle Dokumente und Personen zu vereinbarten Terminen zwecks Analyse oder Befragung zur Verfügung stehen. Die Analyse muss auf diejenige Dokumente oder Interview-Partner eingeschränkt werden, die qualifizierte Aussagen zum Entwicklungsprozess liefern können.

- **Teambildung**
  Die Prozessbewertung sollte von einem Team von zwei Personen durchgeführt werden. Das ist erfahrungsgemäß die geeignete Teamgröße. Beide Personen müssen mit Softwareentwicklung und Prozessbewertung vertraut sein. Ein Team-Mitglied sollte ein Mitarbeiter der Organisationseinheit sein: Seine Kenntnis der internen Organisationsstrukturen hilft die Prozesse schneller zu verstehen. Das zweite Team-Mitglied sollte hingegen von außerhalb der Organisationseinheit stammen, damit ein unbefangener Blick auf das Entwicklungsgeschehen gewährleistet ist. Bei Bedarf kann das Team mit weiteren Experten verstärkt werden. Diese unterstützen das Team bei Klärung bestimmter Spezialfragen.

- **Offene Kommunikation**
  Eine Prozessbewertung zeigt gegebenenfalls die Notwendigkeit einer Prozessverbesserung. Eine Organisationseinheit kann ihren Mitarbeitern diese Notwendigkeit dann vermitteln, wenn sie ihnen den Bewertungsablauf darlegt und insbesondere wenn sie die Bewertungsziele und -Ergebnisse ausführlich erörtert.

5 Bewertung von Software-Technologien

Zusammenfassung:

Das wesentliche Ziel der Technologiebewertung ist die Schaffung einer Grundlage für die Technologieverbesserung in einer Organisationseinheit, ob nun als Verbesserung der Anwendung von Technologien oder als Anwendung von besseren Technologien. Im letzteren Fall geht es auch um rechtzeitige Ablösung unwirtschaftlicher oder obsoleter Technologien durch neue Technologien.

Vor einer Technologiebewertung müssen die Technologien identifiziert werden: Es gibt einerseits Technologien, die in der Organisationseinheit bereits im Einsatz sind und andererseits Technologien, die auf dem Markt verfügbar und für einen Einsatz in der Softwareentwicklung in Frage kommen.

Im Rahmen der Technologiebewertung werden die identifizierten Technologien einzeln hinsichtlich ihrer Attraktivität, d.h. hinsichtlich ihres Beitrags zur Erreichung von Unternehmenszielen bewertet. Dabei wird auch die Marktattraktivität der Produkte berücksichtigt, die diese Technologien benötigen. Ferner wird die Fähigkeit der Organisationseinheit in der Anwendung der betrachteten Technologien bewertet. Aufgrund dieser Ergebnisse werden Technologie-Entscheidungen getroffen.

Um die Technologiebewertung nicht auf eine Momentaufnahme zu reduzieren, sondern eine Beurteilung der Technologien im Zeitverlauf zu ermöglichen, wird für die Bewertung ein Prognosehorizont festgelegt, der sich insbesondere am Lebenszyklus der Produkte und der untersuchten Technologien orientiert.

Dieses Kapitel steht in Beziehung zu Kapitel 9: Die Abschnitte 9.4 und 9.5 zeigen zwei Beispiele von Technologiebewertungen.

5.1 Einführung und Grundlegung

Die Steigerung der Wettbewerbsfähigkeit wird maßgebend durch Fokussierung von Softwaretechnologien auf Kundennutzen und Wirtschaftlichkeit erreicht. Die Unternehmen der Softwareindustrie müssen, vor allem aufgrund raschen technologischen Wandels in diesem Bereich, stets adäquate Antworten auf die Frage haben, welche Technologien werden wann benötigt, um erfolgreiche Produkte definieren und entwickeln zu können.

Um das Verständnis der Technologiebewertung zu erleichtern, werden zunächst die Begriffe Technik und Technologie definiert: In Anlehnung an Meyers Enzyklopädie wird unter dem Begriff *Technik* die Gesamtheit aller Werkzeuge, Maßnahmen und Verfahren verstanden, die sich zweckmäßig und nutzbringend bei der Softwareentwicklung anwenden lassen. Der Begriff *Softwaretechnologie* wird hier im Sinne von Wissen über technische Zusammenhänge verwendet, das bei der Entwicklung von Software zum Einsatz kommt. Technologie wird somit als Wissen von der Anwendung der Technik verstanden, was das Kennen der Technik mit einschließt.[3]

Aus technologischer Sicht kann noch zwischen dem Wissen, das die Softwareentwicklung unterstützt und nicht in das eigentliche Softwareprodukt einfließt (*Prozesstechnologien*), und dem Wissen, das die Funktionalität und die statische und dynamische Architektur des Softwareproduktes bestimmt (*Produkttechnologien*), unterschieden werden.

Als eine Prozesstechnologie kann etwa ein Werkzeug der Softwareentwicklung einschließlich des zugehörigen Anwendungswissens betrachtet werden. Es kann sich um ein Werkzeug für das Konfigurationsmanagement, die Projektsteuerung oder den Test handeln. Als Produkttechnologie wird jedes Werkzeug oder Verfahren betrachtet, das ein Teil des Softwareproduktes ausmacht, wie etwa die Middleware, die Kommunikationsprotokolle, Bildverarbeitungsverfahren oder das Datenmanagement. Nicht jede Softwaretechnologie lässt sich als Prozess- oder Produkttechnologie klassifizieren. Beispielsweise die objektorientierten Technologien, wie Componentware oder Framework, bestimmen sowohl den Entwicklungsprozess als auch die Softwarearchitektur. Für die Technologiebewertung ist eine Unterscheidung zwischen Prozess- und Produkttechnologien unerheblich, das Vorgehen bleibt davon unberührt.

Die Technologiebewertung soll eine Organisationseinheit dazu befähigen, ihren künftigen Technologiebedarf konsequent zu ermitteln. Dabei darf die technologische Position der Organisationseinheit, d.h. die Fähigkeit der Organisation im Einsatz von Technologien, nicht außer Acht gelassen werden. Der besondere Nutzen der Technologiebewertung kann somit folgendermaßen zusammengefasst werden:

---

[3] In der deutschsprachigen Informatik-Literatur ist seit langem zu beobachten, dass Technologie und Technik als synonyme Begriffe gesehen werden und in den meisten Fällen der Begriff Technologie verwendet wird. Schuld daran ist vor allem das Fehlen einer Unterscheidung zwischen diesen beiden Begriffen im Englischen, der Leitsprache der Informatik [siehe auch Rechenberg 02, 67, 79].

- Rechtzeitiger Einsatz neuer Technologien und rechtzeitige Ablösung unwirtschaftlicher oder obsoleter Technologien durch Aufzeigen des technologischen Entwicklungs- und Substitutionspotentials.
- Effiziente Verwendung von Ressourcen durch Konzentration auf die wesentlichen Technologien.

Die Technologiebewertung kann parallel zur Bewertung des Entwicklungsprozesses stattfinden. Nach der Festlegung der Verbesserungsziele (siehe Abschnitt 3.2) wird neben der Suche nach Verbesserungstreibern im Bereich des Entwicklungsprozesses auch nach Möglichkeiten der Zielerreichung über die Verbesserung der Technologien gesucht. Die Technologieverbesserung kann zur Erreichung jedes Verbesserungsziels in der Softwareentwicklung beitragen, sei es die Reduktion der Entwicklungszeit, des Aufwands, der Fehler oder die Steigerung der Produktqualität, etwa im Hinblick auf Offenheit, Robustheit, Verfügbarkeit, Skalierbarkeit, Konfigurierbarkeit oder Sicherheit.

Im Gegensatz zur Prozessbewertung kann für die Technologiebewertung, aufgrund der Vielfalt der Techniken, Maßnahmen und Verfahren in der Softwareentwicklung, kein Referenzmodell entwickelt werden. Die Technologiebewertung muss daher *individuell* und unter Berücksichtigung der in einer Organisationseinheit herrschenden Rahmenbedingungen geschehen. Eine Technologie kann nur je nach Rahmenbedingungen geeignet oder ungeeignet sein. Beispielsweise können hohe Anforderungen an Robustheit und Sicherheit eines Systems die Verwendung eines zertifizierten Betriebssystems, eines Betriebssystems mit veröffentlichter Fehlerliste, implizieren. Für diesen Fall ist ein seit langem im Einsatz befindliches Betriebssystem die geeignetere Technologie als ein modernes Betriebssystem, welches seinerseits für viele andere Produkte die richtige Technologie darstellt.

5.2 Überblick über den Bewertungsablauf

Die Technologiebewertung setzt das Vorliegen folgender Informationen voraus:

- Die zu bewertenden Produkt- und Prozess-Technologien sind identifiziert, und zwar sowohl die angewandten als auch die am Markt verfügbaren Technologien. Die *angewandten Technologien* umfassen die in einer Anwendungsdomäne sich aktuell in Benutzung befindlichen Technologien. Die *verfügbaren Technologien* stellen hingegen die neuen bzw. Substitutionstechnologien dar, die für einen Einsatz in der Anwendungsdomäne in Frage kommen.
- Darüber hinaus müssen die wesentlichen technologisch relevanten Strategien der Organisationseinheit und die Technologie-Trends erfasst werden.

Diese Informationen werden im Vorfeld der Bewertung im Rahmen einer Analyse der Anwendungsdomäne gewonnen (Abb. 5.1). Anschließend wird der Technologiestatus der betrachteten Organisationseinheit anhand von Faktoren ermittelt, die einen direkten Bezug zu den Verbesserungszielen der Organisationseinheit ausweisen. Die Bewertungsergebnisse ergeben insgesamt das Stärken-/Schwächen-Profil der Organisationseinheit hinsichtlich der

Technologieanwendung. Die Schwächen bilden die Grundlage für die Ableitung von Verbesserungsmaßnahmen.

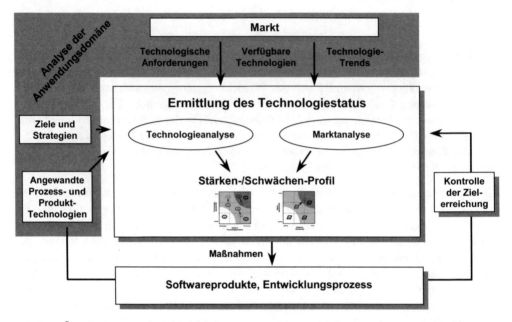

Bild.5.1 *Überblick über den Ablauf der Technologiebewertung*

Im Folgenden werden die einzelnen Phasen der Technologiebewertung diskutiert (Die Ausführungen geben Teile des Verfahrens *Managing Engineering and Product Technologies* wieder; siehe [Rezagholi 00a] oder [Rezagholi 00b]).

5.3 Analyse der Anwendungsdomäne

Die Analyse der Anwendungsdomäne zielt auf die Ermittlung von Produkt- und Prozesstechnologien sowie die Ermittlung technologisch relevanter Geschäftsstrategien, Marktanforderungen und Trends. Auch die Ermittlung von Verbesserungszielen ist darunter zu verstehen. Sie legt damit den Umfang der Technologiebewertung fest (Abb. 5.2).

Die angewandten Produkt- und Prozesstechnologien können meist durch Befragung von Technologieexperten der Organisationseinheit leicht ermittelt werden. Gegebenenfalls kann aber auf eine methodische Unterstützung zurückgegriffen werden: Die Prozesstechnologien werden ermittelt, indem die Kernprozesse der Entwicklung betrachtet und die darunter liegenden Technologien identifiziert werden. Diese werden in der Regel durch die eingesetzten Entwicklungswerkzeuge, -techniken und -paradigmen verkörpert.

5.3 Analyse der Anwendungsdomäne

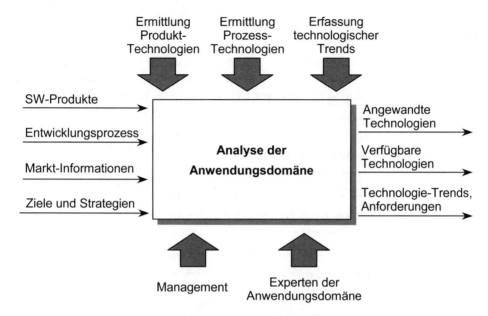

Abb. 5.2 Analyse der Anwendungsdomäne: Inputs, Tätigkeiten, Beteiligten, Outputs

Zur Ermittlung von Produkttechnologien kann die *Produktdekomposition* eingesetzt werden (siehe Abb. 5.3): Die Hauptprodukte werden in ihre Software-Bestandteile, gegebenenfalls auch in ihre Hardware-Bestandteile, zerlegt. Anschließend wird für die einzelnen Bestandteile ermittelt, welche Technologien sie enthalten (Produkttechnologien). Zugleich kann auch ermittelt werden, durch Anwendung welcher Technologien sie entwickelt wurden (Prozesstechnologien).

Zur Ermittlung von Produkttechnologien kann anstelle der Produktdekomposition eine *funktionale Aufteilung der Softwarearchitektur*, z.B. anhand eines Schichtenmodells, vorgenommen werden. So können die einzelnen Softwarekomponenten und damit die Softwaretechnologien identifiziert werden, etwa die verwendete Plattform (CPU, Betriebssystem, Datenbankmanagementsystem, Netzwerk), die verwendeten Kommunikationsprotokolle und Schnittstellen, die verwendete Middleware (welche und wie), Schichten und Schnittstellen, auf denen die Applikationen aufsetzen, verwendete Standards sowie proprietäre Lösungen.

Eine tiefere Dekomposition oder eine tiefere funktionale Aufteilung eines Softwareprodukts ist nicht notwendig, denn oft stellen sich bereits nach der ersten Zerlegung alle wesentlichen angewandten Technologien heraus. Die auf dieser Abstraktionsebene identifizierten Technologien eignen sich am besten für eine Bewertung und anschließende Entscheidung über ihre Verbesserung oder Substitution. Eine tiefe Zerlegung der Produkte führt in der Regel zu vielen „Detailtechnologien", die weder sinnvoll bewertet noch entschieden werden können.

Beispielsweise wurden bei einer konkreten Anwendung des Verfahrens folgende Technologien identifiziert: 2D-Image Processing, Volume Visualization (3D-Image Processing), Networked Image Processing, Hardware Acceleration, Componentware, Framework und Design Patterns.

Zur Erfassung von am Markt verfügbaren Technologien sowie zur Erfassung technologischer Trends werden neben internen auch externe Experten der Anwendungsdomäne befragt. Unterstützend findet eine Analyse einschlägiger Dokumente, insbesondere von Untersuchungsberichten, statt.

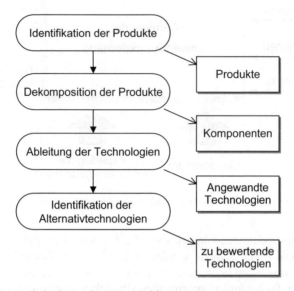

Abb. 5.3 *Identifikation von Technologien durch Produktdekomposition*

Die identifizierten Produkt- und Prozesstechnologien werden nun für die anschließende Bewertung einzeln beschrieben. Jede Technologiebeschreibung gibt genaue Auskunft über die spezifische Anwendung und Ausprägung der Technologie in der Organisationseinheit, über mögliche Alternativ- und Komplementärtechnologien, über Ziele und Strategien hinsichtlich der Technologieanwendung und gegebenenfalls über Kooperationen mit Technologielieferanten. Abb. 5.4 zeigt eine Vorlage zur Beschreibung einer Technologie.

Die Technologiebeschreibung veranlasst eine Organisationseinheit sich mit den Technologien bewusst auseinander zu setzen und Klarheit über Ausmaß der Technologieanwendung und über technologische Möglichkeiten zu schaffen. Das sind unabdingbare Voraussetzungen für die anschließende Ermittlung des Technologiestatus.

Im Rahmen der Analyse der Anwendungsdomäne werden ferner die Geschäftsstrategien erfasst, die hinsichtlich der Vermarktung wesentlicher Softwareprodukte aktuell verfolgt und künftig eingeschlagen werden. Diese zusätzlichen Informationen werden durch Interviews mit dem oberen Management gewonnen und dienen der produktbezogenen Beurteilung der identifizierten Technologien.

5.4 Ermittlung des Technologiestatus

Mit der Ermittlung des Technologiestatus wird die Bedeutung der identifizierten Technologien für die Organisationseinheit und die Fähigkeit der Organisationseinheit bezüglich dieser Technologien ermittelt. Ziel ist, die Entscheidungsfindung für den Einsatz neuer oder die Substitution veralteter Technologien sowie die Zuordnung von Ressourcen zum Auf- bzw. Ausbau von Technologien zu unterstützen.

<Bezeichnung der Technologie>
Beschreibung   *< Detaillierte Beschreibung der Technologie: Wie wird die Technologie in der Anwendungsdomäne eingesetzt? >*
Anwendungsgebiete   *< Aktuelle und potentielle Einsatzgebiete der Technologie >*
Ziele und Strategien   *< Künftige Entwicklung der Technologie im Allgemeinen; Ziele und Strategien der Organisationseinheit hinsichtlich der Technologie (Auf-, Aus- oder Abbau der Technologie) >*
Kooperationspartner   *< Derzeitige und geplante Kooperationen für Anwendung und/oder Weiterentwicklung der Technologie >*
Substitutionstechnologien   *< Technologien, die die betrachtete Technologie (zukünftig) ersetzen könnten: Beschreibung der Substitutionstechnologien; das Für und Wider der Anwendung dieser Technologien >*
Komplementär-Technologien   *< Technologien, die benötigt werden, um die betrachtete Technologie anwenden zu können >*
Kommentar   *< Anmerkungen >*

Abb. 5.4 *Vorlage zur Beschreibung einer Technologie*

Um die Technologiebewertung nicht auf eine Momentaufnahme zu reduzieren, sondern eine Beurteilung der Technologien im Zeitverlauf zu ermöglichen, wird für die Bewertung ein *Prognosehorizont* festgelegt, der sich insbesondere am Lebenszyklus der Produkte und der untersuchten Technologien orientiert. Für die Bewertung von Softwaretechnologien ist meist ein Prognosehorizont von drei Jahren sinnvoll. Die Bewertung erfolgt dann für den aktuellen Zeitpunkt t und für den festgelegten Prognosehorizont, also für den Zeitpunkt t + 3 Jahre.

Die Technologiebewertung umfasst zwei voneinander abhängige Einzelanalysen: die Technologie- und die Marktanalyse.

Die *Technologieanalyse* bezieht sich auf einzelne Technologien und wird im Rahmen von Workshops unter Beteiligung von Technologieexperten aus der Organisationseinheit und deren Umfeld durchgeführt. Es ist von Vorteil, auch externe Wissensträger in die Analyse einzubeziehen, um zusätzliche Perspektiven zu nutzen.

In der *Marktanalyse* wird die Kundensicht auf Produkte, in denen die Technologien enthalten sind, eingeholt. Wenn eine direkte Beteiligung von ausgewählten Kunden nicht möglich ist, so werden diejenigen Funktionsträger der Organisationseinheit, welche die Kundensicht einnehmen können (Personen aus den Bereichen Marketing oder Vertrieb), in die Untersuchung einbezogen.

5.4.1 Technologieanalyse

Im Rahmen der Technologieanalyse werden die identifizierten Technologien (gegebenenfalls auch die identifizierten Substitutionstechnologien) einzeln hinsichtlich ihrer Attraktivität, d.h. hinsichtlich ihres Beitrags zur Erzielung unternehmerischer Ziele, bewertet. Ferner wird die Position der Organisationseinheit bezüglich der betrachteten Technologien bewertet.

Als Faktoren zur Bewertung der Technologieattraktivität können die Verbesserungsziele der Organisationseinheit direkt übernommen werden. Beispiele solcher Faktoren sind (siehe auch Kapitel 3):

- Beitrag der Technologie zur Kostensenkung, Reduktion der Entwicklungszeit oder Reduktion der Fehler,
- Beitrag der Technologie zur Steigerung der Produktqualität, wie etwa Verbesserung der Zuverlässigkeit, Wiederverwendung, Offenheit oder Konfigurierbarkeit.

Darüber hinaus können andere Bewertungsfaktoren verwendet werden, die im Hinblick auf die speziellen Erfordernisse der Organisationseinheit wesentlich sind. Beispiele für solche Bewertungsfaktoren sind:

- Gefahr des Auftretens substituierender Technologien sowie Verfügbarkeit komplementärer Technologien,
- Technologisches Entwicklungspotential: Verhältnis Wertzuwachs zu Mittelaufwand, Position der Technologie im Technologielebenszyklus, Möglichkeit zur Steigerung der Leistungsfähigkeit der Technologie,

5.4 Ermittlung des Technologiestatus

- Technologieakzeptanz auf dem Markt: Zeitraum seit Markteintritt, Verbreitungsgrad der Technologie, Konformität mit bestehenden Standards.

Es besteht die Möglichkeit, diese Faktoren zu gewichten, um ihre Einflussnahme auf die Bewertung entsprechend ihrer Bedeutung zu verstärken oder zu mindern. Außerdem ist zu berücksichtigen, dass die Anzahl der Bewertungsfaktoren und der Aufwand einer Technologiebewertung positiv korrelieren. Daher ist es sinnvoll, die Anzahl dieser Faktoren auf die maßgebenden zu begrenzen.

Die technologische Position der Organisationseinheit, das Ausmaß der Technologiebeherrschung, wird durch die Ressourcenstärke der Organisationseinheit hinsichtlich der betrachteten Technologien bestimmt. Die Ressourcenstärke leitet sich aus drei Faktoren ab:

- Verfügbarkeit und Stabilität des Anwendungswissens,
- Verfügbarkeit und Stabilität des Personals,
- Verfügbarkeit und Stabilität der Finanzen

im Vergleich zum stärksten Mitbewerber (nicht notwendigerweise Marktführer). Auch diese Faktoren können, falls erforderlich, gewichtet werden.

Die Attraktivität einer Technologie und die Position der Organisationseinheit bezüglich dieser Technologie werden anhand der festgelegten Faktoren auf einer Skala von 1 (niedrig) bis 4 (hoch) bewertet, und zwar sowohl aus aktueller Sicht als auch für den festgelegten Zeithorizont. Die Technologieexperten müssen jede Bewertung in Konsens begründen (Abb. 5.5). Diese Anforderung veranlasst die Technologieexperten zu einer intensiven Betrachtung der einzelnen Technologien, bringt neue Erkenntnisse für die Organisationseinheit und liefert eine gehaltvolle Grundlage für die Ableitung von Verbesserungsmaßnahmen.

Zur Visualisierung der Ergebnisse werden die Bewertungen in einem Portfolio zusammengefasst, das durch die Dimensionen *Technologieattraktivität* und *relative Technologieposition* aufgespannt wird [Pfeiffer 95; Pfeiffer 91, 85–92]. Die Position einzelner Technologien im Portfolio errechnet sich als gewichteter Mittelwert der Einzelbewertungen. Das Portfolio zeigt die Entwicklung jeder Technologie vom aktuellen Zeitpunkt hin zum festgelegten Prognosehorizont (Abb. 5.6).

Aus der Gegenüberstellung der Bewertungsergebnisse mit den Technologiebeschreibungen werden Erkenntnisse darüber gewonnen, ob die entsprechenden Technologien zielführend angewandt wurden. Gegebenenfalls werden Maßnahmen zur Verbesserung der Technologieanwendung oder zur Substitution der Technologie definiert.

Auch anhand der aktuellen und der für den Prognosehorizont ermittelten Position der Technologien im Portfolio können spezifische Technologiestrategien der Organisationseinheit geprüft und weitere technologiebezogene Maßnahmen abgeleitet werden. Insbesondere können der geplante Ressourceneinsatz sowie die technologische Ausrichtung analysiert werden. Hierzu zeigt die Abb. 5.6 ein vereinfachtes Beispiel.

Die Technologieanalyse dient damit einer von Produkten unabhängigen Bewertung von Technologien. Der Geschäftserfolg einer Organisationseinheit ist aber vom Erfolg der Produkte, als Folge der Technologieanwendung, abhängig. Daher findet in der nächsten Phase eine produktabhängige Technologiebewertung statt – die Marktanalyse.

Attraktivität			
(Beitrag zur Wettbewerbsfähigkeit)			
Bewertungsfaktor	Gewicht	Bewertung 1, 2, 3, 4 (niedrig bis hoch)	Begründung
Entwicklungspotential		aktuell: in 3 Jahren:	
Beitrag zur Qualitätssteigerung (Testbarkeit, Fehlerreduktion)		aktuell: in 3 Jahren:	
Beitrag zur Kostensenkung		aktuell: in 3 Jahren:	
Verfügbarkeit von Komplementär-Technologien		aktuell: in 3 Jahren:	
Kundenakzeptanz		aktuell: in 3 Jahren:	
<weitere *Faktoren*>		aktuell: in 3 Jahren:	
Technologische Position			
Bewertungsfaktor	Gewicht	Bewertung 1, 2, 3, 4 (niedrig bis hoch)	Begründung
Verfügbarkeit und Stabilität des Anwendungswissens		aktuell: in 3 Jahren:	
Verfügbarkeit und Stabilität des Personals		aktuell: in 3 Jahren:	
Verfügbarkeit und Stabilität der Finanzen		aktuell: in 3 Jahren:	

Abb. 5.5 *Vorlage zur Bewertung einer Technologie (Prognosezeitraum: 3 Jahren)*

5.4 Ermittlung des Technologiestatus

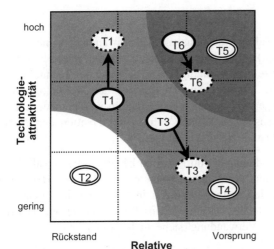

Interpretation:

▪ Die in diesem Bereich des Portfolios positionierten Technologien haben in der Regel einen starken Bezug zu den Kernkompetenzen der Organisationseinheit. Demnach ist der Vorsprung hinsichtlich T5 beizubehalten.
Der bestehende Vorsprung bei T6 ist weiterhin zu nutzen. Von einem weiteren Ausbau der Technologieposition ist allerdings abzuraten, denn es wird einen leichten Rückgang der Attraktivität von T6 prognostiziert.

▪ Die Entscheidung muss je nach Trends-Aussagen selektiv getroffen werden, z. B.:
- ad T1: Der bestehende Rückstand zeigt, dass die Organisationseinheit die steigende Attraktivität von T1 bis heute verkannt hat; sie plant auch im aktuellen Prognosezeitraum keinen Ausbau der Technologieposition. Die Verbesserung der eigenen Technologieposition durch Konzentration der Ressourcen auf T1 ist dringend notwendig.
- ad T3: Die Attraktivität dieser Technologie geht im Prognosezeitraum zurück, die Organisationseinheit beabsichtigt aber eine Verbesserung der Technologieposition. Zweckmäßig ist jedoch ein Abbau der Technologieposition durch Freisetzung von Ressourcen. Der Abbau muss dem Rückgang der Attraktivität von T3 entsprechen.
- ad T4: Die Technologie ist von geringer Attraktivität; die Organisationseinheit weist aber einen Vorsprung bezüglich dieser Technologie auf. Ein Abbau der Technologieposition durch Ressourcenfreisetzung ist sinnvoll.

▫ Die in diesem Bereich des Portfolios positionierten Technologien sind im Allgemeinen Ausstiegskandidaten. Beim Ausstieg aus diesen Technologien müssen die eventuell bestehenden Interdependenzen mit anderen Technologien beachtet werden.

Verbesserungstreiber: Ein dringender Handlungsbedarf besteht bezüglich T1, T3 und T4.

Abb. 5.6 Zusammenfassende Darstellung und Interpretation der Ergebnisse der Technologieanalyse

5.4.2 Marktanalyse

In der Marktanalyse werden die im Rahmen der Analyse der Anwendungsdomäne ausgewählten Produkte hinsichtlich ihrer Marktattraktivität bewertet und ihrem relativen Marktanteil gegenübergestellt. Die Marktanalyse vervollständigt die Ergebnisse der Technologieanalyse (hierzu siehe auch [Wolfrum 94, 228–31]). Die im Rahmen der Technologieanalyse abgeleiteten Maßnahmen können nun geprüft werden; gegebenenfalls werden neue technologiebezogene Maßnahmen definiert. Zusätzlich können anhand der Position der Produkte Empfehlungen hinsichtlich der Produktstrategie abgeleitet werden.

Die Marktattraktivität der Produkte wird anhand von Faktoren bewertet, die gemäß der Gegebenheiten der Organisationseinheit und des Marktes festgelegt werden. Als Bewertungsfaktoren kommen alle Eigenschaften des Softwareprodukts in Frage, die im direkten Zusammenhang mit dem Kundennutzen stehen. Darüber hinaus finden andere wirtschaftliche oder sozialpolitische Markterfordernisse Verwendung (siehe auch Kapitel 3):

- Produktqualität (z.B. Benutzbarkeit, Robustheit, Skalierbarkeit, Performance hinsichtlich Zeit und Ressourcen)
- Liefertreue
- Kosten/Nutzen-Verhältnis oder Preis/Leistungs-Verhältnis
- Kundenbetreuung (z.B. Service, Schulung)
- Position des Produkts im Lebenszyklus und Dauer des Produktlebenszyklus
- Innovationsgrad

Der relative Marktanteil bezieht sich auf den Anteil am Gesamtmarktumsatz im Vergleich zum stärksten Konkurrenten (nicht notwendigerweise Marktführer).

Der Bewertungsvorgang entspricht dem der Technologieanalyse; dazu wird die Bewertungsvorlage (Abb. 5.5) entsprechend angepasst. Das Ergebnis der Marktanalyse wird erneut in einem Portfolio visualisiert. Das Portfolio wird durch die Dimensionen *Marktattraktivität* und *relativer Marktanteil* aufgespannt. Im Portfolio der Marktanalyse wird analog zur Technologieanalyse neben der aktuellen Position jedes Produkts auch die erwartete Position des Produkts am Prognosehorizont aufgezeichnet. Diese Position ergibt sich aus dem angestrebten Marktanteil und der prognostizierten Marktattraktivität für einzelne Produkte.

Abb. 5.7 zeigt anhand eines vereinfachten Beispiels die Spiegelung der technologiebezogenen Maßnahmen an der Marktposition der Produkte.

5.5 Dokumentation und Verwendung der Bewertungsergebnisse

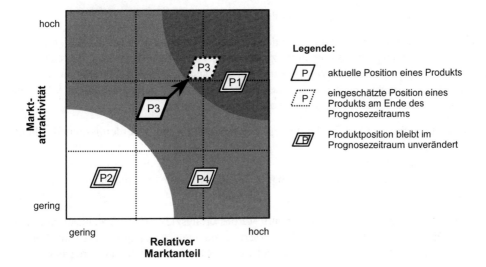

Interpretation:

Aus technologischer Sicht besteht keinen Handlungsbedarf bei P1, insbesondere wenn die eingesetzten Technologien beherrscht werden. Die Überwachung des Entwicklungsstands von Substitutionstechnologien ist dennoch notwendig, um gegebenenfalls rechtzeitig umsteigen zu können.

Die Entscheidung muss je nach Trends-Aussagen selektiv getroffen werden, z. B.:
- ad P3: Der Ausbau von in P3 angewandten Prozess- und Produkttechnologien ist sinnvoll, um von der positiv prognostizierten Entwicklung zu profitieren.
- ad P4: Ein Ausbau von bei P4 angewandten Prozess- und Produkttechnologien ergibt keinen Sinn, da keine positive Entwicklung der Marktattraktivität und des Marktanteils erkennbar ist. P4 ist eventuell ein Auslaufprodukt.

Es ist anhand der Position der eingesetzten Technologien zu prüfen, ob die Position des Produkts P2 technologisch bedingt ist oder der Handlungsbedarf eher auf Produktseite liegt.

Abb. 5.7 Zusammenfassende Darstellung und Interpretation der Ergebnisse der Marktanalyse

5.5 Dokumentation und Verwendung der Bewertungsergebnisse

Mit dem Abschluss der Technologiebewertung liegen zu jeder untersuchten Technologie folgende Ergebnisse vor:

- die Beschreibung ihrer Anwendung,
- die Bewertung ihrer Attraktivität in Bezug auf Verbesserungsziele,
- das Ausmaß ihrer Beherrschung in der Organisationseinheit,

- die Bewertung der Marktstellung von Produkten, in denen sie vorkommt.

Durch Auswertung dieser Ergebnisse werden diejenigen Technologien identifiziert, die einen Beitrag zur Erreichung der Unternehmensziele leisten (*Verbesserungstreiber*), und es werden entsprechende Maßnahmen zur Verbesserung der Anwendung dieser Technologien definiert. Die Verbesserungsmaßnahmen müssen spezifisch und eindeutig definiert werden. Allgemein betrachtet, beziehen sie sich insbesondere auf folgende Themen:

- Anpassung angewandter Technologien an organisatorische Erfordernisse und Marktbedingungen,
- Einsatz zielkonformer Technologien,
- Ablösung bzw. Substitution unwirtschaftlicher oder veralteter Technologien,
- Neuausrichtung von Ressourcen.

Da jede Technologie direkt in Bezug auf Verbesserungsziele einer Organisationseinheit bewertet wird, kann der Beitrag ihrer Verbesserung zur Zielerreichung jederzeit im Rahmen einer erneuten Bewertung festgestellt werden; weitere Metriken sind nicht erforderlich.

Die Ergebnisse der Technologiebewertung müssen, ähnlich wie die der Prozessbewertung, so dokumentiert werden, dass sie eine sachlich solide Grundlage für die anschließende Technologieverbesserung bilden. In Abschnitt 4.5 wurden Anforderungen an Form und Inhalt einer Dokumentation von Ergebnissen der Prozessbewertung aufgestellt. Diese Anforderungen gelten sinngemäß auch für die Dokumentation der Ergebnisse der Technologiebewertung. Die Abschnitte 9.4 und 9.5 enthalten Ausschnitte von zwei Technologiebewertungen und zeigen zugleich eine Möglichkeit der Ergebnisdokumentation.

6 Management von Verbesserungsprojekten

Zusammenfassung:

Prozess- und Technologieverbesserungen können nur dann erfolgreich verlaufen, wenn sie im Rahmen eines Projekts mit eigenen Ressourcen durchgeführt werden. Für das Vorgehen in Verbesserungsprojekten hat sich das folgende Phasenmodell bewährt:

1. Projektinitiierung
2. Planung
3. Aufbereitung
4. Pilotanwendung
5. Breiteneinführung

Nach der Initiierung des Verbesserungsprojekts durch die Unternehmensleitung findet die Projektplanung statt. Hier werden neben der Aufwands-, Termin- und Personalplanung geeignete Metriken zur Kontrolle der Zielerreichung geplant. Anschließend werden die neuen Prozesse und Technologien aufbereitet und in mindestens einem laufenden Entwicklungsprojekt versuchsweise angewandt. Verläuft diese Pilotanwendung erfolgreich, so können die neuen Prozesse und Technologien in die Breite der Organisation eingeführt werden.

Neben dem Vorgehensmodell ist die Projektorganisation entscheidend für die erfolgreiche Umsetzung eines Verbesserungsprojekts. Insbesondere müssen die Kompetenzen der Unternehmensleitung und des Projektleiters im Verbesserungsprojekt klar definiert werden.

6.1 Einführung

Bewertungen liefern die Grundlage für eine gezielte Verbesserung der Softwareentwicklung, indem sie:

- die konkreten unternehmerischen Ziele einer softwareentwickelnden Organisationseinheit identifizieren,
- den Status der Softwareentwicklung bezüglich der Prozess- und Technologieanwendung ermitteln,

- die Verbesserungstreiber bestimmen und damit den Schwerpunkt der Verbesserungsaktivitäten vorgeben und
- geeignete Metriken zur Messung des Verbesserungsfortschritts und damit zur Kontrolle der Zielerreichung bereitstellen.

Der Aufwand, der erforderlich ist, um diese Ergebnisse zu erzielen, ist dann eine Investition, anders ausgedrückt, eine Bewertung kann dann als produktiv bezeichnet werden, wenn unmittelbar nach der Bewertung Verbesserungsaktivitäten stattfinden.

Verglichen mit dem Aufwand einer Bewertung ist der Aufwand für die darauffolgenden Verbesserungen in der Regel um ein Vielfaches höher: Die Umsetzung von Verbesserungsmaßnahmen bindet viele Ressourcen für längere Zeit, denn jede Verbesserungsmaßnahme muss praxisgerecht aufbereitet und nachhaltig in die Softwareentwicklung integriert werden, so dass die Wirksamkeit sichtbar und der Erfolg nachweisbar ist.

Daher können Verbesserungen nur dann erfolgreich verlaufen, wenn sie systematisch, d.h. im Rahmen eines Projekts mit eigener Organisation und eigenen Ressourcen durchgeführt werden. Das Projekt versteht die Bewertungsergebnisse als Anforderungsspezifikation und versucht diese entsprechend eines Projektplans umzusetzen. Dafür muss es eine geeignete Organisationsstruktur haben und ein geeignetes Vorgehensmodell verwenden:

- Das Vorgehensmodell beschreibt die wesentlichen Arbeitsschritte und ihre zeitliche Abfolge zur Planung und Umsetzung von Verbesserungsmaßnahmen.
- Die Organisationsstruktur legt fest, welche Rollen mit welchen Verantwortlichkeiten wahrzunehmen sind, um das Programm effizient zu planen, zu koordinieren und umzusetzen.

6.2 Vorgehensmodell

Für die Durchführung eines Verbesserungsprojekts wird das folgende, sich in der Praxis vielfach bewährte Vorgehensmodell vorgeschlagen (auch die in der Literatur diskutierten Modelle weisen eine ähnliche Struktur auf, siehe z.B. [Järvinen 00; McFeeley 96]). Das Modell definiert 5 Phasen, über die neue Technologien und Prozesse systematisch in eine Softwareentwicklung integriert werden können. Der Abschluss jeder Phase stellt einen Meilenstein im Verbesserungsprojekt dar:

1. *Projektinitiierung*
2. *Planung*
3. *Aufbereitung*
4. *Pilotanwendung*
5. *Breiteneinführung*

Die Einordnung der Phasen stellt sich erwartungsgemäß dar: Nach der Initiierung des Verbesserungsprojekts finden die Aufwands-, Termin- und Personalplanung statt. Anschließend werden die neuen Prozesse und Technologien aufbereitet und zur ersten Anwendung gebracht (Pilotanwendung). Nach der Analyse der Ergebnisse aus der Pilotanwendung und

6.2 Vorgehensmodell

einer eventuellen Überarbeitung können die neuen Prozesse und Technologien in die gesamte Organisationseinheit eingeführt werden. In der Planungsphase werden nicht nur Aufwände, Termine und Personal eingeplant, sondern auch geeignete Rückfallstrategien entwickelt, um bei einer – trotz der Pilotanwendung – falschen Einschätzung des neuen Prozesses oder der neuen Technologie eine Beeinträchtigung der Organisationseinheit zu reduzieren. Abb. 6.1 zeigt die Phasen eines Verbesserungsprojekts im Kreislauf der Bewertung und Verbesserung von Entwicklungsprozessen und Technologien.

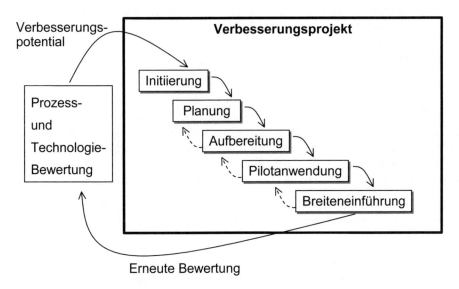

Abb. 6.1   Vorgehensmodell für ein Verbesserungsprojekt

6.2.1   Projektinitiierung

Die Initiierung eines Verbesserungsprojekts geschieht unmittelbar nach der Bewertung und ist vor allem Aufgabe des Managements. Die Unternehmensleitung muss zunächst einen an die Gegebenheiten des Unternehmens angepassten Planungsrahmen festlegen: Zum einen gibt die Leitung die wesentlichen Meilensteine vor, insbesondere zu welchen Terminen sie die Realisierung, Pilotanwendung und Breiteneinführung von Maßnahmen erwartet. Zum anderen bestimmt die Leitung das Projektbudget und damit die Höhe des Projektaufwands. Das Projektbudget muss aufgrund der aktuellen Lage des Unternehmens individuell entschieden werden. Es gibt dennoch eine Faustregel, an der sich die Unternehmensleitung halten könnte: Etwa 95% der verfügbaren Ressourcen sollten für die laufende Softwareentwicklung und die restlichen Ressourcen für die Verbesserung der Softwareentwicklung eingesetzt werden.

Die Leitung wählt schließlich einen Projektleiter aus, erteilt ihm zunächst den Auftrag, das Verbesserungsprojekt zu planen und stellt ihm die für die Planungsaktivität notwendigen

Ressourcen zur Verfügung. Nach seiner Ernennung wählt der Projektleiter einige Personen mit erforderlichen Qualifikationen aus, die die Verbesserungsmaßnahmen spezifizieren und ihn bei der Planung unterstützen. Diese Personen sind die ersten Mitglieder des Verbesserungsprojekts; das Team wird nach der Planungsphase entsprechend aufgebaut.

6.2.2 Planung

Die Planung findet in dem von der Unternehmensleitung vorgegebenem Rahmen statt. Insbesondere die Höhe des vorgegebenen Projektbudgets bestimmt den Umfang des Verbesserungsprojekts und damit die Menge der Verbesserungsmaßnahmen, die umgesetzt werden kann. Die Planung wird in folgenden Schritten vollzogen:

1. **Spezifikation von Maßnahmen**
   Das Verbesserungsteam muss sich zuerst ein Verständnis der vorliegenden Bewertungsergebnisse verschaffen. Hierfür kann es gegebenenfalls auf das Bewertungsteam zurückgreifen. Danach ist das Verbesserungsteam imstande, die Bewertungsergebnisse aus der Sicht der Umsetzung zu analysieren: Es verschafft sich Klarheit über die Bedeutung der Verbesserungsmaßnahmen für die Softwareentwicklung und über das Ausmaß einzelner Maßnahmen, von der Realisierung über Pilotanwendung bis zur Breiteneinführung.

   Aufgrund dieser Erkenntnisse werden die Verbesserungsmaßnahmen weiter spezifiziert. Mit dieser Spezifikation kann das Team eine realistische Planung des Projekts vornehmen.

2. **Bildung von Maßnahmenpaketen**
   Die Maßnahmenpakete können direkt aus den Bewertungsergebnissen abgeleitet werden. In der Regel bilden alle Verbesserungsmaßnahmen, die in Bezug auf einen bestimmten Kernprozess der Softwareentwicklung definiert worden sind, ein Maßnahmenpaket. Das gleiche gilt für die Maßnahmen, die sich auf eine bestimmte Technologie beziehen. Sinnvoll ist auch, die Maßnahmen zur Verbesserung eines Entwicklungsprozesses mit den Maßnahmen zur Verbesserung der diesem Prozess zugrunde liegenden Technologien (z.B. Werkzeugunterstützung) zusammenzufassen. Dessen ungeachtet können, wenn für die Umsetzung von Vorteil, große Maßnahmenpakete aufgeteilt oder kleine Maßnahmenpakete zusammengefasst werden.

   Die Maßnahmenpakete sind Gegenstand der Umsetzung, also Gegenstand der Planung, der Aufbereitung, der Pilotanwendung und der Breiteneinführung.

3. **Aufwandschätzung**
   Mit der Spezifikation der Verbesserungsmaßnahmen aus der Sicht der Umsetzung und mit der Bildung von Maßnahmenpaketen sind die Voraussetzung für eine systematische Aufwandschätzung geschaffen. Der Aufwand einzelner Pakete kann nun nach einem Verfahren geschätzt werden, das im Unternehmen üblicherweise zur Aufwandschätzung in Entwicklungsprojekten eingesetzt wird. Die Maßnahmenpakete sollten nach Möglichkeit phasenbezogen geschätzt werden; zumindest aber müssen der Aufwand eines Maßnah-

menpakets bis zum Abschluss der Pilotanwendung und der Aufwand, um das Maßnahmenpaket in das gesamte Unternehmen einzuführen, geschätzt werden.

Wichtiger als das angewandte Schätzverfahren ist, dass die Aufwandschätzung unter Beteiligung von in der Verbesserung der Softwareentwicklung erfahrenen Experten geschieht.

Der Gesamtaufwand des Projekts ergibt sich aus der Summe der Aufwände einzelner Maßnahmenpakete und der Aufwände, die für das Management des Projekts anfallen.

4. Termin- und Personalplanung

Die Termine und die Größe der Arbeitsgruppe (das benötigte Personal zur Umsetzung eines Maßnahmenpakets) können nun für jedes Paket auf Grundlage seines eingeschätzten Aufwands festgelegt werden.

Für jedes Maßnahmenpaket müssen zumindest die Meilensteintermine Ende der Realisierung, Ende der Pilotanwendung und Ende der Breiteneinführung festgelegt werden. Für umfangreiche Pakete müssen sinnvollerweise Zwischenmeilensteine definiert und mit Terminen versehen werden.

Die Größe einer Arbeitsgruppe richtet sich nach dem Aufwand des umzusetzenden Maßnahmenpakets und der Verfügbarkeit entsprechender Experten. Sicher ist es möglich, in begrenztem Umfang auf die Größe der Arbeitgruppen über Terminverschiebungen sowie auf die Termine über die Änderung der Größe der Arbeitsgruppen Einfluss zu nehmen.

5. Risikoplanung

Die Umsetzung der Maßnahmenpakete hat Änderungen im Entwicklungsprozess und/oder in der Technologieanwendung zur Folge. Diese Änderungen bergen Gefahren in sich, denen ein Risikoplan Rechnung trägt, indem er die Risiken und geeignete Handlungsweisen aufzeigt. Mit der Erstellung des Risikoplans kann bereits nach der Bildung von Maßnahmenpaketen begonnen werden.

Zunächst identifiziert das Verbesserungsteam die technischen Risiken, die sich bei der Umsetzung einzelner Maßnahmenpakete ergeben können. Für die Risiken, die mit einer hohen Wahrscheinlichkeit eintreten können oder deren Eintritt eine hohe finanzielle Auswirkung nach sich zieht, werden Aktionen und Lösungen zur Risikobeseitigung oder -minderung geplant. Wichtig in diesem Zusammenhang ist die Definition von Rückfallstrategien. Eine Rückfallstrategie kommt dann zur Anwendung, wenn das betreffende Maßnahmenpaket nicht umgesetzt werden kann oder seine Umsetzung mit unvorhergesehenen Schwierigkeiten einhergeht.

Neben den technischen Risiken spielen die nicht technischen Risiken eine beachtliche Rolle in einem Verbesserungsprojekt. Diese Risiken resultieren aus den Widerständen und Hindernissen, mit denen bei jeder Art von Änderung gewohnter Abläufe in einem Unternehmen zu rechnen ist. Die Identifikation solcher Risiken und die Definition von Aktionen zur Begegnung solcher Risiken setzen Erfahrungen in Verbesserung der Softwareentwicklung und das Verständnis der Unternehmenskultur voraus.

Abgesehen von Risiken können sich eben aufgrund der Unternehmenskultur oder der aktuellen wirtschaftlichen Lage des Unternehmens positive Hebelwirkungen ergeben, die die Umsetzung von Verbesserungsmaßnahmen begünstigen.

Der Risikoplan dient insgesamt der Begrenzung der Umsetzungsrisiken und damit der sicheren Umsetzung der Verbesserungsmaßnahmen. Er zeigt, ob und wie viel Aufwand gegebenenfalls anfällt, um den Risiken zu begegnen. Dieser Aufwand muss als Teil des Gesamtaufwands des Projekts betrachtet und entsprechend eingeplant werden.

6. Metrikplanung
Das Verbesserungsteam findet in den Bewertungsergebnissen unter anderem Metriken vor, die eingesetzt werden können, um den Beitrag der Verbesserungsmaßnahmen zur Zielerreichung zu messen. Das Verbesserungsteam muss nun diese Metriken im Hinblick auf ihre Eignung untersuchen, nachdem es die Verbesserungsmaßnahmen spezifiziert und zu geeigneten Paketen zusammengefasst hat (Schritt 1 und 2 der Planung).

Zunächst muss das Team auf Grundlage der Erkenntnisse aus der Maßnahmenspezifikation prüfen, ob es notwendig ist, die vorliegenden Metriken zu modifizieren oder neue Metriken zu definieren. Ferner ordnet das Team die Metriken zu den entsprechenden Maßnahmenpaketen: Welche Metriken sollen in welchen Maßnahmenpaketen zum Einsatz kommen?

Der Metrikplan enthält alle anzuwendenden Metriken und ihre Zuordnung zu den Maßnahmenpaketen. Er wird ab der Phase Pilotanwendung zur Darstellung des Nutzens der Verbesserungsmaßnahmen eingesetzt.

Zum Abschluss der Planungsphase müssen alle Pläne von der Leitung verabschiedet werden. Übersteigt der geplante Projektaufwand das Projektbudget, so können nicht alle definierten Maßnahmenpakete umgesetzt werden. In diesem Fall muss die Leitung auf Grundlage einer Kosten/Nutzen-Betrachtung zusätzlich entscheiden, auf die Umsetzung welcher Maßnahmenpakete (oder Teile von ihnen) zunächst verzichtet wird. Der Projektleiter erhält nun den Auftrag, das Projekt zu Ende zu führen.

6.2.3 Aufbereitung

In dieser Phase bereiten die Arbeitsgruppen die ihnen zugeordneten Maßnahmenpakete entsprechend der Spezifikationen so weit auf, dass die Pakete im Rahmen von Pilotanwendungen erprobt werden können. Es ist zweckmäßig zwischen der Aufbereitung eines Maßnahmenpakets zur Prozessverbesserung und der eines Maßnahmenpakets zur Technologieverbesserung zu differenzieren.

Die Aufbereitung eines Maßnahmenpakets zur Prozessverbesserung endet mit der Definition neuer oder geänderter Prozesse. Das kann beispielsweise für ein Maßnahmenpaket mit Bezug zum Testprozess die Definition einer neuen Testmethode, die Änderung des bisherigen Testablaufs und die Erweiterung der Verantwortlichkeiten der Testmannschaft bedeuten. Die Aufbereitung dieses Maßnahmenpakets gilt also als abgeschlossen, wenn die neue Testmethode, der geänderte Testablauf und die zusätzlichen Verantwortlichkeiten der Tester beschrieben und in den bisherigen Testprozess integriert worden sind. Der so entstandene neue Testprozess kann nun in einem Projekt erprobt werden.

Die Maßnahmenpakete zur Technologieverbesserung zielen hingegen auf die Anwendung neuer Softwaretechnologien, auf die Anwendung anderer Entwicklungswerkzeuge oder auf die bessere Anwendung von im Einsatz befindlichen Technologien ab. Die Aufbereitung eines solchen Maßnahmenpakets bedeutet vielmehr die Beschaffung der betreffenden Technologie, mit anderen Worten den Erwerb von Wissen zur (besseren) Anwendung der betreffenden Technologie. Reicht das erworbene technologische Anwendungswissen aus, um das Maßnahmenpaket in einer Pilotanwendung zu erproben, so ist die Aufbereitungsphase dieses Pakets abgeschlossen.

Die Erfahrungen zeigen, dass ein Unternehmen nur selten im Rahmen seiner Verbesserungsbemühungen völlig neue Abläufe und Methoden einführen oder ein technologisches Neuland betreten muss. Die meisten Verbesserungsmaßnahmen werden durch die Übernahme und entsprechende Anpassung von Abläufen, Methoden und Technologien realisiert, die sich bereits in ähnlichen Anwendungsdomänen bewährt haben.

6.2.4   Pilotanwendung

In dieser Phase wird jedes aufbereitete Maßnahmenpaket in zumindest einem Entwicklungsprojekt versuchsweise umgesetzt. Während der Pilotanwendung werden die Umsetzbarkeit und der Nutzen des Maßnahmenpakets beurteilt. Die Pilotanwendung ist der Wegbereiter der nachfolgenden Breiteneinführung. Mit Abschluss dieser Phase müssen die folgenden Fragen beantwortet werden können:

- Kann das Maßnahmenpaket, so wie es aufbereitet wurde, umgesetzt werden?
- Erbringt die Umsetzung des Maßnahmenpakets den erwarteten Nutzen?

Von der Antwort auf diese Fragen hängt die Entscheidung ab, ob ein Maßnahmenpaket unmittelbar in die Breite eingeführt werden kann, oder erst nachdem es aufgrund der gewonnenen Erkenntnisse überarbeitet und gegebenenfalls erneut erprobt wurde. Der Nachweis des Nutzens eines Maßnahmenpakets sollte auch quantitativ, d.h. unter Anwendung von hierfür vorgesehenen Softwaremetriken erbracht werden, denn Erfolge, wie etwa Verkürzung der Entwicklungszeit oder Reduktion von Fehlerfindungskosten, können in Zahlen leichter vermittelt werden als in Worten.

Eine erfolgreiche Pilotanwendung erhöht die dringend benötigte Akzeptanz für die anschließende Umsetzung des betreffenden Maßnahmenpakets in die gesamte Organisationseinheit. Um die Effizienz der späteren Breiteneinführung von Verbesserungsmaßnahmen zu steigern, müssen ferner die Erfahrungen aus der Pilotanwendung auf geeignete Weise gesichert und der gesamten Organisationseinheit zur Verfügung gestellt werden.

Die Erfordernisse dieser Phase müssen bereits bei der Planung des Verbesserungsprojekts besonders berücksichtigt werden. Da die Pilotanwendungen in der Regel in Entwicklungsprojekten stattfinden, müssen die Terminpläne dieser Projekte im Terminplan des Verbesserungsprojekts berücksichtigt werden. Ein Maßnahmenpaket, das z.B. einen neuen Ablauf und ein neues Werkzeug für die Modellierung von Softwareanforderungen vorsieht, kann dann in einem Entwicklungsprojekt versuchsweise umgesetzt werden, wenn dieses sich genau in der entsprechenden Entwicklungsphase befindet.

Für Pilotanwendungen dürfen ferner keine Entwicklungsprojekte eingeplant werden, die technische oder finanzielle Schwierigkeiten haben oder erwarten. Das kann zu einer zusätzlichen Belastung für das Entwicklungsprojekt und/oder zum Scheitern der Pilotanwendung führen.

6.2.5 Breiteneinführung

Maßnahmenpakete, die in einer Pilotanwendung erfolgreich umgesetzt wurden, können nun kontinuierlich in die gesamte Organisationseinheit eingeführt werden.

Die Breiteneinführung muss sorgfältig vorbereitet werden: Vor jedem Umstieg auf neue oder geänderte Prozesse und Technologien müssen die betreffenden Anwender auf geeignete Weise geschult werden und während der Anwendung geeignete Betreuung erhalten. Sonst besteht die Gefahr, dass die Verbesserungsmaßnahmen nicht so umgesetzt werden, wie sie aufbereitet und erprobt wurden, und damit nicht zum erwarteten Nutzen führen.

In der Regel übernehmen die Mitglieder des Verbesserungsprojekts, also diejenigen die Verbesserungsmaßnahmen aufbereitet und versuchsweise umgesetzt haben, die Schulung und Betreuung neuer Anwender. Diese Unterstützung muss so lange beibehalten werden, bis die Anwender die neuen Prozesse oder Technologien sicher anwenden können.

Angemessene Schulung und technische Betreuung der Anwender stellen die wesentlichen Erfolgsfaktoren der Breiteneinführung dar. Darüber hinaus müssen alle Voraussetzungen geschaffen werden, um bei unvorhergesehenen Schwierigkeiten rasch auf die eingeplanten Rückfallstrategien zurückgreifen zu können.

6.3 Projektorganisation

Die erfolgreiche Umsetzung eines Projekts, ob eines Verbesserungs- oder eines Entwicklungsprojekts, bedarf einer geeigneten Projektorganisation mit klar definiertem Verantwortungsbereich aller im Projekt wahrzunehmenden Rollen. Verbesserungsprojekte weisen allerdings einige Eigenschaften auf, die bei der Organisation solcher Projekte zu beachten sind. Im Weiteren werden lediglich diese Eigenschaften diskutiert. Ansonsten ist bei der Organisation eines Verbesserungsprojekts ähnlich wie bei der Organisation eines Entwicklungsprojekts vorzugehen.

In einem Verbesserungsprojekt arbeiten Personen unterschiedlicher Qualifikation zusammen. Sie stammen aus verschiedenen Unternehmensbereichen oder sind Experten, die für eine bestimmte Aufgabe und Zeit extern eingekauft werden. Je nach aktuellen Schwerpunkten der Verbesserung wird das Team unterschiedlich besetzt. Beispielsweise erfordern Verbesserungen im Bereich Requirements Engineering die Zusammenarbeit von Experten aus Produktmanagement, Entwicklung, Service, Qualitätssicherung und eventuell anderen Abteilungen. In der Zeit ihrer Mitgliedschaft unterstehen die Projektmitglieder disziplinarisch weiterhin ihren Abteilungen.

Aufgrund dieser Tatsachen scheint für die Verbesserungsprojekte die Matrixorganisationsform am geeignetsten zu sein. Auch in der Praxis weisen die Verbesserungsprojekte meist eine Matrixorganisation auf. Die Vorteile sind offensichtlich:

- Ein interdisziplinäres Team, wie es für Verbesserungen erforderlich ist, lässt sich so schneller und einfacher bilden.
- Die Zusammenarbeit von Personen aus unterschiedlichen Abteilungen des Unternehmens fördert, wenn alles planmäßig läuft, eine Betrachtung des Verbesserungsgeschehens aus unterschiedlichen Perspektiven.
- Die Kommunikation zwischen dem Projekt und dem großen Rest des Unternehmens sowie die Übertragung der Projektergebnisse in die Fachabteilungen sind erleichtert: Die Projektmitglieder informieren ihre Kollegen in den Fachabteilungen über das aktuelle Projektgeschehen aus erster Hand und helfen später die Projektergebnisse in die Abteilungen zu transferieren.

Diesen Vorteilen steht insbesondere folgender Nachteil gegenüber: Die Koordination der Mitglieder ist erschwert, da die Projektmitglieder unterschiedlichen Abteilungen angehören und entsprechend unterschiedliche Interessen und Erwartungen an einem Verbesserungsprojekt haben können. Daher ist es zwingend erforderlich, dass der Projektleiter ein hohes Maß an Organisations- und Führungsverständnis besitzt.

Bei der Organisation eines Verbesserungsprojekts müssen zwei Grundsätze besonders beachtet werden, damit die Verbesserungsmaßnahmen in geeigneter Weise geplant und umgesetzt werden können:

- Kompetenzüberschneidungen sind zu vermeiden.
- Entscheidungswege (Berichtswege nach oben und Anweisungswege nach unten) sind kurz zu halten.

Diese Grundsätze zeigen, wie wichtig kurze Reaktionszeiten in einem Verbesserungsprojekt sind und lassen zudem die besondere Bedeutung von zwei Rollen in einem solchen Projekt erkennen: die Rolle der Unternehmensleitung und die des Projektleiters.

6.3.1 Aufgaben der Unternehmensleitung

Die Leitung des Unternehmens ist für die Verbesserung der Softwareentwicklung verantwortlich. Im Rahmen eines konkreten Verbesserungsprojekts überträgt die Leitung die Verantwortung für die Planung und Umsetzung verabschiedeter Maßnahmen an einen Projektleiter und übernimmt die Rolle des Auftraggebers, des Entscheiders und des Förderers im Projekt. Sie hat dann folgende Aufgaben zu erfüllen:

- **Festlegung des Projektrahmens**
  Die Leitung definiert die strategischen Ziele der Verbesserung, setzt den zeitlichen Horizont für das Verbesserungsprojekt fest und stellt die notwendigen Ressourcen bereit.

- **Beauftragung des Projektleiters**
  Die Unternehmensleitung wählt eine geeignete Person aus, ermächtigt sie zur Projektdurchführung und verleiht ihr die hierfür notwendigen Kompetenzen.

- **Abnahme von Projektergebnissen**
  Die Leitung nimmt, entsprechend des dem Projekt zugrunde liegenden Vorgehensmodells, die Phasenergebnisse ab.

- **Unterstützung bei Problemlösung**
  Die Leitung ist der direkte Ansprechpartner des Projektleiters. Insbesondere beim Auftreten von Problemen unterstützt sie den Projektleiter, geeignete Lösungen zu finden.

- **Überwachung des Projekts**
  Die Leitung fordert vom Projektleiter eine regelmäßige Berichterstattung zum Projektstatus. Ferner plant und leitet sie sogenannte Management-Reviews, in deren Rahmen sie sich über den aktuellen Stand des Verbesserungsprojekts intensiv informiert und auf das Projektgeschehen steuernd eingreift.

- **Informationspflicht**
  Die Leitung übernimmt die Aufgabe, alle Mitarbeiter regelmäßig über die Verbesserungsziele, den Status des Verbesserungsprojekts und insbesondere über die bereits erreichten Ergebnisse zu informieren. Hierdurch bekundet sie auch ihr Interesse am Projekt und ihre Unterstützung für die Verbesserungen.

Die Erfahrung zeigt, dass die Unternehmensleitung in der Rolle des Förderers einen wesentlichen Beitrag zum Projekterfolg leisten kann: Verbesserungen bewirken oft Änderungen im bisherigen Ablauf der Tätigkeiten und können phasenweise Skepsis und auch Widerstand hervorrufen. Um diesen Zustand so kurz wie möglich zu halten, müssen Veränderungen von der Leitung verstanden – sie muss schließlich jede Veränderung autorisieren – und von ihr unterstützt werden, denn sie besitzt die stärksten Instrumentarien der Einflussnahme auf das Unternehmensgeschehen.

6.3.2 Aufgaben und Eigenschaften des Projektleiters

Der Projektleiter ist verantwortlich, unter effizientem Einsatz von Ressourcen die Projektziele in geforderter Qualität zu erreichen. Seine Aufgaben unterscheiden sich von denen eines Software-Projektleiters [Mayr 01, 55–90] nicht. Einige seiner wesentlichen Aufgaben sind:

- **Teambildung**
  Der Projektleiter wählt – sinnvollerweise in Abstimmung mit der Leitung – geeignete Experten aus, die er zu Arbeitsgruppen zusammensetzt. Er betraut jede Arbeitsgruppe mit der Bearbeitung eines Maßnahmenpakets. Jede Arbeitsgruppe besteht aus einigen wenigen Experten und stellt ein Teilprojekt dar.

- **Planung und Durchführung**
  Der Projektleiter ist verantwortlich, das Verbesserungsprojekt zu planen, die bereitgestellten Ressourcen auf die einzelnen Arbeitsgruppen zu verteilen, die Arbeiten der Arbeitsgruppen zu koordinieren, die Umsetzung der Maßnahmenpakete zu steuern und die Einführung der Maßnahmen zu betreuen. Die Arbeitsgruppen unterstützen den Projektleiter bei der Planung des Verbesserungsprojekts und bei der Betreuung der Breiteneinführung erarbeiteter Lösungen.

- **Projektkontrolle**
  Der Projektleiter ist schließlich für die Überwachung des Projekts verantwortlich. Er fordert Statusberichte von den Arbeitsgruppen, identifiziert Probleme, die bei der Umsetzung der Maßnahmen auftreten und löst sie – gegebenenfalls mit Unterstützung der Leitung.

- **Berichterstattung**
  Der Projektleiter berichtet regelmäßig über den Stand des Projekts und der Arbeiten einzelner Arbeitsgruppen an die Leitung und die Projektmitglieder.

Der Leiter eines Verbesserungsprojekts muss bestimmte Eigenschaften haben, um seine Aufgaben gut erfüllen zu können: Er muss die Kultur und die Organisationsstruktur des Unternehmens kennen und ein hohes Ansehen sowohl bei der Leitung als auch bei den Mitarbeitern genießen. Ferner muss er ein fundiertes Wissen über die Anwendungsdomäne und das Software Engineering besitzen. Nur so kann er das Vertrauen und die Unterstützung aller für das Projekt sicherstellen.

6.3.3 Aufgaben und Eigenschaften der Team-Mitglieder

Die Mitglieder eines Verbesserungsprojekts sind in Arbeitsgruppen organisiert. Jede Arbeitsgruppe bearbeitet entsprechend ihrer fachlichen Qualifikation in der Regel ein Maßnahmenpaket. Zu ihren Aufgaben gehören im Wesentlichen:

- Planung der Umsetzung des Maßnahmenpakets,
- Unterstützung des Projektleiters bei der Planung des Gesamtprojekts,
- Aufbereitung des Maßnahmenpakets für die Anwendung,
- Betreuung der Pilotanwendung und Sicherung der Erkenntnisse aus der Pilotanwendung,
- Betreuung der Breiteneinführung (Ausarbeitung und Durchführung von Schulungen sowie technische Unterstützung der Anwender).

6.4 Steuerung, Kontrolle und Qualitätssicherung

Das Management eines Verbesserungsprojekts geht generell genauso vonstatten wie das eines Entwicklungsprojekts: Die wohlbekannten Tätigkeiten des Projektmanagements sind in einem Verbesserungsprojekt sinngemäß anzuwenden. Daher wird hier das Projektmanagement, bis auf eine kurze Betonung der Projektsteuerung, Kontrolle und Qualitätssicherung, nicht weiter behandelt.

Die Kontrolle des Projektfortschritts (Plan/Ist-Vergleiche der Projekttermine, des Projektaufwands des Fertigstellungsgrads der Ergebnisse) spielt eine wichtige Rolle. Denn zwischen dem Verbesserungsprojekt und den Entwicklungsprojekten, in denen die aufbereiteten Maßnahmenpakete zu ihrer ersten Anwendung kommen, bestehen terminliche Querbeziehungen. Es liegt beim Verbesserungsprojekt durch Fortschrittskontrollen und die gegebenenfalls daraus resultierenden Korrekturen die Einhaltung der Termine für Pilotanwendungen sicherzustellen. Die Entwicklungsprojekte dürfen keine Rücksicht auf Planänderungen im Verbesserungsprojekt nehmen.

Alle Projektdokumente (Spezifikationen, Pläne, Ergebnisse und Messergebnisse) müssen anhand eines Konfigurationsmanagement- oder Dokumentenmanagement-Werkzeugs verwaltet werden. Auch die wesentlichen Änderungen der Dokumente während der Projektlaufzeit müssen auf diesem Wege erfasst werden. Dies geschieht nicht nur im Sinne der Kontrolle von Phasenergebnissen *eines* Verbesserungsprojekts, sondern auch im Sinne eines Wissensmanagements, denn die künftigen Bewertungen und Verbesserungen können sich auf diese Projektergebnisse und -daten stützen.

Schließlich kommt der Sicherung der Qualität von Ergebnissen eines Verbesserungsprojekts eine besondere Bedeutung zu, denn diese finden bald Zugang zu den Entwicklungsprojekten und wirken damit auf die gesamte Organisationseinheit ein. Alle wesentlichen Ergebnisse müssen daher von den Teammitgliedern und eventuell anderen Experten sowie von der Unternehmensleitung einem Review unterzogen werden, um technische Fehlentwicklungen und Planabweichungen im Projekt so früh wie möglich erkennen und beheben zu können.

Die aus den Reviews gewonnenen Erkenntnisse können ferner verwendet werden, um die gesamte Organisation über den Stand des Verbesserungsprojekts zu informieren.

6.5 Voraussetzungen erfolgreicher Verbesserungsprojekte

Im bisherigen Verlauf dieses Kapitels wurden die technischen und organisatorischen Voraussetzungen zur Durchführung von Verbesserungsprojekten behandelt. Dass die Schaffung technischer und organisatorischer Voraussetzungen für die erfolgreiche Durchführung solcher Projekte notwendig aber nicht hinreichend ist, leuchtet unmittelbar ein: Verbesserungen rufen Veränderungen in der bisherigen Softwareentwicklung hervor; jede Veränderung benötigt Akzeptanz seitens der Anwender, um wirksam zu werden. Es liegt in der Natur jeder Veränderung, dass die für sie notwendige Akzeptanz auch von nicht technischen Faktoren, allen voran der Unternehmenskultur, abhängt.

Eine systematische Untersuchung, was diese Faktoren genau sind und auf welche Weise sie den Erfolg eines Verbesserungsprojekts beeinflussen, liegt nicht vor. Erfahrungen, insbeson-

6.5 Voraussetzungen erfolgreicher Verbesserungsprojekte

dere aus den Prozessverbesserungen, zeigen, dass die folgenden Faktoren eine wesentliche Rolle spielen:

- **Wille des Managements zur Verbesserung**
  Das Management bringt seinen Willen vor allem durch eine sichtbare Unterstützung des Verbesserungsprojekts zum Ausdruck. Das hilft, eventuelle Widerstände seitens Mitarbeitern gegen das Projekt zu vermeiden oder leichter zu überwinden.

- **Beteiligung von „Schlüsselpersonen"**
  Je mehr Mitarbeiter, die eine Schüsselposition in der Organisationseinheit haben oder als „Meinungsbilder" fungieren, auf irgendeine Weise in das Projekt einbezogen werden, desto einfacher kann die Akzeptanz für notwendige Veränderungen erreicht werden.

- **Offene Kommunikation**
  Das Verbesserungsprojekt muss die Mitarbeiter der Organisationseinheit, insbesondere die späteren Anwender von Projektergebnissen, über den Stand der Arbeiten in angemessenem Umfang und auf angemessene Weise kontinuierlich informieren und ihnen Möglichkeiten zum Meinungsaustausch geben. Hierdurch wird zum einen die Akzeptanz für Veränderungen erhöht und zum anderen können eventuelle Widerstände rechtzeitig erkannt und behoben werden.

Den größten Einfluss auf die Akzeptanz der Anwender hat aber der Nutzen von Verbesserungen. Je präziser und greifbarer der Nutzen von Verbesserungsmaßnahmen dargelegt werden kann, desto leichter kann die Bereitschaft der Anwender zur Umsetzung der betreffenden Maßnahmen gesteigert werden.

Teil II: Hilfsmittel der Bewertung

7 Modell zur Bewertung von Kernprozessen der Softwareentwicklung

7.1 Einführung

In diesem Kapitel werden die *Kernprozesse der Softwareentwicklung* im Rahmen eines Modells näher beschrieben. Die Beschreibung soll helfen, die Bewertung und Verbesserung des Entwicklungsprozesses zu systematisieren und aufgrund der Konzentration auf wenige wesentliche Prozesse wirtschaftlich und wirksam zu gestalten.

Jeder Kernprozess wird anhand seiner *wesentlichen* Aspekte beschrieben. Die *Prozessaspekte* geben an, welche Prozessthemen und -tätigkeiten beachtet bzw. ausgeführt werden müssen, damit der entsprechende Kernprozess erfolgreich abläuft. Es handelt sich explizit nicht um eine vollständige Auflistung aller Prozessaspekte, sondern nur um diejenigen, die bei der Ermittlung von Schwächen im Prozess und deren Ursachen vorrangig zu untersuchen sind. Es wird zu jedem Aspekt gezeigt, worauf es speziell bei einer Bewertung ankommt: Was hat sich erfahrungsgemäß als gut bzw. als schlecht herausgestellt? [4]

Eine Prozessverbesserung ist, aufgrund unterschiedlicher Ziele und Rahmenbedingungen, immer unternehmensspezifisch ausgerichtet. Daher muss bei Bedarf die Bewertung um andere Prozessaspekte erweitert werden oder die im Modell enthaltenen Prozessaspekte müssen angepasst werden, um den spezifischen Gegebenheiten eines Unternehmens Rechnung zu tragen.

---

[4] Die Auswahl dieser Prozesse als Kernprozesse der Softwareentwicklung gründet auf eigenen Erfahrungen, die im Rahmen von zahlreichen Prozessbewertungen und Projekt-Risiko-Audits gemacht wurden, und auf Erfahrungen anderer, die in Form von Bewertungsberichten mir zur Verfügung standen (insbesondere Erfahrungen mit CMM, und Bootstrap-Methode) oder in unterschiedlichen Literaturstellen [siehe insbesondere SPMN 03; Jones 00; Rezagholi 00a; Rezagholi 00b; SPMN 00; Brown 98; ISO 15504; Peters 98; SPMN 98a; SPMN 98b; Humphrey 97; McConnell 97; Paulk 97; Yourdon 97; Flowers 96; McConnell 96; Brooks 95; Kornwachs 95; Lowe 95; Thomsett 95; Trillium 94; SEL 92; Humphrey 89; DeMarco 86] zu finden sind.

Da das Modell nur das Wesentliche enthält, können nur Anwender mit Prozesserfahrung es als Grundlage einer Prozessbewertung und -verbesserung einsetzen. Abb. 7.1 gibt einen Überblick über die Struktur des Bewertungsmodells.

Obwohl die dritte Dimension einer Verbesserung der Softwareentwicklung, das Mitarbeitermanagement, nicht im Fokus dieser Arbeit steht, wird in Abschnitt 7.4 speziell auf die für die Bewertung des Faktors „Mitarbeiter" in der Softwareentwicklung wichtigsten Merkmale eingegangen. Es handelt sich um Merkmale, die sich aus der Praxis der Softwareentwicklung heraus als wesentlich erwiesen haben. Für eine ausführliche Behandlung des Mitarbeitermanagements sei auf People-CMM hingewiesen.

Kernprozesse des Softwaremanagements	Kernprozesse der Softwarerealisierung	Der Faktor „Mitarbeiter"
• Projektorganisation • Management externer Schnittstellen • Planung, Steuerung und Kontrolle • Konfigurations- und Änderungsmanagement • Technologiemanagement	• Entwicklungsmethodik • Requirements Engineering • Architekturdefinition und Design • Implementierung und Integration • Qualitätssicherung: Review und Test	• Qualifikation und Fertigkeit • Motivation und Klima • Arbeitsumfeld • Kommunikation und Zusammenarbeit

Abb. 7.1   Struktur des Bewertungsmodells

7.2   Bewertung von Kernprozessen des Softwaremanagements

7.2.1   Projektorganisation

Projektauftrag
Es gibt einen klaren realistischen Konsens über die erreichbaren Ziele. Das Projekt ist nicht mit unrealistischen Vorgaben oder Anforderungen konfrontiert.

Verantwortlichkeiten
Die Verantwortlichkeiten für alle Funktionen (Projektleitung, Architekturdefinition, Qualitätssicherung, Konfigurationsmanagement usw.) sind klar geregelt und eindeutig vergeben;

es darf keine verteilte Verantwortung geben. Die Koordination von Arbeiten auf Teilprojekt- und Gesamtprojekt-Ebene ist wirksam geregelt.

Der Projektleiter und alle anderen Projektmitglieder haben ausreichende Ressourcen und Rechte um ihre Verantwortung wahrzunehmen und die ihnen gestellten Aufgaben voranzutreiben. Das Projekt hat wenige und klare Schnittstellen zur Linienorganisation; es wird nicht von außen in das Projekt hineinregiert.

Management-Unterstützung
Es muss für alle Mitarbeiter sichtbar sein, dass das obere Management die Projektziele unterstützt und für das Projekt als Ansprechpartner zur Verfügung steht.

Berichtswege / Konfliktlösung
Es gibt definierte Berichtswege und eindeutige Kontrolle innerhalb des Projektes sowie zwischen dem Projekt und dem Management. Entscheidungsinstanzen sind genau festgelegt.

Konflikte, verursacht z.B. durch nicht abgestimmte Projektpläne oder nicht mitgeteilte Risiken, sowie Probleme mit den Anforderungen oder mit der Systemarchitektur, werden im Sinne der Erreichung von Projektzielen diskutiert und gelöst.

7.2.2 Management externer Schnittstellen

Schnittstelle zu Kunden und zum Produktmanagement
Es gibt eine konstruktive Zusammenarbeit zwischen dem Projektteam, dem Produktmanagement und den Kunden bei der Klärung von Anforderungen.

Lieferantenmanagement
Lieferanten werden nach definierten wirtschaftlichen und technischen Kriterien ausgewählt. Beispiele solcher Kriterien sind: finanzielle Situation des Lieferanten, Erfahrung und technische Kompetenz des Lieferanten auf dem beabsichtigten Kooperationsgebiet sowie Liefertreue des Lieferanten. Die Auftragserteilung, die projektbegleitende Qualitätskontrolle von Ergebnissen, die beim Lieferanten entstehen sowie die Abnahme der Ergebnisse erfolgen systematisch.

Andere Schnittstellen
Die Schnittstellen des Entwicklungsprojekts zu anderen Einheiten der Organisation, etwa zum Kundendienst oder zur Hotline, zum Marketing und Vertrieb, zur Redaktion für die Herstellung von Benutzerhandbüchern und gegebenenfalls zur Fertigung und zur Inbetriebsetzung sind definiert.

7.2.3 Planung, Steuerung und Kontrolle

Definition von Arbeitspaketen

Die Arbeitspakete ergeben sich aus der Produktstruktur (alle im Lieferumfang der zu entwickelnden Software enthaltenen Komponenten), der Objektstruktur (die zu erstellenden Zwischenergebnisse und Hilfsmittel, wie etwa Prototypen, Spezifikationen und Werkzeuge) und der Projektstruktur (die zu erbringenden Entwicklungstätigkeiten, wie etwa Projekt-, Konfigurationsmanagement und Schulungen). Die Arbeitspakete müssen eine angemessene Größe aufweisen, damit eine zuverlässige Aufwandsschätzung stattfinden kann.

Aufwandsschätzung

Die Aufwandsschätzung wird geplant: An der Aufwandschätzung nehmen entsprechende Experten und Erfahrungsträger teil; der Aufwand wird unter Einsatz von Methoden geschätzt. Die Schätzmethode (z.B. Function Points-Verfahren, Constructiv Cost Model-Verfahren, Analogiemethode oder Prozentsatzmethode) wird entsprechend der Beschaffenheit der Arbeitspakete ausgewählt.

Terminplanung

Termine werden auf der Basis der Aufwandsschätzungen und unter Berücksichtigung der bestehenden Zeit-, Kosten- und Qualitätsanforderungen sowie der Kapazitätsbedingungen festgelegt. Der Plan wird von Projektbeteiligten akzeptiert. Im Falle einer verteilten Entwicklung müssen die Teilpläne aufeinander abgestimmt sein.

Risikomanagement

Die technischen und wirtschaftlichen Projektrisiken werden bereits zu Entwicklungsbeginn identifiziert und im Hinblick auf ihre Auswirkung auf das Projekt analysiert. Zur Vermeidung bzw. Minderung der Risiken mit hohem Erwartungswert (hoher Eintrittswahrscheinlichkeit und hoher finanziellen Beeinträchtigung) werden geeignete Maßnahmen geplant und umgesetzt. Insbesondere diese Risiken sind allen Beteiligten bekannt. Die Risikoidentifikation und –analyse wird im Projektverlauf fortgesetzt.

Steuerung und Kontrolle

Der Projektfortschritt (Grad der Fertigstellung von Ergebnissen), die Qualität der Ergebnisse, der Aufwandsverlauf, die Termine, die Qualität des Entwicklungsprozesses und die Risiken werden regelmäßig geprüft, um festzustellen, ob die jeweiligen Planvorgaben eingehalten werden oder Steuerungsmaßnahmen erforderlich sind. Planänderungen werden mit Teilprojekten und Lieferanten abgestimmt. Der Projektstatus wird an das obere Management regelmäßig berichtet.

7.2.4 Konfigurations- und Änderungsmanagement

Management und Freigabe von Konfigurationen
Die Verwaltung von Versionen und Varianten aller wesentlichen Entwicklungsergebnisse (Konfigurationselemente), insbesondere von Spezifikationen und Code, ist klar geregelt und wird von einer Konfigurationsmanagement-Bibliothek unterstützt. Alle Beteiligten haben definierte Zugriffsrechte auf die Konfigurationsmanagement-Bibliothek. Voraussetzungen für die Herstellung und Freigabe von Meilenstein-Ergebnissen, Versionen, Varianten und Releases sind festgelegt.

Änderungsmanagement
Das Verfahren zur Meldung, Bearbeitung und Verfolgung von Fehlern aus Reviews und Tests sowie zur Meldung, Bearbeitung und Verfolgung von Anforderungsänderungen ist festgelegt und wird von einem Werkzeug angemessen unterstützt. Änderungen werden von einem sogenannten Change Control Board oder einer ähnlichen Instanz aus technischer und wirtschaftlicher Sicht analysiert. Aufgrund dieser Analyse wird dann entschieden, ob und wann sie zu realisieren sind. Bei Anforderungsänderungen werden die betroffenen Entwicklungsdokumente (Anforderungs-, Design- und Testspezifikationen) entsprechend angepasst.

Integriertes Konfigurations- und Änderungsmanagement
Das Konfigurationsmanagement und das Änderungsmanagement sind werkzeuggestützt integriert, so dass jederzeit der Zustand von Konfigurationselementen ersichtlich ist, etwa Anzahl bereits behobener Fehler, Anzahl noch vorhandener Fehler und Anzahl bestehender Anforderungsänderungen an das Konfigurationselement.

7.2.5 Technologiemanagement

Technologiebezogene Steuerung
Geschäftsstrategien werden unter anderem auch aus der Sicht der notwendigen technologischen Innovationen definiert und begründet: Die Technologie-Roadmap wird auf der Basis der Produkt-Roadmap und Geschäftsstrategie erstellt, und führt ihrerseits – bei technologischen Neuerungen – zur Aktualisierung der Produkt-Roadmap und Geschäftsstrategie. Die Technologie-Roadmap enthält Angaben zu künftig benötigten Produkt- und Prozesstechnologien und wird entsprechend der technologischen oder marktrelevanten Entwicklungen angepasst. Sie findet ferner eine breite Akzeptanz in der Organisationseinheit.

Auf die Bereitschaft der Organisationseinheit zur Innovation und zur Übernahme der damit verbundenen Risiken deuten z.B. hin: Verhältnis der Anzahl der von Mitarbeitern eingereichten Innovationsideen zur Mitarbeiterzahl, Existenz von Anlaufstellen für Ideensammlung und -bewertung, Existenz von Anreiz-Systemen zur Motivation der Mitarbeiter, Ideen zu generieren sowie Anzahl und relativer Wert der Innovationsprojekte.

Darüber hinaus sind klare Vorgaben zur Durchführung und Finanzierung von Innovationsprojekten bzw. Vorfeldentwicklungen definiert. Insbesondere die Finanzierung von Technologie-Innovationen geschieht unabhängig von der Finanzierung der laufenden Projekte.

Wissenstransfer
Es gibt eine geeignete Infrastruktur innerhalb der Anwendungsdomäne (z.B. eine Datenbank), die alle Projekte verwenden können, um sich über die angewandten Technologien, über Technologie-Trends und über die Stärken und Schwächen der am Markt verfügbaren Technologien zu informieren.

Es sind ferner Mechanismen definiert, um Erfahrungen der Anwender aus dem Einsatz des Softwaresystems sowie das für die technologische Weiterentwicklung der Anwendungsdomäne relevante Wissen in die Projekte zu transferieren. Darüber hinaus sind Maßnahmen zum Wissenstransfer mit den Technologie-Lieferanten definiert. Maßnahmen sind z.B.: Kontakte zu Forschungseinrichtungen und Normungsgremien, Teilnahme an internationalen Tagungen und Messen, Strategische Allianzen und Benchmarking.

Identifikation und Bewertung von Technologien
Die in der Organisationseinheit angewandten Prozess- und Produkttechnologien sind in ihrer gesamten Leistungsbreite genau bekannt. Zu jeder angewandten Technologie sind ferner die möglichen auf dem Markt verfügbaren Substitutionstechnologien bekannt. Die angewandten und die Substitutionstechnologien werden anhand von definierten Kriterien im Hinblick auf ihre Attraktivität für die Organisationseinheit bewertet (siehe Abschnitt 5.3 und 5.4).

Zur Beobachtung technologischer Entwicklungen (Technologie-Trends) sind geeignete Indikatoren definiert, die regelmäßig erfasst und von Technologieexperten im Hinblick auf ihre aktuelle und zukünftige Bedeutung für die Organisationseinheit ausgewertet werden. Mögliche Indikatoren zur Technologiefrüherkennung sind z.B. Publikationen, Patentanmeldungen, Forschungs- und Entwicklungsarbeiten der Konkurrenz, Aktivitäten der Technologielieferanten und Standardisierungsgremien.

Auswahl und Integration von Technologien
Die für die Organisationseinheit benötigten Technologien werden auf Grundlage von Technologiebewertungen ausgewählt. Die Entscheidung, ob eine Technologie von der Organisationseinheit selbst zu entwickeln oder fremd zu beziehen ist, erfolgt unter Beachtung von eigenen Kernkompetenzen. Bei der Technologiebeschaffung werden alle Möglichkeiten und die damit verbundenen Risiken untersucht. Möglichkeiten der Technologiebeschaffung sind z.B.: Lizenznahme und -vergabe, Auftragsforschung, Technologie-Einkauf, Unternehmensakquisition, Strategische Kooperation, Kompetenzaufbau in der Organisationseinheit.

7.3 Bewertung von Kernprozessen der Softwarerealisierung

7.3.1 Entwicklungsmethodik

Prozessmodell
Das dem Projekt zugrunde liegende Prozessmodell ist angemessen. Die hierfür maßgebenden Faktoren sind insbesondere die Erfordernisse der Anwendungsdomäne, die Projektgröße, die Kundenanforderungen, das geforderte Qualitäts- und Sicherheitsniveau sowie die Erfahrung der Projektmitglieder mit der Entwicklungsmethodik. Auch die zu entwickelnde Software selbst spielt eine Rolle, z.B. kann ein iterativer Entwicklungsprozess nur dann festgelegt werden, wenn die Softwarearchitektur eine solche Entwicklung unterstützt. Ferner kann ein Prozessmodell, unabhängig davon wie gut es implementiert und standardisiert ist und gesteuert wird, sich für eine konkrete Zielerreichung, wie etwa Beschleunigung der Markteinführung von Produkten, als nicht adäquat erweisen.

Methoden und Werkzeuge
Alle wesentlichen Entwicklungs- und Projektmanagement-Arbeiten werden mit entsprechenden Werkzeugen unterstützt. Die Werkzeuge müssen die Anforderungen der Anwendungsdomäne erfüllen, d.h. vor der Auswahl und Integration eines Werkzeugs in die Entwicklung erfolgt eine Bewertung potentieller Werkzeuge anhand definierter Kriterien (siehe Abschnitt 5.4.1). Unabhängig von der Angemessenheit einzelner Werkzeuge muss sich die Entwicklungsumgebung insgesamt als abgestimmt und integriert erweisen, insbesondere darf keine unbegründbare Werkzeugsvielfalt zur Durchführung einer einzigen Tätigkeit angewandt werden.

Standards
Die Entwicklungsergebnisse werden (möglichst nach einheitlichen Standards) so dokumentiert und insbesondere in großen verteilten Entwicklungen so zur Verfügung gestellt, dass ein wirksames Arbeiten möglich ist.

Wiederverwendung
Der Entwicklungsprozess unterstützt die Projekte, vorhandene Komponenten im Einklang mit der Architektur des zu entwickelnden Systems wiederzuverwenden bzw. wiederverwendbare Komponenten zu entwickeln, wenn eine solche Anforderung an das Projekt besteht [Pomberger 00; Rezagholi 95a; Rezagholi 95b].

7.3.2 Requirements Engineering

Produktstrategie, Versions- und Release-Planung
Die Produktstrategie, Versions- und Release-Planung bauen aufeinander auf und wirken abgestimmt und solide. Die Anforderungen an eine Version oder an ein Release werden aufgrund dieser Pläne paketiert.

Ermittlung und Analyse der Anforderungen
Anforderung werden systematisch, z.B. im Rahmen von Workshops mit Kunden, Marktanalysen oder mittels Szenariotechnik, ermittelt. Bei Bedarf, etwa zur Klärung von Realisierungsmöglichkeiten und Performanzanforderungen, werden auch Simulation oder Prototyping eingesetzt. Alle wesentlichen Anforderungsquellen werden einbezogen.

Anforderungsspezifikation
Anforderungen, insbesondere die nichtfunktionalen Anforderungen (z.B. Performanz-, Zuverlässigkeits- oder Benutzbarkeitsanforderungen) sind so formuliert, dass sie im Hinblick auf die Erfüllung getestet werden können. Alle Anforderungen finden eine geeignete Berücksichtigung in der Architektur. Die Anforderungsdokumente beschreiben das System aus Benutzersicht und enthalten keine Lösungsvorgaben, es sei denn diese sind marketingrelevant.

Verfolgung der Anforderungen
Die Anforderungen werden über alle Entwicklungsphasen verfolgt (Requirements Tracing). Mit anderen Worten, die Einhaltung der Anforderungen wird im Entwicklungsprozess laufend geprüft. Dazu gehört die Definition eines Verschlüsselungsschemas, um Anforderungen verfolgbar zu machen, sowie die Planung, Spezifikation und Durchführung der notwendigen Verifikationen und Validationen.

7.3.3 Architekturdefinition und Design

Architekturprozess
Die Systemarchitektur wird in einem möglichst kleinen Team von Spezialisten entwickelt. Dabei ist der Verantwortungsbereich einzelner Mitglieder definiert und wird klar wahrgenommen; die Gesamtverantwortung für die Architektur liegt beim Teamleiter. Er koordiniert gegebenenfalls die beteiligten Gruppen oder Teilprojekte bei notwendigen Änderungen von Schnittstellen.

Der Prozess zur Definition und Verfolgung der Architektur lässt auf eine systematische Vorgehensweise schließen: Die festgelegten Anforderungen werden umgesetzt; die Design-Entscheidungen werden gegebenenfalls durch Prototypen abgesichert.

Die Architektur muss zwar nach einem eigenen Prozess definiert werden. Der Architekturprozess darf aber keinen autonomen Prozess darstellen, sondern muss im Entwicklungsprozess eingebettet sein.

Architektur- und Design-Spezifikation
Die Architekturspezifikation ist insgesamt auf die Erfüllung der Anforderungen unter Berücksichtigung technischer Rahmenbedingung ausgerichtet. Sie legt die Systemgrenzen genau fest: Es ist klar, welche Komponenten Bestandteil des Systems sind, welche Fremdteile in das System integriert werden, welche Schnittstellen das System zur Umgebung hat und welche Standards einzuhalten sind.

Zudem ist die physikalische Basis des Systems (Hardware-Plattform) abgestimmt und möglichst einheitlich. Die logischen Architekturschichten sind mit Hilfe von Verteilungsmustern auf physischen Schichten sinnvoll abgebildet. Es ist noch wichtig, dass der gewählte Architekturansatz (Pipes and Filters, Blackboard usw.), die Verteilung auf physischen Einheiten, gegebenenfalls die Auslagerung der Funktionalität auf Hard- bzw. Software sowie andere Designentscheidungen ausreichend begründet und in der Architekturspezifikation enthalten sind.

Die in der Design-Spezifikation enthaltenen statischen und dynamischen Modelle sowie die Daten- und Kontrollflüsse ergeben ein klares Bild der Architektur: Funktionalität, die jede Komponente zur Verfügung stellt, interne und externe Schnittstellen der Komponenten, verfügbare APIs.

Architektur-Roadmap / Migrationsstrategie
Zur kontrollierten Einführung von neuen Technologien (etwa Migration auf neue Betriebssysteme oder Middleware) und damit zur Sicherstellung der langfristigen Weiterentwicklung der Softwarearchitektur werden entsprechende Architektur-Roadmap und Migrationsstrategien entwickelt.

7.3.4 Implementierung und Integration

Programmierkonventionen
Die eingesetzten Programmiersprachen eignen sich für die Anwendung. Es gibt keine unbegründete Sprachenvielfalt. Patterns und Coding-Standards (Styleguides, Namenskonventionen, Modul-Header, Inline-Kommentierung) sind im Einsatz.

Entwicklungs-Plattform
In der Anwendungsdomäne sind leistungsfähige Entwicklung- und Test-Hardware im Einsatz (besonders wichtig für die Durchführung von verteilten Projekten). Der Zugriff auf die Infrastruktur ist für alle Projekte gewährleistet.

Modul- und Integrationstest
Der Modultest ist ein strukturorientierter Test und wird deshalb als ein White-Box-Test durchgeführt. Für den Modultest werden geeignete Testendekriterien definiert. Der Modultest muss nicht unbedingt als eigenständiger Test durchgeführt werden, insbesondere dann nicht, wenn der Aufwand für die Einrichtung der Testumgebung und Simulation von Schnittstellen unangemessen hoch ist.

Der Integrationstest erfolgt gegen die Architektur. Für die Integration werden eine Testspezifikation und ein Integrationsstufenplan erstellt. Der Integrationsstufenplan regelt den Ablauf der Integration in sinnvollen Schritten. Der Integrationstest beschränkt sich in der Regel auf den Test von Schnittstellen, wofür geeignete Testendekriterien definiert werden (Aufrufabdeckung). Module, die keinem Modultest unterzogen wurden, werden im Rahmen der Integration neben Schnittstellentest auch strukturorientiert getestet (kombinierter Modul- und Integrationstest). Die Tests werden durch geeignete Werkzeuge unterstützt.

7.3.5 Qualitätssicherung: Review und Test

Review und statische Analyse
Die wesentlichen Entwicklungsergebnisse (Pläne, Spezifikationen, Code) werden einem Review nach einer entsprechend wirksamen Methode (4-Augen-Prinzip, Walkthrough oder Intensiv-Inspektion) unterzogen. Anstelle bzw. zur Intensivierung des Code-Review kann eine statische Code-Analyse (Analyse eines Programms unter Verzicht auf dessen Ausführung) vorgenommen werden. Die Auswahl der Methoden geschieht unter Berücksichtigung der Charakteristika des zu untersuchenden Entwicklungsergebnisses, etwa die erwartete Fehlerdichte, die Komplexität und die Relevanz für das System. Typ und Anzahl der gefundenen Fehler in einzelnen Entwicklungsphasen werden erfasst.

Systemtest
Der Systemtest ist im Hinblick auf die Methodik, Durchführung und Protokollierung klar geregelt: Die Systemtestspezifikation sieht nicht nur Tests zur Prüfung von funktionalen und nichtfunktionalen Anforderungen, sondern gegebenenfalls auch Lasttest, Stresstest und Dauertest vor. Sie stellt ferner bezüglich des Umfangs und der Tiefe geeignete Testfälle und Testdaten zur Verfügung und bestimmt die Testendekriterien.

Die Systemtestdurchläufe und der Integrationsplan werden aufeinander abgestimmt. Ansonsten besteht die Gefahr, dass die unkontrollierte Lieferung von neuem Code (neuer Funktionalität) zur Instabilität des Systemtests führt. Nach Änderungen, zumindest nach Änderung kritischer Softwareteile, werden Regressionstests durchgeführt.

Außerdem ist auf die oft betonte Unabhängigkeit der Test- von der Entwicklungsmannschaft dann zu achten, wenn die Gefahr von Interessenkonflikten besteht.

Testumgebung
Der Systemtest erfolgt in einem der Zielumgebung des Systems entsprechenden Rahmen, d.h. gleiche Maschinen, gleiches Datenaufkommen usw. Es ist von besonderer Bedeutung, dass Testumgebung und Entwicklungsumgebung getrennt sind, damit ein versehentlicher Zugriff des Tests auf Dateien, Datenbanken oder andere Ressourcen aus der Entwicklungsumgebung vermieden wird.

Der Systemtest wird durch geeignete Werkzeuge unterstützt. In diesem Zusammenhang fällt auf die Werkzeuge zur Automatisierung von Tests eine besondere Bedeutung.

Abnahmetest
Der Abnahmetest erfolgt gegen die Benutzerdokumentation. Er wird gemeinsam mit dem Kunden und unabhängig vom Projekt durchgeführt.

Feldversuch
Für den Feldversuch liegt eine angemessene Anzahl von Installationen vor. Im Feldversuch werden repräsentative Benutzer aus wesentlichen Benutzersegmenten involviert: Unterschiedliche Benutzerprofile sichern die Beurteilung des Durchsatzes und der Verarbeitung von Datenmengen.

Betatest
Betatests, falls sie durchgeführt werden, weisen eine klare Vorgehensweise auf: Ein Betatest sollte lediglich zur Prüfung der Software in Umgebungen eingesetzt werden, die aufgrund ihrer Vielfalt nicht vollständig im Systemtest erfasst oder simuliert werden können. Ein Betatest ist ansonsten keine sinnvolle Qualitätssicherungsmaßnahme, sondern eher ein Hinweis darauf, dass Requirements Engineering und Testphasen nicht systematisch durchgeführt wurden, insbesondere wenn viele Fehlermeldungen und Anforderungsänderungen aus dem Betatest hervorgehen.

7.4 Der Faktor Mitarbeiter

Der Faktor „Mitarbeiter" ist vor allem ein Katalysator. Es ist nicht leicht eine eindeutige Zuordnung von Aspekten, wie z.B. Klima, Kommunikation und Arbeitsumfeld, zu den Verbesserungszielen der Softwareentwicklung vorzunehmen. Es ist aber ersichtlich, dass ohne gleichzeitige Verbesserung dieser Aspekte, also mit einer Verbesserung der Prozesse und Technologien allein, sogar Ziele wie Fehlerreduktion schwer zu erreichen sind.

Ob in einem Unternehmen, einer Organisationseinheit oder in einem Projekt Probleme in diesem Bereich bestehen, lässt sich leicht erkennen. Hier einige Situationen, die unter anderem auch auf Probleme im Bereich „Mitarbeiter" hindeuten:

- Das Verhältnis zwischen der Entwicklung, dem Produktmanagement, der Qualitätssicherung und den Kunden ist angespannt.
- Die Projektmitglieder verhalten sich defensiv oder aggressiv, wenn über aktuelle Schwierigkeiten des Projekts gesprochen wird.
- Es gibt mehrere unterschiedliche oder gar gegenseitige Sichtweisen und Meinungen innerhalb des Projekts über die Projektergebnisse und die Projektdurchführung.
- Die Fluktuationsrate, insbesondere unter Schlüsselpersonen, ist hoch.

In diesem Abschnitt werden, ähnlich wie im vorigen, eine Reihe von Aspekten herausgearbeitet, die Anhaltspunkte für die Suche nach Schwächen und deren Ursachen liefern. Die Auswahl dieser Aspekte beruht auf der Prämisse der erfolgreichen Durchführung von Projekten aus der Sicht des Faktors „Mitarbeiter": ein motiviertes, stabiles Team mit guter Kommunikationsfähigkeit und mit Wissen und Erfahrung über das Produkt, über die Projektführung und über die eingesetzten Technologien.

7.4.1 Qualifikation und Fertigkeit

Es ist festzustellen, ob das Team als Ganzes die technologischen Kompetenzen und die notwendigen Erfahrungen im Anwendungsgebiet erbringt, die für den Erfolg des Projekts notwendig sind: Auswahl von geeigneten Personen mit dem notwendigen technischen und sozialen Fähigkeiten, ihre Einführung in das Projekt und die Planung ihres Einsatzes.

Projektmanagement-Kompetenz
Die Projektleitung hat hohe soziale Kompetenz sowie Fachkompetenz, insbesondere auf den Gebieten Planung, Controlling, Risikomanagement, Qualitätssicherung, Konfigurationsmanagement und Lieferantenmanagement.

Software Engineering-Kompetenz
Das Projekt-Team weist die erforderlichen Kompetenzen auf bezüglich Requirements Engineering, Softwarearchitektur, Design, Programmiersprachen und Paradigmen, Test, CASE-Werkzeuge, Betriebssystem, Datenstrukturen und Algorithmen.

Domänenkompetenz
Je nach der Anwendungsdomäne, der das Projekt zugeordnet ist, werden Kompetenzen auf unterschiedlichen Gebieten benötigt, die vom Projekt-Team erbracht werden. Beispiele solcher Kompetenzfelder sind: Kommunikation & Netzwerke, Client Server & distributed Processing, Datenbanksysteme & File-Systeme, Computer Graphics & Multimedia, System- und Rechnerarchitektur.

Personaleinsatz
Die Zuordnung von Mitarbeitern zu Projektaufgaben erfolgt entsprechend ihrer Profile. Anforderungen an unterschiedliche Rollen sind klar definiert und den ausführenden Mitarbeitern mitgeteilt.

Einarbeitung
Mitarbeiter werden für und vor Übernahme von neuen Verantwortlichkeiten oder Aufgaben vorbereitet.

7.4.2 Motivation und Klima

Es ist herauszufinden, wie die Motivation Einzelner und das allgemeine Klima in Projekten sind, da beide wesentliche Auswirkungen auf die Produktivität und damit auf die Einhaltung der Termine und der Qualität haben.

Identifikation mit dem Projekt
Die Mitarbeiter sind entsprechend ihrer Rollen in das Projekt involviert, halten die Projekttermine für realistisch und Projektergebnisse für erreichbar, vertrauen den eingesetzten Technologien und Prozessen.

Motivation im Team
Es gibt eine gute Zusammenarbeit aller Beteiligten bei der Erarbeitung von Problemlösungen. Jedes Projektmitglied beurteilt die Motivation seiner Kollegen als hoch.

Fluktuation im Projekt
Die Personalfluktuation stellt keinen Störfaktor dar: Das Team ist stabil; die Projektmitglieder, insbesondere die Leistungsträger, verweilen genügend lange im Projekt. Es gibt ferner kein Anzeichen für eine hohe Fluktuation.

Projektspezifische Schulung
Es werden Schulungen organisiert, um das für die Projektarbeit notwendige Wissen zu vermitteln. Die Schulungen werden rechtzeitig geplant und durchgeführt.

Anreizsystem
Es gibt ein Verfahren oder einen Mechanismus zur Belohnung und Motivation von Projektmitarbeitern. Das Anreizsystem, insbesondere im Hinblick auf die Belohnungskriterien und Feedbacks, ist für alle transparent.

7.4.3 Arbeitsumfeld

Es wird untersucht, ob die Arbeitplatzgestaltung eine angemessene Durchführung von Entwicklungsaufgaben gewährleistet und ob sich die Projektmitglieder ohne Ablenkung und Störung auf ihre Arbeit konzentrieren können.

Ausstattung Entwickler-Arbeitsplatz
Arbeitsplätze sind technisch angemessen ausgestattet. Alle notwendigen Hard- und Softwarewerkzeuge stehen zur Verfügung.

Technischer Support
Zur Nutzung von Hardware und von Softwarewerkzeugen, insbesondere zur Nutzung neuer Werkzeuge, gibt es eine ausreichende Unterstützung des Projekts.

Raumgestaltung
Entwickler und Tester können ungestört arbeiten. Sie werden nicht laufend durch Nebensächlichkeiten unterbrochen. Jedem einzelnen Entwickler steht ausreichend Raum zur Verfügung und dem Team insgesamt Möglichkeiten zur Besprechung und informellen Kommunikation.

7.4.4 Kommunikation und Zusammenarbeit

Es wird einerseits untersucht, ob das soziale Umfeld im Projekt eine wirksame wechselseitige Kommunikation unterstützt. Andererseits wird festgestellt, ob die Projektmitglieder die notwendige Kommunikationsfähigkeit zur Koordination ihrer Tätigkeiten aufweisen.

Information über Projektgeschehen
Das Team ist über das Projektgeschehen gut informiert: Jeder Mitarbeiter kennt den Projektplan, die aktuellen Projektstatusberichte, die nächsten Meilensteine und die aktuellen Management-Entscheidungen bezüglich des Projekts.

Sich kennen
Die Projektleiter kennen ihre Mitarbeiter und deren Fähigkeiten. Jeder Mitarbeiter kennt seinerseits die Projektorganisation, den Projektleiter und andere Projektmitglieder, in großen verteilten Projekten zumindest die maßgebenden Mitglieder. Die Mitarbeiter kennen ihre nächsten Vorgesetzten und andere entscheidende Stellen im Unternehmen.

Wechselseitige Kommunikation
Die im Projekt aufgetretenen Kommunikationsprobleme werden behandelt. Das Vorgehen des Managements in der Vergangenheit gibt hier Aufschluss, wie Kommunikationskonflikte gelöst werden.

7.4 Der Faktor Mitarbeiter

Regelmäßigkeit und Wirksamkeit der Besprechungen
Zur Koordination der Aufgaben im Projekt und auf der Führungsebene werden Besprechungen in angemessener Anzahl, Dauer und Regelmäßigkeit abgehalten. Die Besprechungen müssen ein wirksames Koordinationsmittel darstellen.

Zusammenarbeit im Projekt
Die betroffenen Projektmitglieder (Projektleiter, Softwarearchitekt, Entwickler, Tester …) arbeiten wirksam an den Spezifikationen und Lösungsalternativen zusammen.

8 Metrikkatalog

8.1 Einführung

Der Metrikkatalog dient der quantitativen Bewertung des Softwareentwicklungsprozesses, wie sie in Abschnitt 4.3 behandelt wird. Er ist als Nachschlagewerk konzipiert. Er definiert sechs Metrikkategorien und ordnet diesen eine Reihe von Metriken zu (Abb. 8.1). Die im Katalog enthaltenen Metriken sind nach folgenden Prinzipien ausgewählt: Verbreitung in der Softwareentwicklung oder hohe Tauglichkeit für die Praxis, einfache Erhebung oder Berechnung sowie gutes Nutzen/Aufwand-Verhältnis.[5]

Jede Metrik wird so beschrieben, dass sie für sich allein verständlich ist: Querverweise werden weitgehend vermieden, dafür aber eine gewisse Redundanz in Kauf genommen. Jede Metrik wird nach einem festgelegten Schema (Abb. 8.2) beschrieben.

An dieser Stelle werden einige Hinweise gebracht, die bei der Anwendung einer Metrik von allgemeiner Bedeutung sind und in einzelnen Metrikbeschreibungen nicht vorkommen:

- **Messobjekt**
  Die Beschreibung einer Metrik nennt die Messobjekte (Gegenstände der Messung) nicht explizit. Aus der Beschreibung der Metrik geht aber eindeutig hervor, auf welches Objekt die Metrik angewandt werden kann. Als Messobjekte kommen alle Produkte und Zwischenprodukte einer Softwareentwicklung sowie das Projekt als Ganzes in Frage. Als Zwischenprodukt gilt jedes Entwicklungsdokument, welches das Ergebnis einer Entwicklungstätigkeit darstellt. Beispiele sind: Spezifikationen jeder Art, Softwarekomponenten, Programme (Code) und Projektpläne (Testplan, Konfigurationsmanagement-Plan usw.).

  Metriken werden in Projekten angewandt; eine Anwendungsdomäne wird über ihre Projekte gemessen: Eine definierte Metrik wird zunächst auf einzelne Projekte einer Anwendungsdomäne angewandt; die Messergebnisse repräsentativer Projekte werden dann für die Anwendungsdomäne zusammengefasst (in der Regel über die Errechnung des Mittelwerts). Alle Aufwands-, Kosten-, Zeit- und Prozess-Metriken lassen sich auf diese

---

[5] Als Quelle für diesen Metrikkatalog dienten die eigenen Erfahrungen aus zahlreichen Softwareprojekten, Publikationen verschiedener Softwarehersteller zu ihren Metrikprogrammen sowie einschlägige Fachliteratur [siehe z.B. Jones 00; Dumke 00; Florac 97; Ebert 96; Park 96; Sage 95, 176–398; Barnard 94; Paulish 94; Möller 93; Grady 93; Grady 92; IEEE 1209; Jones 91; Mays 90; Asam 86].

Weise für eine Anwendungsdomäne aufbereiten. Welche Aussagen sie dann zur Bewertung der Anwendungsdomäne liefern, kann aus der Beschreibung der jeweiligen Metrik entnommen werden.

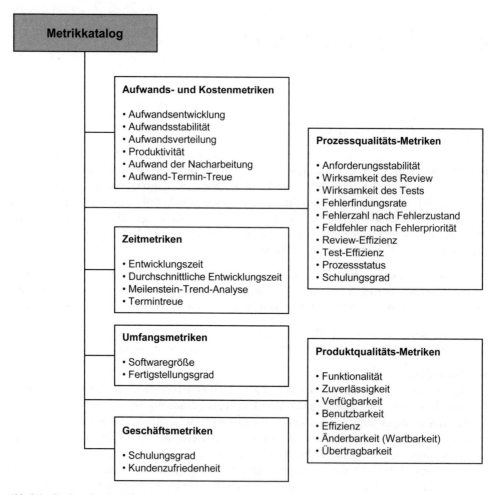

Abb. 8.1 Struktur des Metrikkatalogs

- **Messeinheit**

Metriken können oft unter Anwendung unterschiedlicher Messeinheiten berechnet oder erhoben werden. Die Auswahl der geeigneten Messeinheit hängt von Kriterien, wie der Größe des Projekts oder der erforderlichen Genauigkeit, ab. Im Folgenden wird gezeigt, welche Messeinheiten zu welchem Zweck in diesem Katalog verwendet werden:

Der Entwicklungsaufwand kann in Mitarbeiterstunden, Mitarbeitertagen, Mitarbeiterwochen oder Mitarbeitermonaten angegeben werden. Die Verwendung der Messeinheit Mitarbeiterwoche ist nur bei großen Projekten sinnvoll; die Messeinheit Mitarbeitermonat ist, im Sinne der Messung, oft zu grob. Die Entwicklungszeit wird, entsprechend der zur Angabe von Aufwand verwendeten Messeinheit, angegeben, also in Stunden, Tagen, Wochen oder Monaten. Die Kosten werden in Geldeinheiten ausgedrückt.

Die Objektgröße, d.h. der Umfang eines Entwicklungsdokuments (Anforderungs-, Design-, Testspezifikation, Code usw.), kann in Function Points, Lines of Code, Anzahl von Anforderungen, Class Points oder Seitenzahl angegeben werden. Die Auswahl der Messeinheit hängt allerdings von der Art des Objekts ab: Mit Function Points kann die Größe eines Softwareprojekts als Ganzes (eines Softwareprodukts), aber auch die Größe eines klar abgrenzbaren Teilprojekts (einer Softwarekomponente) angegeben werden; die Größe einzelner Zwischenergebnisse eines Projekts kann nicht wiedergegeben werden. Mit Lines of Code kann sowohl die Gesamtgröße einer Software als auch die Größe einzelner Zwischenprodukte (Module, Komponenten, Teilsysteme) ausgedrückt werden. Auch die Anzahl der Anforderungen oder der Module kann zur Darstellung der Softwaregröße verwendet werden. Die Größe von Softwarespezifikationen kann in Anzahl von Seiten angegeben werden.

- **Verantwortlichkeit**
  Die Metrikbeschreibungen weisen nicht darauf hin, wer für die Datenerhebung und Messung verantwortlich ist. Im Allgemeinen gibt es folgende Regelung: Auf Projektebene ist der Projektleiter dafür verantwortlich, die Primärdaten zu erfassen, zu verdichten und zur Anwendung bereitzustellen. Auf der Ebene der Anwendungsdomäne ist eine Person oder Stelle dafür verantwortlich, die aus den Projekten gelieferten Messergebnisse für die Anwendungsdomäne zusammenzufassen.

Definition	Die Metrik wird anhand einer Formel oder eines Diagramms definiert.
Interpretation / Nutzen	Die wesentlichen Aussagen und der wesentliche Nutzen der Metrik für die Entscheidungsfindung werden gezeigt.
Datenquelle	Es wird angegeben, wo die zur Berechung oder Erhebung der Metrik erforderlichen Daten (Primärdaten) zu finden sind.
Datensammlung	Es wird angegeben, zu welchem Zeitpunkt die benötigten Daten (Primärdaten) zu sammeln sind.
Auswertung	Der Zeitpunkt für die Erhebung und Auswertung der Metrik wird angegeben.
Anmerkung	Gegebenenfalls werden Hinweise zur Definition oder Verwendung der Metrik gegeben.
Verwandte Metrik	Metriken, die eng mit der beschriebenen Metrik verwandt sind, d.h. auf dem gleichen Weg ermittelt und interpretiert werden können, werden hier definiert.

Abb. 8.2 Inhalte einer Metrikbeschreibung

8.2 Aufwands- und Kostenmetriken

Aufwandsverlauf

Definition	Der seit Beginn des Projekts erbrachte Aufwand wird auf einer Zeitachse in kumulierter Form eingetragen.
	Neben dem Verlauf des Ist-Aufwands kann auch der Verlauf des geplanten Aufwands dargestellt werden:
	[Diagramm: Aufwand in Mitarbeiterstunden (0–4500) über Jan 02 bis Aug 02, mit Kurven für Ist-Aufwand und geplanter Aufwand]
Interpretation / Nutzen	Die Metrik dient der Kontrolle des erbrachten und/oder des geplanten Projektaufwands im Zeitverlauf.
	Durch Vergleich des Ist- mit dem Plan-Aufwand und unter Zuhilfenahme von anderen Metriken können Schlüsse über die Qualität der Planung und Verfügbarkeit des Personals gezogen werden (kann der geplante Aufwand tatsächlich erbracht werden?). Der Vergleich kann auch Anlass zur Prüfung geben, ob das Personal über geeignetes Wissen und geeignete Fertigkeiten verfügt.
Datenquelle	Ist-Daten: Kontierungslisten, Zeiterfassungen, Projektpläne
	Plan-Daten: Aufwandsplan, Terminplan, Meilensteinplan
	Bei fehlender Daten: Gedächtnis der Projektmitglieder
Datensammlung	Laufend
Auswertung	Laufend
Anmerkung	

8.2 Aufwands- und Kostenmetriken

Verwandte Metrik	**Aufwand-Meilenstein-Diagramm**

Aufwand-Meilenstein-Diagramm

Auf der Zeitachse können zusätzlich die Projektmeilensteine gekennzeichnet werden. Dann ist eine Aufwandskontrolle zu den Meilensteinen möglich (aufwandsbezogene Darstellung des Projektsfortschritts).

Die Metrik kann sowohl für den geplanten Aufwand und Termin als auch für den Ist-Aufwand und -Termin erstellt werden.

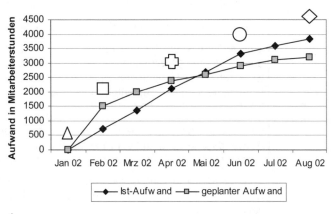

△ Projekt-Start
☐ Ende Planung
✢ Ende Entwurf
◯ Ende Implementierung
◇ Ende Integration und Systemtest

Kostenverlauf

Ergibt die Multiplikation des Aufwands mit dem Stundensatz nicht den wesentlichen Projektkostenanteil, d.h. sind die Reisekosten, Rechnerkosten usw. beachtlich, dann ist es sinnvoll, ähnlich wie beim Aufwandsverlauf, auch den Kostenverlauf zu ermitteln und zu verfolgen.

Aufwandsstabilität

Definition	Die Aufwandsstabilität zeigt die Änderung des Aufwands gegenüber dem aktuellen Plan: $$Aufwandsstabilität = \frac{IstAufwand}{GeplanterAufwand}$$ Ist-Aufwand: Tatsächlicher Aufwand zu bestimmten Meilensteinen und zum Projektende Geplanter Aufwand: Aufwand aus dem aktuellen Projektplan Eine Aufwandsstabilität von 1 bedeutet, dass der tatsächliche Aufwand dem geplanten (geschätzten) Aufwand entspricht (Aufwand ist stabil). Eine Aufwandsstabilität >1 oder <1 deutet auf eine Überschreitung bzw. Unterschreitung des geplanten Aufwands hin.
Interpretation / Nutzen	Die Aufwandsstabilität dient der Aufwandskontrolle. Sie zeigt, ob der vereinbarte Aufwand eingehalten wird. Sie zeigt ferner die Qualität der Aufwandsschätzung und der Projektplanung, vorausgesetzt die Anforderungen sind stabil (siehe Metrik Anforderungsstabilität). Wird die Metrik für eine Anwendungsdomäne ermittelt, dann kann sie zur allgemeinen Beurteilung der Planungsqualität in der Anwendungsdomäne verwendet werden.
Datenquelle	Ist-Aufwand: Kontierungslisten, Zeiterfassungen, Projektpläne Geplanter Aufwand: Projektpläne, Protokolle der Aufwandsschätzungen, sonstige Projektdokumente Bei fehlender Datenerfassung: Gedächtnis der Projektmitglieder
Datensammlung	Laufend
Auswertung	Zum Projektende, bei definierten Meilensteinen
Anmerkung	
Verwandte Metrik	**Aufwandsstabilität im Zeitverlauf:** Muss der Aufwand im Projektverlauf aufgrund von geänderten Anforderungen oder Rahmenbedingungen oft neu geplant werden, so ist es sinnvoll die Aufwandsstabilität im Zeitverlauf zu betrachten. Hierzu muss vor *jeder* Neuplanung des Aufwands die aktuelle Aufwandsstabilität ermittelt und festgehalten werden. **Kostenstabilität:** Auf dem gleichen Weg kann die Stabilität der Kosten ermittelt und bewertet werden: $$Kostenstabilität = \frac{TatsächlicheKosten}{GeplanteKosten}$$

Aufwandsverteilung

Definition	Der Gesamtaufwand des Projekts wird prozentual auf die Entwicklungsphasen verteilt. 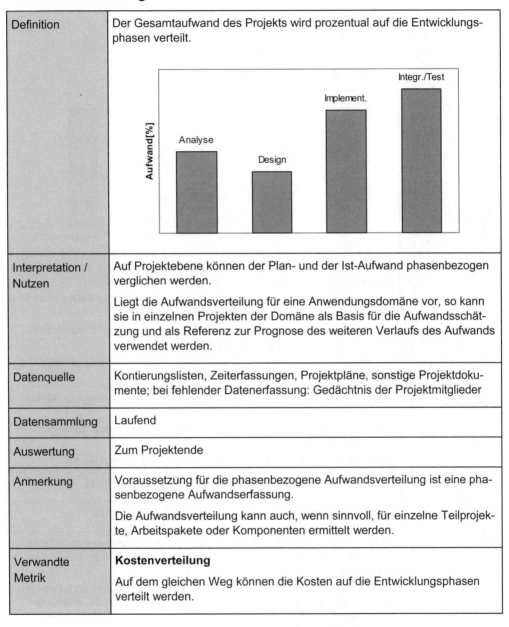
Interpretation / Nutzen	Auf Projektebene können der Plan- und der Ist-Aufwand phasenbezogen verglichen werden. Liegt die Aufwandsverteilung für eine Anwendungsdomäne vor, so kann sie in einzelnen Projekten der Domäne als Basis für die Aufwandsschätzung und als Referenz zur Prognose des weiteren Verlaufs des Aufwands verwendet werden.
Datenquelle	Kontierungslisten, Zeiterfassungen, Projektpläne, sonstige Projektdokumente; bei fehlender Datenerfassung: Gedächtnis der Projektmitglieder
Datensammlung	Laufend
Auswertung	Zum Projektende
Anmerkung	Voraussetzung für die phasenbezogene Aufwandsverteilung ist eine phasenbezogene Aufwandserfassung. Die Aufwandsverteilung kann auch, wenn sinnvoll, für einzelne Teilprojekte, Arbeitspakete oder Komponenten ermittelt werden.
Verwandte Metrik	**Kostenverteilung** Auf dem gleichen Weg können die Kosten auf die Entwicklungsphasen verteilt werden.

Produktivität

Definition	$$Produktivität = \frac{Objektgröße}{Aufwand}$$ Objekte können Codeteile oder Spezifikationen sein. *[Balkendiagramm: Lines of Code pro Mitarbeitermonat für Projekt1 (~900), Projekt2 (~700), Projekt3 (~1300), Projekt4 (~1400)]*
Interpretation / Nutzen	Der Einfluss von Änderungen des Entwicklungsprozesses oder der Werkzeuganwendung auf die Produktivität kann analysiert werden. Produktivitätsmessungen (und insbesondere domänespezifische Produktivitätskurven) dienen der Aufwandsschätzung. Benchmarking: Ähnliche Projekte (Projekte einer Anwendungsdomäne) können miteinander verglichen werden. Der Produktivitätstrend ist auch ein Indikator dafür, ob die Organisationseinheit sich im Laufe der Zeit verbessert.
Datenquelle	Objektgröße: Konfigurationsmanagement-Bibliothek, Entwicklungsdokumente Aufwand: Kontierungslisten, Zeiterfassungen, Projektpläne, sonstige Projektdokumente Bei fehlender Datenerfassung: Gedächtnis der Projektmitglieder
Datensammlung	Zum Projektende (bzw. nach der Fertigstellung des Objekts)
Auswertung	Zum Projektende (bzw. nach der Fertigstellung des Objekts)
Anmerkung	Beim direkten Vergleich von Projekten kann diese Metrik nur dann sinnvoll interpretiert werden, wenn sie zusammen mit Qualitätsmetriken betrachtet wird. Die Metrik darf nur zu Vergleichs- und Schätzzwecken verwendet werden. Insbesondere darf sie nicht zur Beurteilung der Produktivität einzelner Entwickler verwendet werden, denn sie berücksichtigt nicht die vielen Facetten der Entwicklungsarbeit.
Verwandte Metrik	

Relativer Aufwand der Nacharbeitung (Relativer Aufwand des Rework)

Definition	Die Nacharbeitung umfasst alle Entwicklungsarbeiten, die nach einer Fehlerfindung anfallen (das ist eine mögliche Definition der Nacharbeitung, siehe auch unter Anmerkung). Der Nacharbeitungsaufwand ist dementsprechend die Summe aller Aufwände, die zur Bereinigung von Fehlleistungen erbracht werden, im Wesentlichen: Aufwand der Fehlerbehebung und Aufwand der nach Fehlerbehebung notwendigen erneuten Reviews und Tests. $$RelativerNacharbeitungsaufwand = \frac{\sum AufwandDerFehlerbehebung}{Objektgröße} + \frac{\sum ReviewaufwandInfolgeFehlerbehebung}{Objektgröße} + \frac{\sum TestaufwandInfolgeFehlerbehebung}{Objektgröße}$$ Die Objektgröße kann durch unterschiedliche Einheiten, wie etwa Function Points, Lines of Code oder Anzahl Seiten dargestellt werden.
Interpretation / Nutzen	Der zur Bereinigung der Fehlleistungen erbrachte Aufwand kann anhand dieser Metrik analysiert werden. Das Ausmaß der Fehlleistungen kann allerdings dann beurteilt werden, wenn das Verhältnis des Nacharbeitungsaufwands zum Gesamtaufwand berücksichtigt wird. Die Aussagekraft der Metrik steigt, wenn sie zusammen mit Fehlermetriken betrachtet wird.
Datenquelle	Objektgröße: Konfigurationsmanagement-Bibliothek, Entwicklungsdokumente Aufwand: Kontierungslisten, Zeiterfassungen, Projektpläne, Review- und Testprotokolle Bei fehlender Datenerfassung: Gedächtnis der Projektmitglieder
Datensammlung	Laufend
Auswertung	Zum Projektende

Anmerkung	Eine wesentliche Voraussetzung für die Anwendung dieser Metrik ist eine genaue Definition, welche Projektarbeiten als reine Entwicklungsarbeiten und welche als Nacharbeitung zu sehen sind; wichtiger als die Definition selbst ist ihre einheitliche Anwendung in allen Projekten. Ferner muss der Anteil des Nacharbeitungsaufwands an dem Gesamtaufwand klar ersichtlich sein, mit anderen Worten eine getrennte Erfassung des Nacharbeitungsaufwands ist erforderlich.
Verwandte Metrik	**Relativer Nacharbeitungsaufwand im ersten Jahr des Einsatzes** Zur Betrachtung des Aufwands, der infolge der Behebung der von Kunden gemeldeten Fehler anfällt, kann folgende Metrik verwendet werden (die Metrik kann in Verbindung mit Fehlermetriken zur Beurteilung der Softwarequalität dienen): $$RelativerNacharbeitungsaufwandImErstenEinsatzjahr =$$ $$\frac{\sum AufwandDerFehlerbehebungImErstenEinsatzjahr}{Objektgröße} +$$ $$\frac{\sum ReviewaufwandInfolgeFehlerbehebung}{Objektgröße} +$$ $$\frac{\sum TestaufwandInfolgeFehlerbehebung}{Objektgröße}$$ **Relativer Gesamtaufwand der Nacharbeitung** Der relative Gesamtaufwand der Nacharbeitung ergibt sich aus der Summe des relativen Nacharbeitungsaufwands bis zur Freigabe der Software und des relativen Nacharbeitungsaufwands im ersten Jahr des Einsatzes. **Relative Kosten der Nacharbeitung** Auf dem gleichen Weg können die Fehlleistungskosten ermittelt werden.

8.2 Aufwands- und Kostenmetriken

Aufwand-Termin-Treue

Definition	Aufwand-Termin-Treue ist ein Plan-Ist-Soll-Vergleich zur Beurteilung voraussichtlicher Aufwände und Termine. 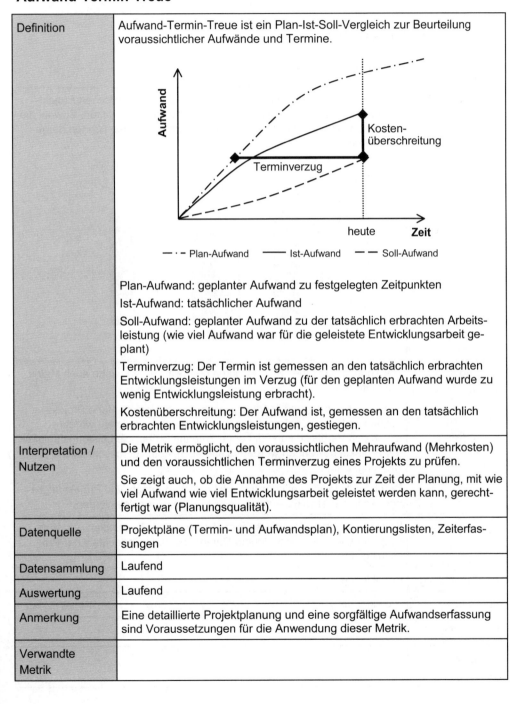 Plan-Aufwand: geplanter Aufwand zu festgelegten Zeitpunkten Ist-Aufwand: tatsächlicher Aufwand Soll-Aufwand: geplanter Aufwand zu der tatsächlich erbrachten Arbeitsleistung (wie viel Aufwand war für die geleistete Entwicklungsarbeit geplant) Terminverzug: Der Termin ist gemessen an den tatsächlich erbrachten Entwicklungsleistungen im Verzug (für den geplanten Aufwand wurde zu wenig Entwicklungsleistung erbracht). Kostenüberschreitung: Der Aufwand ist, gemessen an den tatsächlich erbrachten Entwicklungsleistungen, gestiegen.
Interpretation / Nutzen	Die Metrik ermöglicht, den voraussichtlichen Mehraufwand (Mehrkosten) und den voraussichtlichen Terminverzug eines Projekts zu prüfen. Sie zeigt auch, ob die Annahme des Projekts zur Zeit der Planung, mit wie viel Aufwand wie viel Entwicklungsarbeit geleistet werden kann, gerechtfertigt war (Planungsqualität).
Datenquelle	Projektpläne (Termin- und Aufwandsplan), Kontierungslisten, Zeiterfassungen
Datensammlung	Laufend
Auswertung	Laufend
Anmerkung	Eine detaillierte Projektplanung und eine sorgfältige Aufwandserfassung sind Voraussetzungen für die Anwendung dieser Metrik.
Verwandte Metrik	

8.3 Zeitmetriken

Entwicklungszeit (Durchlaufzeit)

Definition	Die Entwicklungszeit (Durchlaufzeit) ist der Zeitraum zwischen Projektstart und Projektende (Ende der Entwicklung) in Zeiteinheiten. Sowohl die geplanten als auch die tatsächlichen Entwicklungszeiten können dargestellt werden.
Interpretation / Nutzen	Die Termintreue eines Projekts kann beurteilt werden (siehe auch Metrik Termintreue). Der eigentliche Nutzen liegt im Benchmarking: Verschiedene Projekte können im Hinblick auf geplante und Ist-Laufzeit verglichen werden. Durch den Vergleich kann die erste Erkenntnis über die Leistungsfähigkeit der Projekte gewonnen werden (siehe auch Metrik durchschnittliche Entwicklungszeit). Durch Multiplikation mit der durchschnittlichen Anzahl von Projektmitgliedern kann der etwaige Aufwand eines Projekts ermittelt werden.
Datenquelle	Kontierungslisten, Zeiterfassungen, Projektpläne, Terminplan, sonstige Projektdokumente; bei fehlender Datenerfassung: Gedächtnis der Projektmitglieder
Datensammlung	Projektende
Auswertung	Projektende
Anmerkung	
Verwandte Metrik	

8.3 Zeitmetriken

Durchschnittliche Entwicklungszeit (Durchschnittliche Durchlaufzeit)

Definition	$$DurchschnittlicheEntwicklungszeit = \frac{\sum Entwicklungszeiten}{AnzahlDerProjekte}$$ Die Entwicklungszeit (Durchlaufzeit) ist der Zeitraum zwischen Projektstart und Ende der Entwicklung in Zeiteinheiten (z.B. in Monaten). Sind die Projekte von unterschiedlicher Größe, dann ist die durchschnittliche Entwicklungszeit für Projekte ähnlicher Größe separat zu ermitteln. So können ähnlich große Projekte miteinander verglichen werden. Die Entwicklung dieser Metrik wird im Zeitverlauf dargestellt: *[Diagramm: Monate über Jahre 1998–2002, Linien für Kleine Projekte, Mittlere Projekte, Große Projekte]*
Interpretation / Nutzen	Die Metrik zeigt, wie viel Zeit die Entwicklung eines Projekts aus der betrachteten Anwendungsdomäne durchschnittlich in Anspruch nimmt. Sie dient als Grundlage für Schätzungen. Die Metrik kann auch für Benchmarking verwendet werden: Die Entwicklungszeit eines Projekts kann mit der durchschnittlichen Entwicklungszeit verglichen werden, die für die Projekte der Anwendungsdomäne vorliegt. Ferner besteht die Möglichkeit, die durchschnittliche Entwicklungszeit von Anwendungsdomänen verschiedener Unternehmen miteinander zu vergleichen.
Datenquelle	Kontierungslisten, Zeiterfassungen, Terminplan, sonstige Projektdokumente; bei fehlender Datenerfassung: Gedächtnis der Projektmitglieder
Datensammlung	Projektende
Auswertung	Jährlich
Anmerkung	
Verwandte Metrik	

Meilenstein-Trend-Analyse

Definition	Meilenstein-Trend-Analyse ist ein Plan-Plan-Vergleich und dient zur Darstellung der terminlichen Entwicklung der Meilensteine im Projekt. Die Meilenstein-Trend-Analyse erfolgt in einem Dreieckdiagramm, in dem die Meilensteintermine den Kontrollzeitpunkten gegenübergestellt werden. Der horizontale Verlauf einer Trendlinie besagt, dass der betreffende Meilenstein im Zeitplan liegt. Ein Anstieg der Trendlinien deutet auf einen Terminverzug; eine fallende Trendlinie zeigt, dass der Meilenstein früher erreicht wird als geplant. 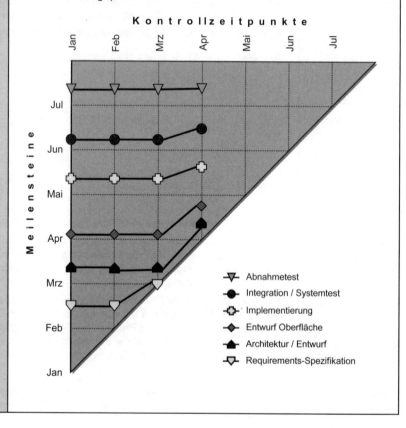

8.3 Zeitmetriken

Interpretation / Nutzen	Meilenstein-Trend-Analyse dient der Terminverfolgung, visualisiert den Projektverlauf und zeigt, ob das Projekt Terminprobleme hat bzw. haben wird. Terminverzüge einzelner Meilensteine und ihre Auswirkungen auf die folgenden Meilensteine werden klar veranschaulicht. Meilenstein-Termin-Analyse ist ferner ein Indikator für die Qualität der Terminplanung. Die Metrik gewährt in Verbindung mit den Aufwandsmetriken einen Überblick über die Aufwands- und Terminsituation eines Projekts.
Datenquelle	Projektpläne
Datensammlung	Laufend (zu den festgelegten Kontrollzeitpunkten)
Auswertung	Laufend (zu den festgelegten Kontrollzeitpunkten)
Anmerkung	
Verwandte Metrik	**Aufwand-Trend-Analyse / Kosten-Trend-Analyse** Beide Metriken werden ähnlich wie die Meilenstein-Trend-Analyse ermittelt. Sie zeigen die Aufwands- bzw. Kostensituation eines Projekts bezogen auf einzelne Meilensteine.

Termintreue

Definition	Die Termintreue zeigt die Änderung der Projektlaufzeit gegenüber dem aktuellen Plan in Tagen: $$Termintreue = \frac{IstLaufzeit}{PlanLaufzeit}$$ Die Laufzeit wird vom Zeitpunkt des Projektstarts an gemessen. Bei langlaufenden oder großen Projekten können die Laufzeiten in Wochen oder Monaten ausgedrückt werden.
Interpretation / Nutzen	Die Termintreue dient der Terminkontrolle und zeigt, ob der mit dem Auftraggeber vereinbarte Termin eingehalten wird. Sie zeigt ferner die Qualität der Terminplanung, vorausgesetzt die Anforderungen sind stabil (siehe Metrik Anforderungsstabilität). Wird die Metrik für eine Anwendungsdomäne ermittelt, dann kann sie zur allgemeinen Beurteilung der Planungsqualität in der Anwendungsdomäne verwendet werden.
Datenquelle	Zeiterfassungen, Projektpläne, Personaleinsatzpläne, sonstige Projektdokumente; bei fehlender Datenerfassung: Gedächtnis der Projektmitglieder
Datensammlung	Laufend
Auswertung	Bei definierten Meilensteinen und zum Projektende.
Anmerkung	
Verwandte Metrik	**Termintreue im Zeitverlauf** Muss die Laufzeit des Projekts aufgrund von geänderten Anforderungen oder Rahmenbedingungen oft aktualisiert werden, dann ist es sinnvoll die Termintreue im Zeitverlauf zu betrachten. Hierzu muss vor *jeder* Aktualisierung des Terminplans die aktuelle Termintreue ermittelt und festgehalten werden.

8.4 Umfangsmetriken

Softwaregröße

Definition	Die Größe des Codes, des wiederverwendeten Codes, des neuen Codes oder des in Folge der Fehlerbehebung geänderten Codes wird gemessen. Gängige Messeinheiten sind: Lines of Code, Function Points, Class Points, Anzahl der Anforderungen oder Anzahl der Module.
Interpretation / Nutzen	Die Softwaregröße vergangener Projekte kann als Basis zur Schätzung der Softwaregröße und damit des Aufwands künftiger Projekte der Anwendungsdomäne verwendet werden.
	Größenmessungen können nur im Vergleich sinnvoll interpretiert werden. Beispielsweise kann während des Systemtests Folgendes festgestellt werden: Die steigende Anzahl geänderter Lines of Code weist darauf hin, dass die Entwickler an der Fehlerbehebung arbeiten. Die steigende Anzahl neuer Lines of Code hingegen zeigt, dass die Entwickler noch neue Funktionen implementieren; die Implementierung war nicht abgeschlossen (es darf in der Regel nicht vorkommen, dass während des Systemtests eine große Menge an neuen Codes erstellt wird).
Datenquelle	Konfigurationsmanagement-Bibliothek
Datensammlung	Laufend
Auswertung	Laufend
Anmerkung	Softwaregröße ist keine aussagekräftige Metrik; Softwaregrößen sind eher Primärdaten für andere Metriken.
	Eine konsequente Messung der Softwaregröße unter Anwendung von Lines of Code ist dann gewährleistet, wenn bestimmte Voraussetzungen erfüllt sind: Der Code kann klar ausgemacht werden (es gibt eine genaue Definition, was eine Line of Code ist), gewisse Programmierkonventionen werden von den Entwicklern eingehalten und geeignete Messwerkzeuge sind vorhanden.
	Wird die Anzahl der Anforderungen oder die Anzahl der Module zur Darstellung der Softwaregröße verwendet, dann ist zu beachten, dass die Anforderungen unterschiedliche Realisierungsumfänge und die Module unterschiedliche Größen implizieren können.
Verwandte Metrik	Der Umfang anderer Ergebnisse der Softwareentwicklung (Spezifikationen, Pläne) kann auf ähnlichem Weg gemessen werden. Beispielsweise kann der Umfang von Softwarespezifikationen über Anzahl von Seiten und der von Testspezifikationen über Anzahl von Testfällen ausgedrückt werden.

Fertigstellungsgrad (Fortschrittskontrolle)

Definition	Der Fertigstellungsgrad wird über einen Vergleich der tatsächlichen Werte mit den Planwerten ermittelt. Mit dieser Metrik kann die Fertigstellung jedes Entwicklungsergebnisses oder jeder Entwicklungsarbeit im Projektverlauf beurteilt werden, dessen Umfang anhand einer Messeinheit ausgedrückt werden kann (siehe auch Metrik Softwaregröße). Beispielsweise kann der Fertigstellungsgrad einer Softwarekomponente anhand implementierter Lines of Code, einer Anforderungsspezifikation anhand Anzahl spezifizierter Anforderungen und eines Funktionstests anhand Anzahl durchlaufener Testfälle dargestellt werden.
	Diagramm: Planverlauf und Ist-Verlauf über die Zeit, mit Markierung "heute"
Interpretation / Nutzen	Die Metrik zeigt die tatsächlich erbrachten Leistungen; mit anderen Worten, sie zeigt, wie viele Entwicklungsarbeiten bereits abgeschlossen sind. Sie ermöglicht damit einen Überblick über den Projektfortschritt. Die Differenz zwischen der tatsächlichen und der geplanten Fertigstellung ist ein Indiz für Plantreue. Je nachdem wie stark die Abweichung des Ist- vom Planverlauf ist, muss der betroffene Plan überarbeitet werden.
Datenquelle	Ist-Daten: Konfigurationsmanagement-Bibliothek, Entwicklungsdokumente Plan-Daten: Projektpläne, Protokolle der Aufwandsschätzungen
Datensammlung	Laufend
Auswertung	Laufend
Anmerkung	
Verwandte Metrik	

8.5 Prozessqualitäts-Metriken

Anforderungsstabilität

Definition	Die Anforderungsstabilität zeigt den Umfang der Anforderungsänderungen (Change Requests) gegenüber den ursprünglich, also zum Zeitpunkt der Projektvereinbarung bzw. des Vertragsabschlusses, an ein Projekt gestellten Anforderungen. Der Umfang der Anforderungsänderungen kann mittels Function Points, Lines of Code oder Höhe des erforderlichen Aufwands (in Mitarbeiterstunden) dargestellt werden. *[Diagramm: Anforderungsumfang [FP] von Jan 03 bis Jul 03 mit Legende: Anforderungen von ... FPs hinzugekommen; Anforderungen von ... FPs zurückgenommen; Zum Projektstart vereinbarter Umfang; Anforderungsumfang insgesamt]* Die Definition nimmt an, dass jede Anforderungsänderung entweder einen Zuwachs oder einen Rückgang des Anforderungsumfangs bedeutet.
Interpretation / Nutzen	Der Status der Anforderungen kann jederzeit und für alle Beteiligten transparent dargestellt werden. Die Anforderungsstabilität zeigt die Qualität des Requirements Engineering. Sie ist ferner ein Indikator für eventuelle Termin- und Aufwandsprobleme infolge von Anforderungsänderungen. Eine sinnvolle Interpretation vieler Aufwands-, Kosten- und Termin-Metriken ist erst in Verbindung mit der Anforderungsstabilität möglich.
Datenquelle	Anforderungsspezifikationen; Aufwandschätzungen, die zum Projektbeginn oder während der Analyse der eingetroffenen Anforderungsänderungen gemacht werden.

Datensammlung	Laufend
Auswertung	Sinnvollerweise monatlich
Anmerkung	Die Metrik kann auch phasenbezogen definiert werden. Dann gibt sie Antwort auf die Frage, in welcher Projektphase die meisten oder die wenigsten Anforderungsänderungen getätigt wurden. In der Metrikdefinition kann zusätzlich die Quelle der Anforderungsänderung einbezogen werden, dann zeigt die Metrik den Umfang der von Kunden veranlassten und der vom Projekt selbst (intern) veranlassten Anforderungsänderungen.
Verwandte Metrik	**Anforderungsstabilität nach Anzahl der Anforderungsänderungen** Die Anforderungsstabilität zeigt in diesem Fall die Anzahl der Anforderungsänderungen gegenüber der Anzahl der ursprünglich an ein Projekt gestellten Anforderungen. Die anzahlbezogene Darstellung der Anforderungsstabilität sagt wenig über das Ausmaß der Anforderungsänderungen aus, zeigt aber, ob Turbulenzen im Projekt bestehen.

Wirksamkeit des Review bei der Fehlerfindung

Definition	$WirksamkeitDesReviewsBeiDerFehlerfindung =$ $$\frac{AnzahlImReviewGefundenerFehler}{PrognostizierteGesamtfehlerzahl}$$ Bei der Anzahl der gefundenen Fehler handelt es sich um die Fehler, die im Rahmen eines Reviews oder einer statischen Analyse entdeckt werden.
Interpretation / Nutzen	Die Wirksamkeit des erfolgten Reviews oder der erfolgten statischen Analyse wird bewertet. Die Metrik kann als Ende-Kriterium verwendet werden: Sobald eine vordefinierte Wirksamkeit erreicht wird, wird der Review oder die statische Analyse beendet. Wird die Metrik für eine Anwendungsdomäne ermittelt, dann kann sie zur allgemeinen Beurteilung der Planungsqualität in der Anwendungsdomäne verwendet werden.
Datenquelle	Review-Protokolle, Protokolle der statischen Analysen, Prognosedaten
Datensammlung	Nach Abschluss eines Reviews oder einer statischen Analyse; als Ende-Kriterium: laufend während des Reviews oder während der statischen Analyse
Auswertung	Nach Abschluss eines Reviews oder einer statischen Analyse; als Ende-Kriterium: laufend während des Reviews oder während der statischen Analyse
Anmerkung	Um die Gesamtfehlerzahl prognostizieren zu können, müssen Daten darüber vorliegen, mit wie vielen Fehlern pro Objektgröße (gemessen in Function Points, Lines of Code oder Anzahl Seiten) durchschnittlich zu rechnen ist. Die Qualität der Metrik korreliert stark mit der Qualität der prognostizierten Gesamtfehlerzahl. Da während der Reviews und der statischen Analysen sowohl inhaltliche als auch formale Fehler gefunden werden, ist es sinnvoll, die Wirksamkeit der Fehlerfindung bezüglich inhaltlicher und formaler Fehler getrennt zu ermitteln. So kann die Wirksamkeit der Fehlerfindung besser eingeschätzt werden.
Verwandte Metrik	

Wirksamkeit des Tests bei der Fehlerfindung

Definition	$$WirksamkeitDesTestsBeiDerFehlerfindung = \frac{AnzahlImTestGefundenerFehler}{PrognostizierteGesamtfehlerzahl}$$ Bei der Anzahl der gefundenen Fehler handelt es sich um die Fehler, die im Rahmen eines Tests (Modul-, Integrations-, System-, Abnahme- oder Regressionstest) entdeckt werden.
Interpretation / Nutzen	Die Wirksamkeit des erfolgten Tests wird bewertet. Die Metrik kann als Testendekriterium verwendet werden: Sobald eine vordefinierte Wirksamkeit erreicht wird, wird der Test beendet. Die Metrik kann über alle erfolgten Tests ermittelt werden (Wirksamkeit des Testens im Projekt). Sie erlaubt jedoch nur dann eine differenzierte Bewertung, wenn sie für die einzelnen Tests (Modul-, Integrations-, System-, Abnahme- oder Regressionstest) getrennt ermittelt wird. Wird die Metrik für eine Anwendungsdomäne ermittelt, dann kann sie zur allgemeinen Beurteilung der Qualitätssicherung in der Anwendungsdomäne verwendet werden.
Datenquelle	Testprotokolle, Prognosedaten
Datensammlung	Nach Abschluss eines Tests; als Testendekriterium: laufend im Test
Auswertung	Nach Abschluss eines Tests; als Testendekriterium: laufend im Test
Anmerkung	Um die Gesamtfehlerzahl prognostizieren zu können, müssen Daten darüber vorliegen, mit wie vielen Fehlern pro Objektgröße (gemessen in Function Points, Lines of Code oder Anzahl Anforderungen) durchschnittlich zu rechnen ist. Die Qualität der Metrik korreliert stark mit der Qualität der prognostizierten Gesamtfehlerzahl.
Verwandte Metrik	

Fehlerfindungsrate

Definition	$$Fehlerfindungsrate = \frac{AnzahlGefundenerFehler}{Objektgröße}$$ Bei der Anzahl der gefundenen Fehler handelt es sich um die Fehler, die im Rahmen eines Reviews, einer statischen Analyse oder eines Tests (Modul-, Integrations-, System-, Abnahme- oder Regressionstests) entdeckt werden. Als Objekt kommt ein Entwicklungsergebnis (Programm oder Spezifikation) in Frage. Es gibt verschiedene Möglichkeiten, die Objektgröße darzustellen: Function Points, Lines of Code und Anzahl Seiten.
Interpretation / Nutzen	Die Fehlerfindungsrate ist ein Indikator dafür, ob weitere Prüfschritte notwendig sind oder ob nicht. Allerdings gewinnt die Metrik an Aussagekraft, wenn sie zusammen mit den Metriken Fehlerprofil, Review-Effizienz, Testeffizienz und Intensität der Fehlerfindung betrachtet wird. Wird die Metrik für eine Anwendungsdomäne ermittelt, dann kann sie zur allgemeinen Beurteilung der Qualitätssicherung in der Anwendungsdomäne verwendet werden.
Datenquelle	Fehlerzahl: Review- und Testprotokolle Objektgröße: Konfigurationsmanagement-Bibliothek, Entwicklungsdokumente
Datensammlung	Nach jedem Review, jeder statischen Analyse oder jedem Test
Auswertung	Nach jedem Review, jeder statischen Analyse oder jedem Test
Anmerkung	Da während der Reviews und statischen Analysen sowohl inhaltliche als auch formale Fehler gefunden werden, ist es sinnvoll die Fehlerfindungsrate bezüglich inhaltlicher und formaler Fehler getrennt zu ermitteln, so kann die Fehlerfindungsrate besser eingeschätzt werden. Diese Unterscheidung muss nicht gemacht werden, wenn die Fehlerfindungsrate für einen dynamischen Test ermittelt wird, da in einem dynamischen Test ohnehin nur nach inhaltlichen Fehlern gesucht wird.

Verwandte Metrik	**Fehlerfindungsrate je Prüfschritt** Die Fehlerfindungsrate kann für jeden Prüfschritt einzeln ermittelt und dargestellt werden. Dadurch wird das Profil der Fehlerfindung sichtbar gemacht. Fehlerprofil der Reviews: 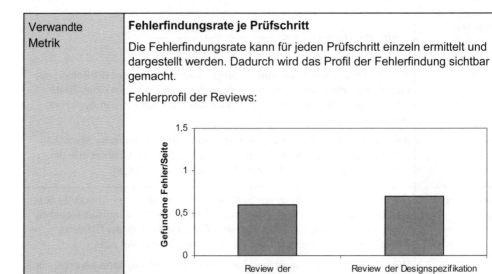 Fehlerprofil der Tests: 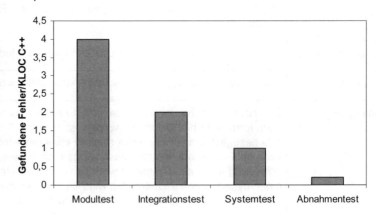

Fehlerzahl klassifiziert nach Fehlerzustand

Definition	Die zeitliche Entwicklung der Anzahl von im Test (Integrations- und Systemtest) gefundenen Fehlern wird dargestellt. Neben der Entwicklung der Gesamtfehlerzahl ist die Darstellung der Anzahl der Fehler folgender Zustände besonders sinnvoll: Anzahl neuer Fehler, Anzahl behobener Fehler und Anzahl offener Fehler (Fehler, deren Behebung noch nicht abgeschlossen ist). 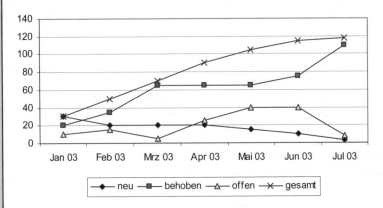 Die Anzahl der gesamten, der behobenen und der offenen Fehler wird kumulativ dargestellt.
Interpretation / Nutzen	Der Fortschritt und die Wirksamkeit der Fehlerfindung und Fehlerbehebung im Testprozess bzw. während des Systemeinsatzes können bewertet werden. Wird neben der Anzahl offener Fehler auch erfasst, wie lange eine Fehlermeldung im Zustand „offen" durchschnittlich verweilt, dann kann die Wirksamkeit der Fehlerbehebung genauer bewertet werden. Die Metrik kann als Testendekriterium im Integrations- und Systemtest verwendet werden: Wenn die Kurve der Gesamtfehlerzahl nicht mehr steigt, d.h. wenn keine neuen Fehler mehr gefunden werden, dann kann der Test beendet werden.

Datenquelle	Testprotokolle, Fehler- und Problemmeldungen aus dem Fehlererfassungswerkzeug oder einer vergleichbaren Einrichtung
Datensammlung	Laufend
Auswertung	Periodisch (sinnvollerweise monatlich); als Testendekriterium: laufend im Test
Anmerkung	Die Voraussetzung für die Anwendung dieser Metrik ist die Existenz eines Lebenszyklusmodells für Fehler. Ein solches Modell definiert etwa folgende Zustände eines Fehlers: neu, offen, in Bearbeitung, behoben, geprüft, abgeschlossen. Die Metrik kann alle Fehler ab Softwareintegration erfassen, d.h. die im Integrations- und Systemtest gefundenen Fehler und die von Kunden gemeldeten Fehler. Die Messergebnisse können aber differenziert beurteilt werden, wenn die von Kunden gemeldeten Fehler (Feldfehler) gesondert dargestellt werden (siehe unter verwandte Metrik)
Verwandte Metrik	**Feldfehler klassifiziert nach Fehlerzustand** Auf dem gleichen Weg kann die zeitliche Entwicklung der Anzahl der von Kunden gemeldeten Fehler dargestellt werden. Neben der Entwicklung der Gesamtfehlerzahl wird die Entwicklung der Anzahl neuer Fehler, Anzahl behobener Fehler und Anzahl offener Fehler im Zeitverlauf dargestellt.

Anzahl der Feldfehler klassifiziert nach Fehlerpriorität

Definition	Die Feldfehler (die von Kunden gemeldeten Fehler) werden für einzelne Projekte (Releases) erfasst, nach ihrer Eindringlichkeit priorisiert und dargestellt. Die Priorität der Fehler kann z.B. nach folgendem Schema vergeben werden: Prio1-Fehler (Systemfunktionalität wesentlich beeinträchtigt), Prio2-Fehler (Funktionalität zum Teil beeinträchtigt) und Prio3-Fehler (Funktionalität nicht beeinträchtigt, Schönheitsfehler). 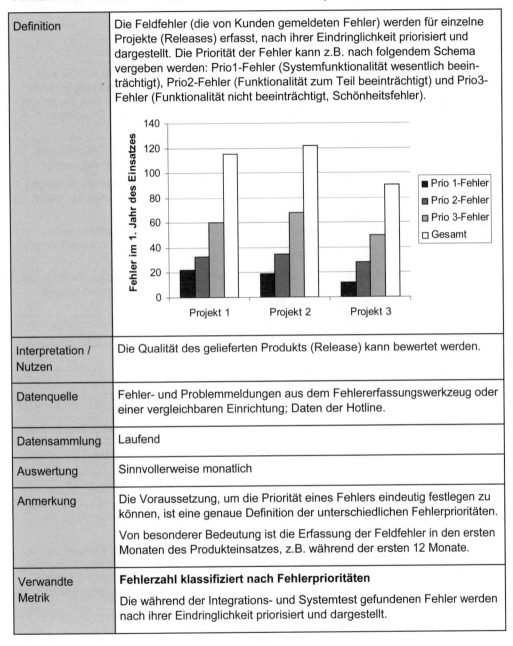
Interpretation / Nutzen	Die Qualität des gelieferten Produkts (Release) kann bewertet werden.
Datenquelle	Fehler- und Problemmeldungen aus dem Fehlererfassungswerkzeug oder einer vergleichbaren Einrichtung; Daten der Hotline.
Datensammlung	Laufend
Auswertung	Sinnvollerweise monatlich
Anmerkung	Die Voraussetzung, um die Priorität eines Fehlers eindeutig festlegen zu können, ist eine genaue Definition der unterschiedlichen Fehlerprioritäten. Von besonderer Bedeutung ist die Erfassung der Feldfehler in den ersten Monaten des Produkteinsatzes, z.B. während der ersten 12 Monate.
Verwandte Metrik	**Fehlerzahl klassifiziert nach Fehlerprioritäten** Die während der Integrations- und Systemtest gefundenen Fehler werden nach ihrer Eindringlichkeit priorisiert und dargestellt.

Review-Effizienz

Definition	$$ReviewEffizienz = \frac{AnzahlGefundenerFehler}{ReviewAufwand}$$ Die Review-Effizienz (die Wirtschaftlichkeit des Reviews) wird für jede Phase getrennt ermittelt, z.B. die Review-Effizienz in der Analysephase (Effizienz der Reviews von Anforderungsspezifikationen) oder die Review-Effizienz in der Designphase (Effizienz der Reviews von Designspezifikationen).
Interpretation / Nutzen	Mittels Review-Effizienz können die Qualität der Review-Durchführung und die Qualität der ausgewählten Review-Methode bewertet werden. Im Zusammenhang mit der Metrik Fehlerfindungsrate können Aussagen über die Qualität der Qualitätssicherung im Projekt und über den dafür erbrachten Aufwand gemacht werden. Im Zusammenhang mit der Metrik „Wirksamkeit des Reviews bei der Fehlerfindung" kann diskutiert werden, wie viel Aufwand erforderlich ist, um eine definierte Produktqualität zu erzielen. Wird die Metrik für eine Anwendungsdomäne ermittelt, dann kann sie zur allgemeinen Beurteilung der Qualitätssicherung in der Anwendungsdomäne verwendet werden.
Datenquelle	Fehler: Review-Protokolle Aufwand: Review-Protokolle, gegebenenfalls Kontierungslisten oder Projektpläne
Datensammlung	Nach Abschluss eines Reviews
Auswertung	Nach Abschluss aller in einer Entwicklungsphase durchgeführten Reviews
Anmerkung	Während eines Reviews werden sowohl inhaltliche als auch formale Fehler gefunden. Bei der Ermittlung der Review-Effizienz soll jedoch nur die Anzahl inhaltlicher Fehler berücksichtigt werden. Nur so kann die Review-Effizienz sinnvoll bewertet werden. Der Review-Aufwand setzt sich zusammen aus dem Aufwand für die Vorbereitung und Organisation (Planung, Bestimmung und Vorbereitung der Teilnehmer, Berichterstattung, Analyse) und dem Aufwand für die Review-Durchführung und -Protokollierung. Der Aufwand von erneuten Reviews, die nach Fehlerbehebungen stattfinden (Nacharbeitung) wird hier nicht berücksichtigt. Daher ist die Voraussetzung für die Anwendung dieser Metrik, dass der Nacharbeitungsaufwand getrennt von den Aufwänden für die Vorbereitung, Organisation und Durchführung erfasst wird.
Verwandte Metrik	**Effizienz statischer Analysen** Auf dem gleichen Weg kann die Wirtschaftlichkeit statischer Analysen bewertet werden.

Test-Effizienz

Definition	Die Testeffizienz (Wirtschaftlichkeit des Tests) wird als Verhältnis der Anzahl der im Test gefundener Fehler zum Testaufwand definiert: $$Testeffizienz = \frac{AnzahlGefundenerFehler}{Testaufwand}$$ Die Testeffizienz wird für jeden Test getrennt ermittelt, z.B. die Effizienz des Modultests, des Integrationstests, des Systemtests oder des Abnahmetests.
Interpretation / Nutzen	Mittels Testeffizienz kann zum einen die Qualität der Testdurchführung und zum anderen die Qualität der ausgewählten Testmethoden und -werkzeuge bewertet werden. Im Zusammenhang mit der Metrik Fehlerfindungsrate können Aussagen über die Qualität der Qualitätssicherung im Projekt und über den dafür erbrachten Aufwand gemacht werden. Im Zusammenhang mit der Metrik „Wirksamkeit des Tests bei der Fehlerfindung" kann diskutiert werden, wie viel Aufwand erforderlich ist, um eine definierte Produktqualität zu erzielen. Wird die Metrik für eine Anwendungsdomäne ermittelt, dann kann sie zur allgemeinen Beurteilung der Qualitätssicherung in der Anwendungsdomäne verwendet werden.
Datenquelle	Fehler: Testprotokolle Aufwand: Testprotokolle, gegebenenfalls Kontierungslisten, Test- oder Projektpläne
Datensammlung	Nach Abschluss eines Tests
Auswertung	Nach Abschluss eines Tests
Anmerkung	Der Testaufwand setzt sich zusammen aus Aufwänden für: - Testvorbereitung und Organisation (Aufwände zur Erstellung des Testplans, Instrumentalisierung des Testlings, Definition von Testfällen und -daten, Einrichtung der Testumgebung, Berichterstattung, Analyse) - Testdurchführung und Protokollierung Der Aufwand von erneuten Tests und Regressionstests, die nach Fehlerbehebungen durchgeführt werden (Nacharbeitung), wird hier nicht berücksichtigt. Daher ist die Voraussetzung für die Anwendung dieser Metrik, dass der Nacharbeitungsaufwand getrennt von den Aufwänden für die Testvorbereitung, die Organisation und die erstmalige Testdurchführung erfasst wird.
Verwandte Metrik	

Prozessstatus

Definition	Der aufgrund einer qualitativen Analyse ermittelte Prozessstatus (siehe Kapitel 4 und 7) wird dargestellt.

[Balkendiagramm: Prozessstatus in % für die Kategorien PO, ES, PSK, KM, TM, EM, RE, A&D, I&I, R&T jeweils für die Jahre 1999, 2001, 2003]

Darüber hinaus können weitere Daten aus den Bewertungsergebnissen extrahiert und dargestellt werden, wie z.B. die Anzahl von Verbesserungsmaßnahmen pro Entwicklungsprozess oder pro Verbesserungstreiber. |
| Interpretation / Nutzen | Der Prozessstatus zeigt die Fähigkeit (Stärken und Schwächen) einer Organisationseinheit im Hinblick auf unterschiedliche Entwicklungsprozesse. Er zeigt ferner, ob und welche Entwicklungsprozesse sich im Zeitverlauf verbessern.

Die Kenntnis des Prozessstatus ist Voraussetzung für eine Prozessverbesserung. Sie wird weniger aus dieser Darstellung, sondern eher aus den detaillierten Analyseergebnissen (Feststellungen zum Prozessstatus) gewonnen. |
Datenquelle	Entwicklungsprozess (Ergebnisse einer qualitativen Prozessanalyse)
Datensammlung	Periodisch, z.B. alle 2-3 Jahre
Auswertung	Periodisch, z.B. alle 2-3 Jahre
Anmerkung	Der Prozessstatus kann anhand des im Hauptteil dieses Buches vorgestellten Verfahrens MPTM oder durch Ansätze wie Software CMM, CMMI for Software Engineering, SPICE oder Bootstrap-Methode ermittelt werden.
Verwandte Metrik	

8.6 Produktqualitäts-Metriken

Produktmetriken dienen der Bewertung der Qualität der Software. Sie beziehen sich direkt auf die Qualitätsmerkmale Funktionalität, Zuverlässigkeit, Benutzbarkeit, Effizienz, Änderbarkeit und Übertragbarkeit oder auf ihre Teilmerkmale (siehe Abb. 3.1 und 3.2 in Abschnitt 3.1.3). Demnach sind diese Metriken hauptsächlich für eine Anwendung auf fertige Software oder fertige ausführbare Softwarekomponenten gedacht. Sie können aber auch auf die in der Entwicklung befindlichen Software angewandt werden. In diesem Fall dienen sie der Prognose der späteren Softwarequalität.

Aufgrund der Komplexität der Qualitätsmerkmale können die Produktmetriken nur selten in Messeinheiten ausgedrückt werden. Die Qualitätsmerkmale werden in der Regel auf einer Einstufungsskala bewertet: Zunächst werden die Teilmerkmale des zu bewertenden Qualitätsmerkmals durch Vergabe von Punkten einzeln bewertet; anschließend wird das arithmetische Mittel der vergebenen Punkte errechnet, welches den Erfüllungsgrad des Qualitätsmerkmals darstellt. Die Teilmerkmale können vorher entsprechend ihrer Bedeutung für die Software untereinander gewichtet werden. Die Punktevergabe erfolgt nach folgendem Schema (angelehnt an Einstufungsskala von ISO/IEC 9126):

- 4 Punkte (hervorragend), wenn die Software das Teilmerkmal voll erfüllt.
- 3 Punkte (gut), wenn die Software das Teilmerkmal im Wesentlichen erfüllt.
- 2 Punkte (ausreichend), wenn die Software das Teilmerkmal genügend erfüllt.
- 1 Punkt (mangelhaft), wenn die Software das Teilmerkmal nur in Ansätzen erfüllt.

Um mehr Genauigkeit zu erzielen, kann für jedes Qualitätsteilmerkmal eine Menge von Qualitätskriterien definiert werden, die das betreffende Qualitätsteilmerkmal positiv beeinflussen oder gewährleisten. In diesem Fall sind diese Kriterien Gegenstand der Bewertung durch Punktevergabe. Abb. 8.3 zeigt anhand eines Beispiels wie der Grad ermittelt wird, zu dem eine Software ein Qualitätsmerkmal erfüllt.

Im Folgenden werden in Anlehnung an die von ISO/IEC 9126 definierten Qualitätsmerkmale (Abb. 3.1 und 3.2) einige wichtige in der Mehrzahl subjektive Metriken zur Messung der Produktqualität beschrieben. Darüber hinaus besteht die Möglichkeit, weitere sinnvolle Qualitätsmetriken zu definieren: Der Erfüllungsgrad eines Qualitätsmerkmals kann über das Verhältnis des gemessenen Ist-Zustands zum (vereinbarten) Soll-Zustand ausgedrückt werden:

$$ErfüllungsgradQM = \frac{IstZustandDerSoftwareBezüglichQM}{SollZustandDerSoftwareBezüglichQM},$$

$QM = Qualitätsmerkmal$

Solche Metriken sind in diesem Katalog nicht enthalten. Sie können aber für jedes Qualitätsmerkmal oder -teilmerkmal definiert werden, vorausgesetzt, es können geeignete Indikatoren für das betreffende Qualitätsmerkmal festgelegt werden. Beispielsweise kann die funktionale Vollständigkeit als Grad der Abdeckung von Anforderungen wie folgt definiert werden:

$$Funktionale Vollständigkeit = \frac{Erfüllte Anforderungen}{Geforderte Anforderungen}$$

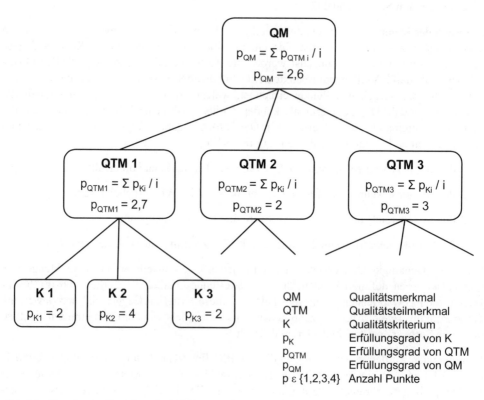

Abb. 8.3 Vorgehen zur Ermittlung des Erfüllungsgrads eines Qualitätsmerkmals

Funktionalität

Definition	$$Funktionalität = \frac{p_A + p_K + p_I + p_O + p_S}{5}, \quad p \in \{1, 2, 3, 4\}$$ p_A, p_K, p_I, p_O, p_S = Anzahl Punkte, die jeweils den Erfüllungsgrad des Qualitätsteilmerkmals A, K, I, O und S darstellen. A = Angemessenheit: Die Software bietet geeignete Funktionen für die spezifizierte Aufgabe. K = Korrektheit (Richtigkeit): Die Software liefert die richtigen oder vereinbarten Ergebnisse oder Wirkungen (die realisierten Funktionen stimmen mit den spezifizierten überein). I = Interoperabilität: Die Software kann mit vorgegebenen Systemen zusammenarbeiten. O = Ordnungsmäßigkeit: Die Software erfüllt Normen, Vereinbarungen und andere Vorschriften. S = Sicherheit: Die Software kann unberechtigte Zugriffe auf Programme und Daten verhindern.
Interpretation / Nutzen	Die Metrik zeigt, wie gut die Software ihre Funktion insgesamt erfüllt. Sie liefert zudem Aussagen über die einzelnen Qualitätsteilmerkmale der Funktionalität. Die Metrik zeigt auch, ob Verbesserungspotentiale im Realisierungsprozess, insbesondere im Hinblick auf das Requirements Engineering und die der Entwicklung zugrunde liegende Entwicklungsmethodik, bestehen.
Datenquelle	Spezifikationen, Testprotokolle, Review-Protokolle
Datensammlung	Laufend, insbesondere während Reviews und Tests
Auswertung	Nach Reviews und Tests sowie vor Freigabe der Software
Anmerkung	Die Metrik kann ebenfalls verwendet werden, um die Funktionalität einer Software bereits während ihrer Entwicklung anhand von Spezifikationen zu prognostizieren.
Verwandte Metrik	

Zuverlässigkeit

Definition	$$Zuverlässigkeit = \frac{p_V + p_R + p_W}{3}, \quad p \in \{1,2,3,4\}$$ p_V, p_R, p_W = Anzahl Punkte, die jeweils den Erfüllungsgrad der Qualitätsteilmerkmale V, R und W darstellen. V = Verfügbarkeit (Reife): Die Verfügbarkeit zeigt die Häufigkeit von Versagen durch Fehlerzustände in der Software. R = Robustheit (Fehlertoleranz): Die Software ist imstande ein spezifisches Leistungsniveau bei Fehlern oder Nichteinhaltung ihrer spezifizierten Schnittstelle zu bewahren. Robustheit kann anhand von Qualitätskriterien wie Toleranz gegenüber nicht vorgesehenen Bedienfehlern und Toleranz gegenüber Umgebungsfehlern bewertet werden. W = Wiederherstellbarkeit: Nach einem Versagen können mit angemessenem Aufwand das Leistungsniveau wiederhergestellt und die betroffenen Daten wiedergewonnen werden.
Interpretation / Nutzen	Die Metrik zeigt, wie zuverlässig die Software insgesamt ist. Sie liefert auch Aussagen über die einzelnen Qualitätsteilmerkmale der Zuverlässigkeit. Die Metrik zeigt auch, ob Verbesserungspotentiale im Realisierungsprozess, insbesondere im Hinblick auf Architekturdefinition, Design und Implementierung, bestehen.
Datenquelle	Spezifikationen, Testprotokolle
Datensammlung	Laufend, insbesondere während der Tests
Auswertung	Nach Tests und vor Freigabe der Software
Anmerkung	Die Metrik kann auch verwendet werden, um die Zuverlässigkeit einer Software bereits während ihrer Entwicklung anhand von Spezifikationen zu prognostizieren. Zur Zuverlässigkeit siehe auch Metrik Verfügbarkeit.
Verwandte Metrik	

Verfügbarkeit

Definition	Verfügbarkeit ist die Wahrscheinlichkeit, eine Software zu einem gegebenen Zeitpunkt in einem funktionsfähigen Zustand zu finden (DIN 40042). $$Verfügbarkeit = \frac{MTBF}{MTBF + MDT}$$ MTBF = Mean Time Between Failure (durchschnittliche Zeit zwischen Ausfällen) MDT = Mean Down Time (durchschnittliche Ausfalldauer)
Interpretation / Nutzen	MTBF und MDT sind gängige Größen der Verfügbarkeit. Die Verfügbarkeit zeigt auch, ob Verbesserungspotentiale im Realisierungsprozess, insbesondere im Hinblick auf Architekturdefinition, Design und Implementierung, bestehen.
Datenquelle	Spezifikationen, Testprotokolle
Datensammlung	Während Tests
Auswertung	Nach Tests und vor Freigabe der Software für den produktiven Einsatz
Anmerkung	
Verwandte Metrik	**Prognose der Verfügbarkeit:** Die Verfügbarkeit einer Software kann bereits während ihrer Entwicklung prognostiziert werden. Hierfür müssen zunächst die Qualitätskriterien definiert werden, die die Verfügbarkeit der Software bestimmen oder positiv beeinflussen. Anschließend kann die Verfügbarkeit auf einer Einstufungsskala durch Vergabe von Punkten bewertet werden: $$Verfügbarkeit = \frac{\sum_i p_{K_i}}{i}, \quad i = 1..n, \quad p \in \{1, 2, 3, 4\}$$ pK: Anzahl Punkte, die den Erfüllungsgrad des Qualitätskriteriums K darstellen. Als Kriterien kommen konstruktive Maßnahmen in Frage, z.B.: - Einfachheit der Schnittstellen zwischen den Modulen - Lose Kopplung zwischen den Modulen - Geringe Komplexität - Lesbarer Quellcode - Zuverlässigkeit des Betriebssystems, der Middleware, der Datenhaltung - Zugriffssicherheit Zusätzlich können qualitätssichernde Maßnahmen als Kriterien definiert werden (4 Punkte, wenn alle erforderlichen Maßnahmen geplant sind, 3 Punkte, wenn die meisten von ihnen, 2 Punkte, wenn einige von ihnen und 1 Punkt, wenn nur wenige von ihnen geplant sind): - Review von Entwurf und Code - Tests (Modul-, Integrations-, Regressions-, Lasttest usw.)

Benutzbarkeit

Definition	Die Benutzbarkeit einer Software wird über die Teilmerkmale Verständlichkeit, Erlernbarkeit und Bedienbarkeit bewertet. In Anlehnung an diese Teilmerkmale können auch eine Menge von Qualitätskriterien definiert werden, über die die Benutzbarkeit detaillierter bewertet werden kann: $$Benutzbarkeit = \frac{\sum p_{K_i}}{i}, \quad i = 1..n, \quad p \in \{1,2,3,4\}$$ p_K: Anzahl Punkte, die den Erfüllungsgrad des Qualitätskriteriums K darstellen. Qualitätskriterien sind z.B.: - Erwartungskonformität: Die Software entspricht den allgemein anerkannten Konventionen und der Erwartungshaltung der Anwender, z.B. ihren Kenntnissen und ihren Erfahrungen aus dem Arbeitsgebiet. - Selbstbeschreibungsfähigkeit: Das Verhalten der Software ist aus den Anwendungsfällen (dem Ablauf der Funktionen) ersichtlich. - Begriffskonsistenz und -klarheit: Die Software verwendet einheitliche und eindeutige Fachbegriffe. - Verständlichkeit und Vollständigkeit der Anwenderdokumentation - Verfügbarkeit von Hilfefunktionen und Demos - Individualisierbarkeit: Die Software lässt sich an die Erfordernisse der Arbeitsaufgabe sowie an die individuellen Fähigkeiten und Vorliebe des Anwenders anpassen. - Ergonomie der Software (ansprechende Bedienoberfläche, Existenz von Plausibilitätsprüfungen) Auch Kriterien der Zuverlässigkeit, wie etwa Fehlertoleranz und Wiederherstellbarkeit, spielen eine Rolle.
Interpretation / Nutzen	Die Metrik zeigt, wie benutzbar eine Software insgesamt ist. Sie liefert ebenso Aussagen zu den einzelnen Teilmerkmalen der Benutzbarkeit. Die Metrik zeigt auch, ob Verbesserungspotentiale im Realisierungsprozess, insbesondere im Hinblick auf das Requirements Engineering, bestehen.
Datenquelle	Spezifikationen, Testprotokolle, Review-Protokolle
Datensammlung	Laufend, insbesondere während Reviews und Tests
Auswertung	Nach Reviews und Tests sowie vor Freigabe der Software für den produktiven Einsatz
Anmerkung	Die Metrik kann auch verwendet werden, um die Benutzbarkeit einer Software bereits während ihrer Entwicklung anhand von Spezifikationen zu prognostizieren.
Verwandte Metrik	

Effizienz

Definition	Effizienz besitzt zwei Teilmerkmale: Zeit- und Verbrauchsverhalten. Während das Zeitverhalten einer Software durch Antwort- und Verarbeitungszeiten sowie den Durchsatz bei der Ausführung von Funktionen zum Ausdruck kommt, bezieht sich das Verbrauchsverhalten auf das benötigte Betriebsmittel und die benötigte Zeit zur Ausführung der Funktionen.
	Bei einer ausführbaren Software kann das Zeitverhalten in Sekunden gemessen werden. Auch das Verbrauchsverhalten kann gemessen werden, wie z.B. der CPU-Bedarf in Anzahl von CPU-Operationen, die für eine bestimmte Funktion notwendig sind.
	Von besonderer Bedeutung ist jedoch die Prognose der Effizienz einer Software noch während ihrer Entwicklung. Diese Prognose kann durch Vergabe von Punkten aufgestellt werden:
	$$\textit{Effizienz} = \frac{\sum p_{K_i}}{i}, \quad i = 1..n, \quad p \in \{1,2,3,4\}$$
	p_K: Anzahl Punkte, die den Erfüllungsgrad des Qualitätskriteriums K darstellen.
	Beispiele für Kriterien, die das Zeitverhalten bestimmen, sind: Prozessorleistung, Anzahl der Zugriffe auf externe Daten, Zugriffzeiten der externen Speicher, Übertragungsraten, Leistung peripheren Geräte, Zeit für Betriebssystemaufrufe, Pfadlängen in der Software, Plausibilitätsprüfungen.
	Beispiele für Kriterien, die das Verbrauchsverhalten bestimmen sind: CPU-Bedarf durch Betriebssystemsaufrufe, CPU-Bedarf durch aufgerufene Systemprogramme, Einfluss der Programmiersprache auf CPU-Bedarf, Pfadlänge, Anzahl und Größe der Arbeitsbereiche (Puffer), Wartezeit je Aufruf.
Interpretation / Nutzen	Die Metrik liefert Aussagen zu den einzelnen Kriterien, die das Zeit- oder das Verbrauchsverhalten der Software bestimmen, und zeigt damit, ob eine Korrektur der getroffenen Design-Entscheidungen und/oder eine Änderung der verwendeten Technologien notwendig ist.
	Die Metrik zeigt auch, ob Verbesserungspotentiale im Realisierungsprozess, insbesondere im Hinblick auf Architekturdefinition, Design und Implementierung, bestehen.
Datenquelle	Spezifikationen, Testprotokolle
Datensammlung	Laufend, insbesondere während Tests
Auswertung	Nach Tests und vor Freigabe der Software
Anmerkung	
Verwandte Metrik	

Änderbarkeit (Wartbarkeit)

Definition	$$\ddot{A}nderbarkeit = \frac{p_A + p_M + p_S + p_P}{4}, \quad p \in \{1, 2, 3, 4\}$$ p_A, p_M, p_S, p_P = Anzahl Punkte, die jeweils den Erfüllungsgrad der Qualitätsteilmerkmale A, M, I, S und P darstellen. A = Analysierbarkeit: Mängel oder Ursachen von Versagen können mit angemessenem Aufwand ermittelt werden. M = Modifizierbarkeit: Fehlerbehebung, Verbesserungen oder Anpassung der Software an geänderte Umgebungen lassen sich mit angemessenem Aufwand ausführen. S = Stabilität: unerwünschte Wirkungen durch Änderung der Software können eingeschätzt werden. P = Prüfbarkeit: Die geänderte Software kann mit angemessenem Aufwand geprüft werden. Für die einzelnen Teilmerkmale können Qualitätskriterien definiert und als Basis der Bewertung verwendet werden. Beispiele solcher Qualitätskriterien sind: - Einfachheit der Schnittstellen - Lose Kopplung zwischen den Softwarekomponenten - Geringe Komplexität der Software - Lesbarer Quellcode - Vorhandensein von Kommentaren im Code - Vollständigkeit der Entwicklungsdokumentation (Spezifikation) - Vorhandensein von Trace-Routinen - Vorhandensein von Diagnoseprogrammen
Interpretation / Nutzen	Die Metrik liefert Aussagen zur Änderbarkeit und zu den einzelnen Teilmerkmalen der Änderbarkeit einer Software. Die Metrik zeigt auch, ob Verbesserungspotentiale im Realisierungsprozess, insbesondere im Hinblick auf Design und Implementierung, bestehen.
Datenquelle	Spezifikationen, Testprotokolle, Review-Protokolle
Datensammlung	Laufend, insbesondere während Reviews und Tests
Auswertung	Nach Reviews und Tests sowie vor Freigabe der Software
Anmerkung	
Verwandte Metrik	**Änderbarkeitsgrad:** Der Grad der Änderbarkeit kann über das Verhältnis des Änderungsaufwands zum Entwicklungsaufwand ausgedrückt werden: $$\ddot{A}nderbarkeitsgrad = 1 - \frac{\ddot{A}nderungsaufwand}{Entwicklungsaufwand}$$

Übertragbarkeit

Definition	$$\text{Übertragbarkeit} = \frac{p_P + p_I + p_K + p_A}{4}, \quad p \in \{1, 2, 3, 4\}$$ p_P, p_I, p_K, p_A = Anzahl Punkte, die jeweils den Erfüllungsgrad der Qualitätsteilmerkmale P, I, K und A darstellen. P = Portierbarkeit (Anpassbarkeit): Die Software kann an verschiedene festgelegte Umgebungen angepasst werden. I = Installierbarkeit: Die Software kann in einer festgelegten Umgebung mit angemessenem Aufwand installiert werden. K = Konformität: Die Software erfüllt die Normen oder Vereinbarungen zur Übertragbarkeit. A = Austauschbarkeit: Die Software kann, unter angemessenem Aufwand, anstelle einer spezifizierten anderen Software verwendet werden. Zur Bewertung der Portierbarkeit können Qualitätskriterien eingesetzt werden, wie z.B.: - Verwendung einer Programmiersprache, die für die festgelegten Umgebungen verfügbar ist. - Vermeidung von systemabhängigen Diensten und Befehlen oder Begrenzung der Anwendung dieser Dienste auf wenige Module der Software.
Interpretation / Nutzen	Die Metrik liefert Aussagen zur Übertragbarkeit und zu den einzelnen Teilmerkmalen der Übertragbarkeit einer Software. Die Metrik zeigt auch, ob Verbesserungspotentiale im Realisierungsprozess, insbesondere im Hinblick auf Architekturdefinition, Design und Implementierung, bestehen.
Datenquelle	Spezifikationen, Testprotokolle, Review-Protokolle
Datensammlung	Laufend, insbesondere während Reviews und Tests
Auswertung	Nach Reviews und Tests sowie vor Freigabe der Software
Anmerkung	Die Übertragbarkeit hängt vom Übertragungsziel ab. Daher kann sie ohne Kenntnis des Übertragungsziels nicht bestimmt werden. Auch Teilmerkmale der Änderbarkeit, insbesondere die Modifizierbarkeit, bestimmen die Übertragbarkeit einer Software.
Verwandte Metrik	**Grad der Übertragbarkeit:** Der Grad der Übertragung kann über das Verhältnis des Übertragungsaufwands zum Entwicklungsaufwand ausgedrückt werden: $$GradDerÜbertragbarkeit = 1 - \frac{\text{Übertragungsaufwand}}{\text{Entwicklungsaufwand}}$$

8.7 Geschäftsmetriken

Schulungsgrad

Definition	Schulung umfasst alle Maßnahmen zur Erhaltung bzw. Steigerung der Qualifikation der Mitarbeiter. Die durchschnittliche Anzahl von Schulungstagen pro Mitarbeiter und Jahr zeigt den Schulungsgrad auf Organisationsebene. Der Schulungsgrad kann auch anhand der durchschnittlichen Schulungskosten dargestellt werden, die eine Organisationseinheit pro Mitarbeiter und Jahr aufbringt.
Interpretation / Nutzen	Der Schulungsgrad gibt Informationen darüber, ob eine Organisationseinheit den Qualifikationsstand der Mitarbeiter systematisch pflegt. Er ist zudem ein Indiz für die Mitarbeiterzufriedenheit. Der Schulungsgrad stellt ferner die Grundlage dafür dar, gegebenenfalls Schulungsmaßnahmen zu definieren und umzusetzen. Wird der Schulungsgrad für verschiedene Schulungstypen gesondert ermittelt (z.B. für Schulungen zur Erhaltung und Steigerung des Fachwissens, der Management-Fähigkeiten und der Sozialkompetenz), dann kann die Schulungssituation in einer Organisationseinheit differenziert bewertet werden.
Datenquelle	Schulungspläne, Personalakte
Datensammlung	Laufend
Auswertung	Periodisch, z.B. alle 2 Jahre
Anmerkung	
Verwandte Metrik	

Kundenzufriedenheit

Definition	Die Kundenzufriedenheit wird durch die Befragung einer repräsentativen Auswahl von Kunden oder – bei kleiner Kundenbasis – aller Kunden ermittelt. Sie kann anhand verschiedener Kriterien dargestellt werden, wie z.B.: *Radardiagramm mit den Achsen Preis, Leistung, Qualität, Termintreue, Service (Skala 50%, 75%, 100%) und den Datenreihen 1999, 2001, 2003*
Interpretation / Nutzen	Die Kundenzufriedenheit gibt die Meinung des Kunden über die ihm angebotenen Produkte wieder. Aus ihr können die künftigen Kundenanforderungen erkannt werden. Sie liefert zudem Ansatzpunkte zur Definition von Geschäftszielen und damit zur gezielten Verbesserung der Softwareentwicklung. Je nach dem, welche Daten und in welcher Genauigkeit sie in einer Kundenbefragung erhoben werden, können weitere Erkenntnisse aus der Befragung gewonnen werden.
Datenquelle	Kunden
Datensammlung	Periodisch, z.B. alle 2 Jahre
Auswertung	Periodisch, z.B. alle 2 Jahre
Anmerkung	Voraussetzung für das Erzielen von verwertbaren Ergebnissen ist ein systematisches Vorgehen bei der Datenerhebung. Sinnvoll ist die Anwendung eines Methodenmixes; nur mit Fragebögen oder gar mit einem seit langem unveränderten Fragebogen werden immer weniger Kunden erreicht. Die Kundenzufriedenheit kann, je nach Angemessenheit, für ein bestimmtes Produkt oder allgemein für eine Organisationseinheit ermittelt werden.
Verwandte Metrik	

9 Beispiele zur Prozess- und Technologiebewertung

9.1 Einführung

Dieses Kapitel umfasst einige kurze Beispiele zur Prozess- und Technologiebewertung. Die Beispiele sind jeweils aus den Ergebnissen einer Vielzahl von Prozess- und Technologiebewertungen zusammengesetzt, die in unterschiedlichen Organisationen durchgeführt wurden. Die Beispiele sind damit in Teilen real, im Ganzen jedoch fiktiv. Sie haben zum Zweck,

- das Verständnis des im Hauptteil des Buches beschriebenen Verfahrens MPTM zu erleichtern,
- dem Anwender zu zeigen, welchen Detaillierungsgrad die Ergebnisse einer Bewertung haben sollen, um ihre Aufgabe als Grundlage der Verbesserung zu erfüllen.

9.2 Dokumentation der Bewertungsergebnisse

Abb. 9.1 zeigt eine Struktur zur Dokumentation der Ergebnisse einer Prozess- und Technologiebewertung in Form eines Abschlussberichts. Der erste Teil dieser Dokumentation gibt eine Übersicht über die bewertete Organisationseinheit und seine Anwendungsdomäne anhand folgender Informationen:

- **Organisationseinheit**
  Anzahl Mitarbeiter, Anteil am Unternehmensumsatz, Marktpräsenz, Größe der Softwareentwicklung, ...

- **Anwendungsdomäne**
  Bezeichnung (die Bezeichnung muss den Betätigungsbereich und die Grenzen der Produktfamilie eindeutig aufzeigen, wie etwa Softwaresysteme für Flugsicherheit, Software für Verarbeitung geographischer Bilder oder UMTS-Applikationen), Anzahl der Produkte, charakteristische Eigenschaften der Produkte (Zielgruppe, Softwaretyp), Eigenschaften des angewandten Entwicklungsprozesses und der angewandten Technologien, Anzahl laufender Projekte, ...

- **Verbesserungsziele**
  Aufzählung wesentlicher Ziele der Organisationseinheit (z.B. Steigerung der Effizienz der Software, Verbesserung der Änderbarkeit der Software, Reduktion der Kosten der Fehlerfindung und -behebung)

- **Bewertete Projekte**
  Name, Anzahl Projektmitglieder, Laufzeit, Aufwand, Softwaregröße, ...

- **Bewertete Technologien**
  Bezeichnung der bewerteten Technologien und Ausführung der Gründe, warum diese Technologien einer Bewertung unterzogen werden.

Dieser Informationen können sinnvolle Eckdaten des Unternehmens vorangestellt werden, insbesondere in welchen Bereichen das Unternehmen sonst tätig ist (welche weiteren Anwendungsdomänen existieren noch?), um eventuelle Synergieeffekte erkennen zu können.

Inhalt:

1 Übersicht

2 Bewertung des Entwicklungsprozesses
2.1 Status der Kernprozesse
2.2 Verbesserungsmaßnahmen
2.3 Verbesserungstreiber

3 Bewertung von Softwaretechnologien
3.1 Bewertungsfaktoren
3.2 Status untersuchter Technologien
3.3 Verbesserungsmaßnahmen

4 Metriken zur Kontrolle der Zielerreichung

Abb. 9.1 Gliederung zur Dokumentation der Bewertungsergebnisse

9.3 Ergebnisse einer qualitativen Prozessanalyse und Ergebnisauswertung

Dieser Abschnitt fasst die wesentlichen Ergebnisse einer Prozessbewertung zusammen: Prozessstatus, Verbesserungsmaßnahmen, Verbesserungstreiber. Abb. 9.2 stellt das Beispiel einer qualitativen Prozessanalyse auf Grundlage des in Kapitel 7 beschriebenen Bewertungsmodells dar. Das Beispiel gibt lediglich einen Teil der festgestellten Schwächen eines Entwicklungsprozesses und die daraus abgeleiteten Verbesserungsmaßnahmen wieder; die Stärken des Prozesses werden ausgelassen. Es ist jedoch zu betonen, dass die Ergebnisse einer Bewertung in Form eines Stärken/Schwächen-Profils zu dokumentieren sind, d.h. auch die Stärken des Prozesses müssen angeführt werden. Die Stärken sind zwar selten Grundlage für Verbesserungsmaßnahmen, haben aber motivierende Wirkung auf die Organisationseinheit.

Der im Abb. 9.2 dargestellte Status des Entwicklungsprozesses wird anschließend visualisiert: Abb. 9.3 zeigt, in welchem Maße die untersuchten Kernprozesse die Anforderungen des Bewertungsmodells erfüllen. Abb. 9.4 zeigt den bisherigen Fortschritt in der Prozessverbesserung. Abb. 9.5 stellt die Verbindungen zwischen Verbesserungszielen und Kernprozessen der Entwicklung her und zeigt, welche Aspekte der Kernprozesse Verbesserungstreiber sind. Es wird angenommen, dass die Organisationseinheit folgende Verbesserungsziele hat:

- Steigerung der Zuverlässigkeit der Software,
- Verbesserung der Wartbarkeit der Software,
- Reduktion der Entwicklungszeiten,
- Reduktion des Aufwands in frühen Entwicklungsphasen.

Abb. 9.2 Beispiel: Ergebnisse einer qualitativen Prozessanalyse (Teil 1 von 7)

Bewertung des Entwicklungsprozesses: Status der Kernprozesse und Verbesserungsmaßnahmen

1 Projektorganisation

Status:

- ❏ Die Aufgaben und der Verantwortungsbereich eines Projektleiters sind nicht festgelegt und werden unterschiedlich aufgefasst. Daher ist ein Graubereich in der Kompetenz der Projektleitung gegenüber der Linienorganisation entstanden.
- ❏ Der Informationsaustausch erfolgt aufgrund nicht definierter Kommunikationswege eher zufällig.

[…]

Abb. 9.2 (Teil 2 von 7)

Maßnahmen:

- Verantwortlichkeiten und Berichtswege eines Projektleiters in der derzeit bestehenden Matrixorganisation müssen abgestimmt und festgelegt werden (dabei ist auch auf den Kommunikationsfluss innerhalb der Entwicklung achten). Insbesondere ist festzuhalten, dass die Ressourcenverantwortung nach der Zuteilung für die Dauer des Projektes beim Projektleiter liegt.

[...]

2 Management externer Schnittstellen

Status:

- Die Abnahmen von Zulieferungen im Projekt Alpha zeigen, dass die Unterauftragnehmer wiederholt nicht abnahmereife Software liefern. Dadurch fallen große ungeplante Aufwände zur Steuerung von Lieferanten an.
- Drohender Konkurs eines wichtigen Lieferanten wurde nicht erkannt.

[...]

Maßnahmen:

- Für die Abnahme von Software-Zulieferungen und die Kontrolle des technischen Arbeitsfortschritts beim Lieferanten sind Kriterien festzulegen. Vom Lieferanten konkrete QS-Maßnahmen (z.B. Modultest, Integrationstest, Reviews) jeweils mit Berichterstattung fordern (vertraglich festlegen) und die Ergebnisse der QS-Maßnahmen überprüfen.
- Für die wichtigsten Lieferanten Ausfallstrategien definieren. Nach Möglichkeit die wirtschaftliche Lage des Lieferanten, z.B. durch Geschäftsberichte des Lieferanten beobachten.

[...]

3 Planung, Steuerung und Kontrolle

Status:

- Die momentanen Terminaussagen basieren auf nicht abgesicherten Terminen für Software-Zulieferungen. Daher können oft die eigenen Entwicklungsarbeiten nicht zum geplanten Zeitpunkt erfolgen.
- Die Terminpläne der Projekte sind nicht detailliert genug. Im aktuellen Plan des Projekts Beta sind wichtige funktionale Anforderungen [...] und Entwicklungstätigkeiten (Integrationstest der Zulieferungen) noch nicht berücksichtigt.
- Eine Kontrolle des Projektfortschritts bezüglich erstellter Funktionalität kann nicht stattfinden, da eine Schätzung vom Umfang der zu erstellenden Entwicklungsergebnisse fehlt.

Abb. 9.2 (Teil 3 von 7)

- ❏ Die Realisierung ist beim Start des Systemtests nicht abgeschlossen:
  - Die KM-Metriken zeigen eine große Anzahl von neuen Lines of Code.
  - Die Anzahl der Software-Stände, die an den Systemtest übergeben werden, ist sehr hoch.
  - Für die Fehlerbehebung während der Integration und dem Systemtest werden große Aufwände erbracht.

[...]

Maßnahmen:

- ❏ Zur Erhöhung der Planungssicherheit und Verbesserung der Fortschrittskontrolle:
  - Die Arbeitspakete einheitlich klein halten (Arbeitspakete mit einem Aufwand von mehreren Personenwochen erschweren die Fortschrittskontrolle) oder geeignete Verfahren zur Umfangsschätzung (z.B. Function Points) anwenden.
  - Alle für das Projekt relevanten Arbeitspakete und Entwicklungstätigkeiten (etwa die Aufwände für das Konfigurationsmanagement oder den Test von Zulieferungen) berücksichtigen.
  - Um die Abhängigkeiten der Arbeitspakete voneinander besser in der Planung und Steuerung berücksichtigen zu können, ist bei der Paketbildung von der Architektur der Software auszugehen.

[...]

4 Konfigurations- und Änderungsmanagement

Status:

- ❏ Fehler und Anforderungsänderungen werden unterschiedlich erfasst (mittels unterschiedlicher Tools, aber auch ganz ohne Tool-Unterstützung). Der Zeitpunkt der Fehlererfassung ist dem Entwickler überlassen (ab Modultest oder ab Integration). Es gibt daher keine durchgängige Analyse und Lokalisierung von Fehlern. Insbesondere wenn die Fehler bzw. Anforderungsänderung ohne Tool-Unterstützung erfasst werden, ist es erschwert, die Gründe für die Änderungen nachzuvollziehen und über den Zustand der Fehlerbehebung Aussagen zu treffen.

[...]

Maßnahmen:

- ❏ Das Fehlermanagement ist entsprechend der folgenden Anforderungen zu systematisieren:
  - Einrichtung einer Tool-gestützten Fehlererfassung und Verfolgung.

Abb. 9.2 (Teil 4 von 7)

- Erfassung aller Fehler ab Software-Integration
- Planung der Fehlerbehebung (Zeitpunkt und Aufwand)
- Verfolgung der Fehler bis zu ihrer Behebung
- Synchronisation der Fehlerbehebungen mit den Software-Ständen (wichtige Voraussetzung hierfür ist eine geeignete Werkzeugunterstützung für das Konfigurations- und Änderungsmanagement).

[...]

5 Technologiemanagement

Status:

❑ Die Vorgehensweise der Anwendungsdomäne zur Auswahl und Integration neuer Tools ist nicht zielführend: Die Tool-Auswahl ist den Projekten und sogar einzelnen Entwicklern überlassen. Diese entscheiden meist aufgrund eigener Überzeugung oder aufgrund von Empfehlungen der Fachzeitschriften oder Kollegen. Das hat zu einer nur schwer überschaubaren Vielfalt von Entwicklungstools geführt.

[...]

Maßnahmen:

❑ Die Entscheidung zur Beschaffung und Integration neuer Entwicklungstools ist aufgrund einer eingehenden Tool-Evaluierung zu treffen, welche insbesondere die Anforderungen aller Anwender (Projekte) und die Rahmenbedingungen des Prozesses berücksichtigt. Damit ein Nebeneinander unterschiedlicher Tools für die gleiche Entwicklungstätigkeit verhindert wird, muss zusammen mit der Integration eines neuen Tools in den Entwicklungsprozess einen Migrationsplan zum Ausphasen des (der) alten Tools erarbeitet werden.

[...]

6 Entwicklungsmethodik

Status:

❑ Das definierte Prozessmodell (überlappender Wasserfall) ist insbesondere für die Entwicklung von PC-Applikationen nicht ganz geeignet ... Ein inkrementelles Vorgehen ist besser geeignet.

❑ Es existiert keine durchgängige Toolkette in der Softwareentwicklung. Für Analyse und Design fehlt der Einsatz von Tools.

[...]

Abb. 9.2 (Teil 5 von 7)

Maßnahmen:

- ❏ Untersuchen, ob für die Entwicklungen von PC-Applikationen ein inkrementelles Vorgehen angewandt werden kann. Dies ermöglicht die frühe Vermarktung eines Produkts mit Basis-Funktionalität. Weitere Funktionalitäten können dann in kürzeren Zyklen in das Produkt integriert werden. Damit ist ein schnelles Reagieren auf die neueste PC-Technologie (Microsoft, Intel, ...) möglich.
- ❏ In Abstimmung mit den Projekten sind für unterschiedliche Entwicklungstätigkeiten geeignete Tools festzulegen. Da neben den objektorientierten noch die strukturierten Methoden der Analyse und des Designs im Einsatz sind, kann eine durchgängige Toolkette nicht realisiert werden, d.h. ...

[...]

7 Requirements Engineering

Status:

- ❏ Eine systematische Ermittlung und Analyse von Anforderungen findet nicht statt. Formale Konzepte (z.B. Prototyping oder Beschreibungsmethoden) werden nur selten eingesetzt. Das Fehlen stabiler Anforderungen bewirkt zum Teil große Änderungen an die Software:
  - – Es kommt zu „Moving Targets" im Projekt Beta und Delta
  - – Im Projekt Alpha wurde aufgrund von geänderten Anforderungen das System bisher zweimal neu entworfen.
- ❏ Die Verfolgung der Anforderungen über Spezifikationen zum Code sowie die Rückverfolgung des Codes über Spezifikationen zu Anforderungen (Traceability) findet nicht statt.

[...]

Maßnahmen:

- ❏ Es ist zu untersuchen, welche Konzepte, Methoden und Techniken für die Ermittlung und Analyse der Softwareanforderungen sinnvoll verwendet werden können (QFD, UML, Prototyping, ...). Anschließend müssen projektspezifische Vorgaben definiert werden, wann welche Methode zu verwenden ist.
- ❏ Rückverfolgbarkeit des Codes zu Spezifikationen und der Spezifikationen zu Anforderungen durch ein geeignetes Schlüssel- bzw. Gliederungsschema sicherstellen. Die Rückverfolgbarkeit unterstützt:
  - – die Realisierung aller Anforderungen quer durch die Entwicklungsphasen
  - – die Rückführung der realisierten Anforderungen (Code) auf Kundenanforderung und damit auch die Wiederverwendung von Code

[...]

Abb. 9.2 *(Teil 6 von 7)*

8 Architekturdefinition und Design

Status:

❑ Es gibt keine übergeordnete Verantwortung für eine durchgängige Systemarchitektur. Jedes Projekt legt die Architektur seiner Applikation selbst fest. Die Schnittstellen werden in der Regel in bilateralen Gesprächen definiert bzw. geändert. Das hat dazu geführt, dass die Applikationen der Applikationsdomäne unterschiedliche Architekturen aufweisen. Daher ist derzeit kein Ratio-Effekt in der Entwicklung gegeben. Dies wird durch die unterschiedlichen Vorgehensweisen im Engineering Prozess zusätzlich verschärft.

[...]

Maßnahmen:

❑ Einführung einer Architekturgruppe (max. 5 Personen) zur mittelfristigen Vereinheitlichung der Architekturen innerhalb der gesamten Anwendungsdomäne. Die Gruppe ist mit von allen Projekten anerkannten und akzeptierten Softwarearchitekten zu besetzen. Ihre vorrangigen Aufgaben sind:

- Definition einer einheitlichen Systembasis, die von allen Applikationen genutzt wird.
- Aktualisierung des Objektmodells und Abgleich der bereits vorhandenen Module mit dem Objektmodell, zwecks Konsistenzüberprüfung.
- Festhalten der Designentscheidungen zur Sicherstellung der Nachvollziehbarkeit.
- Überarbeitung des verwendeten Frameworks im Hinblick auf die Anforderungen von allen Applikationen und auf die Steigerung der Produktivität bei der Erstellung der Softwareprodukte.

Die Architekturgruppe trägt schließlich die Verantwortung für die Weiterentwicklung und die Genehmigung von Änderungen an den Schnittstellen.

[...]

9 Implementierung und Integration

Status:

❑ Modul- und Integrationstest werden gemeinsam durchgeführt, wobei eine inhaltliche Abgrenzung beider Tests nicht ersichtlich ist. Dieser kombinierte Test stellt im Wesentlichen nur die Ablauffähigkeit inklusive Grundfunktionalität der Software sicher (er ist somit eine Teilmenge des Systemtests). Es ist nicht klar, wogegen der Modul- und der Integrationstest erfolgen.

[...]

9.3 Ergebnisse einer qualitativen Prozessanalyse und Ergebnisauswertung

Abb. 9.2 *(Teil 7 von 7)*

Maßnahmen:
- Modul- und Integrationstests sind nach folgenden Regeln durchzuführen:
  - Module sind in der Regel strukturorientiert zu testen. Der Test erfolgt gegen den Feinentwurf. Als Minimalkriterium für das Testende ist eine angemessene Zweiüberdeckung (C1-Abdeckung) zu definieren.
  - Der Integrationstest erfolgt gegen die Architektur. Er benötigt eine Testspezifikation mit entsprechenden Testfällen, um die Schnittstellen zu überprüfen. Folglich kommt als Test-Endekriterium eine angemessene Aufrufabdeckung an den Schnittstellen der Module in Frage.

[...]

10 Qualitätssicherung: Review und Test

Status:
- Systemtestfälle werden nicht methodisch erstellt.
- Auf der Basis der vorhandenen Daten aus dem Systemtest kann keine verlässliche Aussage über die Qualität und Stabilität der Software gemacht werden. Solange keine systematische Erfassung und Aufbereitung von Fehlerdaten vorgesehen sind, werden Qualitätsaussagen auch zukünftig nicht möglich sein.

[...]

Maßnahmen:
- Die Systemtestfälle sind aufgrund von Szenarien (Use Cases), funktionalen und nichtfunktionalen Anforderungen, Benutzbarkeit-, Last- und Stress-Aspekten sowie Annahmen des Produkts über seine Umgebung abzuleiten. Dabei ist auf ein angemessenes Verhältnis von Schlecht-Testfällen zu Gut-Testfällen zu achten.
- Statistiken über Fehlerdaten aus dem Test erstellen (z.B. Fehlerzahl, Fehlerklasse, Fehlerfindungsrate) und diese zur Beurteilung der Qualität von Software verwenden. Die Fehlerfindungsrate kann auch zur Definition von Endekriterien für den Systemtest verwendet werden (Fehlerkurve verläuft seit x Tagen flach: Es werden keine neuen Fehler mehr gefunden).

[...]

Abb. 9.2 Beispiel: Ergebnisse einer qualitativen Prozessanalyse

Abb. 9.3 Beispiel: Erfüllungsgrad der Kernprozesse

	Erfüllungsgrad
Projektorganisation	**69%**
- Projektauftrag	75%
- Verantwortlichkeiten	75%
- Management-Support	50%
- Berichtwege / Konfliktlösung	75%
Management externer Schnittstellen	**50%**
- Schnittstelle Kunden / Produktmanagement	75%
- Lieferantenmanagement	25%
- Andere Schnittstellen	50%
Planung, Steuerung und Kontrolle	**35%**
- Arbeitspakete	50%
- Aufwandsschätzung	25%
- Terminplanung	25%
- Risikomanagement	50%
- Steuerung und Kontrolle	25%
Konfigurations- und Änderungsmanagement	**50%**
- Management und Freigabe von Konfigurationen	75%
- Änderungsmanagement	50%
- Integriertes Konfigurations- und Änderungsmanagement	25%
Technologiemanagement	**38%**
- Technologiebezogene Steuerung	50%
- Know-how-Transfer	50%
- Identifikation und Bewertung von Technologien	25%
- Auswahl und Integration von Technologien	25%
Entwicklungsmethodik	**75%**
- Prozessmodell	100%
- Methoden und Tools	75%
- Standards	75%
- Wiederverwendung	50%
Requirements Engineering	**63%**
- Produktstrategie / Versions- und Release-Planung	50%
- Ermittlung und Analyse der Anforderungen	75%
- Qualität der Anforderungsspezifikation	75%
- Verfolgung von Anforderungen	50%

9.3 Ergebnisse einer qualitativen Prozessanalyse und Ergebnisauswertung

Architekturdefinition und Design	42%
- Architekturprozess	50%
- Qualität der Architekturspezifikation und des Feindesigns	50%
- Architektur-Roadmap / Migrationsstrategie	25%
Implementierung und Integration	**83%**
- Programmierkonventionen	100%
- Entwicklungs-Plattform	100%
- Modul- und Integrationstest	50%
Qualitätssicherung: Review und Test	**56%**
- Review und statische Analyse	50%
- Systemtest	50%
- Testumgebung	50%
- Abnahmetest	75%
- Feldversuch	irrelevant
- Betatest	irrelevant

Abb. 9.3 Beispiel: Erfüllungsgrad der Kernprozesse

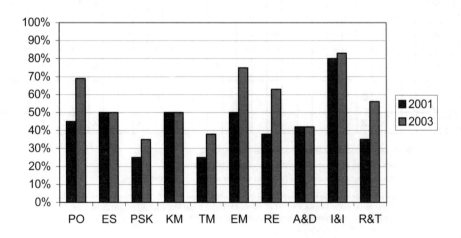

Legende: PO: Projektorganisation
ES: Management externer Schnittstellen
PSK: Planung, Steuerung und Kontrolle
KM: Konfigurations- und Änderungsmgmt
TM: Technologiemanagement
EM: Entwicklungsmethodik
RE: Requirements Engineering
A&D: Architekturdefinition und Design
I&I: Implementierung und Integration
R&T: Qualitätssicherung: Review und Test

Abb. 9.4 Beispiel: Fortschritte in der Prozessverbesserung seit der letzten Bewertung

Ziele	Projektorganisation	Management externer Schnittstellen	Definition von Arbeitspaketen	Aufwandschätzung	Terminplanung	Risikomanagement	Steuerung und Kontrolle	Mgmt und Freigabe von Konfigurationen	Änderungsmanagement	Integriertes Konfigurations- und Änderungsmgmt	Technologiemanagement	Entwicklungsmethodik	Produktstrategie, Versions- und Release-Planung	Ermittlung und Analyse der Anforderungen	Anforderungsspezifikation	Verfolgung von Anforderungen	Architekturprozess	Architektur- und Design-Spezifikation	Architektur-Roadmap, Migrationsstrategie	Programmierkonventionen	Entwicklungsplattform	Modul- und Integrationstest	Review und statische Analyse	Systemtest	Testumgebung	Abnahmetest	Feldversuch	Betatest
Steigerung der Zuverlässigkeit der Software																O						◐	●					
Verbesserung der Wartbarkeit der Software										●								◐										
Reduktion der Entwicklungszeiten				O			O									O		◐				◐		◐				
Reduktion des Aufwands in frühen Phasen				●														●	◐									
Verbesserungstreiber				X					X									X	X			X	X	X				

● Verbesserung des Prozesses leistet einen starken Beitrag zur Zielerreichung
◐ Verbesserung des Prozesses leistet einen Beitrag zur Zielerreichung
O Verbesserung des Prozesses leistet einen schwachen Beitrag zur Zielerreichung

Interpretation: Die Analyseergebnisse und die Einschätzung der Experten lassen auf 7 Verbesserungstreiber schließen. Die Prozessverbesserung muss sich daher auf die Umsetzung von Maßnahmen konzentrieren, die in Bezug auf die entsprechenden Prozessaspekte definiert worden sind.

Abb. 9.5 *Beispiel: Identifizierte Verbesserungstreiber*

9.4 Beschreibung und Bewertung einer Softwaretechnologie

Dieser Abschnitt stellt den Status der Technologie Componentware in einer Organisationseinheit dar. Die Technologie wird zunächst beschrieben (Abb. 9.6) und anschließend bewertet (Abb. 9.7). Das Beispiel unterliegt der folgenden Annahme: Die Technologie Componentware wird von einer Organisationseinheit eingesetzt, um eine Software namens Common Packages (CP) zu entwickeln. Die Software bietet Dienste an, die von mehreren Softwareapplikationen benötigt werden. Diese Applikationen werden von anderen Organisationseinheiten des Unternehmens entwickelt. Die wesentlichste Anforderung ist: CP muss lediglich durch Konfiguration und ohne weiteren Entwicklungsaufwand in die entsprechenden Applikationen integriert werden können.

Die Technologieanwendung wurde von internen Experten (Mitarbeitern der Organisationseinheit) beschrieben. An der Bewertung waren sowohl interne als auch externe Experten beteiligt. Die Technologiebeschreibung und -bewertung entsprechen dem Kenntnisstand von 1997. Abb. 9.7 zeigt die festgelegten Bewertungsfaktoren und die Bewertungsgründe. Der Erfüllungsgrad der Technologie im Hinblick auf die einzelnen Bewertungsfaktoren wird, aufgrund des inzwischen veralteten Wissens ausgelassen.

Abb. 9.6 Beispiel: Beschreibung der Technologie Componentware (Teil 1 von 3)

Componentware

Beschreibung

Wir haben uns bereits bei der Definition von CP (Common Packages) für den Einsatz von Komponententechnologie entschieden, um die Integration von CP oder Teile davon in unseren Softwareapplikationen (Endprodukten) zu erleichtern. Nach einer Analyse des aktuellen Stands dieser Technologie, haben wir uns für die am weitesten entwickelte Technologie entschieden: OLE Componentware (Object Linking and Embedding) von Microsoft.

[...]

Zusätzlich haben wir eine Teilung der Software durchgeführt:

- GUI-Komponenten (Frontend-Komponenten)
- Anwendungskomponenten (Backend-Komponenten)

Diese Teilung ermöglichte uns ein 3-Tiered Application Architecture Component Model einzuführen. Das Modell gab seinerseits den Anstoß zur Einführung eines Thin Clients-Konzepts auf der Basis von OCX (OLE Control Extension).

Abb. 9.6 (Teil 2 von 3)

Mit diesem Konzept sind wir imstande jederzeit die GUI-Clients durch die neu aufkommenden Clients, z.B. die auf Java Applets oder JavaBeans basierten Clients oder (D)HTML-Clients zu ersetzen.

Im Rahmen dieses Konzepts stellen wir einen Mechanismus und ein Protokoll bereit, die den Applikationsentwicklern ermöglichen, die Frontend-OCX-Komponenten und die Backend-Komponenten in kürzester Zeit zu erweitern. Die Erweiterung geschieht durch die Wiederverwendung von Command Objects, Wizard generated Component Skeleton und andere Komponenten.

[...]

Auch der Container verhält sich wie eine Komponente. Sowohl wir als auch die CP-Anwender (Applikationsentwickler) sind imstande diesen Container durch einen anderen wie etwa Internet Explorer (Frontend) oder Internet Information Server (Backend) oder Visual Basic-Container, zu ersetzen.

[...]

Durch die angewandte Komponententechnologie haben wir eine Softwarearchitektur erreicht, die weder von einer Programmiersprache abhängt (Komponenten können in C, C++, Java, Visual Basic,... entwickelt werden) noch von einem bestimmten Container (Visual Basic, Internet Explorer, Netscape, Internet Information Server, ... sind möglich).

[...]

Um ein besseres Verständnis der angewandten Technologie zu verschaffen, werden im Weiteren die CP-Komponenten kurz beschrieben:

- Ein Component Control überwacht alle aktiven Frontend- und Backend-Komponenten sowie alle aktiven Programme (Generic Main-Programme). Er kann diese starten, beenden, sperren oder die Sperrung aufheben.

[...]

Anwendungsgebiete

Alle Frontend- und Backend-Komponenten, und Container werden in Endprodukten verwendet:

[...]

Ziele und Strategien

Unsere Vision ist, die Programmierung weitgehend durch Konfigurierung zu ersetzen. Das bedeutet eine maximale Wiederverwendung von Komponenten bei der Entwicklung von Softwaresystemen. Dabei müssen die Komponenten so entwickelt werden, dass sie auf neue Standards (Java oder Internet) portiert werden können.

9.4 Beschreibung und Bewertung einer Softwaretechnologie

Abb. 9.6 (Teil 3 von 3)

Wir bevorzugen derzeit zwar ActiveX-Komponententechnologie, evaluieren aber gerade eine Java-basierte Komponententechnologie, um bei Bedarf auf diese Technologie setzen zu können. Es ist zu betonen, dass wir bereits Java und Applets innerhalb von Microsoft ActiveX verwenden können.

Einer unserer Hauptwettbewerber schreibt in einem Positionspapier, dass er zur Zeit die ActiveX-Komponententechnologie für den zukünftigen Einsatz evaluiert. Wir verwenden bereits diese Technologie erfolgreich. Wir wollen unseren Vorsprung auf diesem Gebiet weiter ausbauen.

Microsoft wirbt für Windows DNA mit einer 3-tiered Architektur mit gesonderten Frontend- und Backend-Applikationen. CP weist heute genau diese Architektur auf.

Kooperationspartner

[...]

Substitutionstechnologien

In Zukunft können folgende Technologien entscheidend sein: Windows Distributed interNet Application (DNA), Component Object Model (COM+), Active Server Pages (ASP), Active Template Library (ATL), Dynamic Hyper Text Markup Language (DHTML). Dementsprechend sind verschiedene Möglichkeiten der Substitution denkbar:

- Internet Explorer kann Frontend-Container ersetzen.
- Internet Information Server kann Backend-Container ersetzen.
- HTML-Komponenten können Frontend-Komponenten ersetzen.
- ATL-basierte OLE-Komponenten können Backend-Komponenten ersetzen.
- ASP-basierte DHTML-Komponenten können Backend-Komponenten ersetzen.

[...]

Komplementär-Technologien

Microsoft ActiveX- oder OLE-Technologie

Framework: Microsoft Foundation Classes (MFC), Bibliothek von C++-Wrapper-Facades, ...

Sprachen: Visual Basic, Visual Basic Script, Visual Basic for Applications (VBA), ...

Communication: [...]

Abb. 9.6 Beispiel: Beschreibung der Technologie Componentware

| Attraktivität der Componentware |||
| **(Beitrag zur Wettbewerbsfähigkeit)** |||
Bewertungsfaktor	Bewertung 1, 2, 3, 4 (niedrig bis hoch)	Begründung
Entwicklungs-potential der Technologie	aktuell: in 3 Jahren:	Komponententechnologie hat schon jetzt ein hohes Anwendungspotential in der industriellen Software-entwicklung, wenn auch, aufgrund des Mangels an geeigneten Komponenten, noch nicht möglich ist, ein Großteil eines Softwaresystems aus kommerziell verfügbaren Komponenten zu erstellen. Dieses Potential wird in den nächsten Jahren noch wachsen, denn auch bei den Entwicklern besteht eine breite Akzeptanz für diese Technologie.
Verfügbarkeit der Komplementär-technologien	aktuell: in 3 Jahren:	Komponententechnologie kann sich lediglich in Verbindung mit den Komplementärtechnologien, wie etwa Frameworks und Script-Sprachen voll entfalten. Es ist davon auszugehen, dass der Wachstum im Bereich Componentware auch zum Wachstum der Komplementärtechnologien beiträgt.
Risiko der Substitution	aktuell: in 3 Jahren:	Für die Komponententechnologie als Ganzes besteht keine Substitutionsgefahr; derzeit auch nicht für die in CP angewandte Komponententechnologie. Sie ist derzeit am weitesten entwickelt. Ob in der Zukunft eine Java-basierte Komponententechnologie die notwendige Reife erreicht, bleibt abzuwarten. Außerdem wurden bereits Vorkehrungen getroffen (siehe Technologiebeschreibung), um bei Bedarf auf diese Technologie umzusteigen.
Beitrag zur Reduktion der Entwicklungs-kosten	aktuell: in 3 Jahren:	Die Wiederverwendung von Komponenten reduziert die Kosten der Entwicklung von Applikationen. Der Wiederverwendungsgrad hängt aber vor allem von der Qualität und Verfügbarkeit der Komponenten ab. Wesentlich ist auch eine geeignete Beschreibung der Schnittstellen von Komponenten. Nur so kann mehr konfiguriert und weniger programmiert werden. Heute sind noch wenige Komponenten kommerziell verfügbar. Laut einer Studie von ... wird die Verfügbarkeit von Komponenten zunehmen. [...]

Abb 9.7 Beispiel: Bewertung der Technologie Componentware (Teil 1 von 3)

9.4 Beschreibung und Bewertung einer Softwaretechnologie

Abb. 9.7 (Teil 2 von 3)

Beitrag zur Reduktion der Entwicklungszeit	aktuell: in 3 Jahren:	Die Wiederverwendung von Komponenten reduziert die Entwicklungszeit. Der Wiederverwendungsgrad hängt vor allem von der Qualität und Verfügbarkeit der Komponenten ab. Wesentlich ist auch eine geeignete Beschreibung der Schnittstellen von Komponenten. Nur so kann mehr konfiguriert und weniger programmiert werden. Eine nachhaltige Reduktion der Entwicklungszeit wird allerdings dann erreicht, nachdem eine Reihe von Komponenten für die Wiederverwendung zur Verfügung stehen.
Beitrag zur Reduktion der Lebenszykluskosten (Akquisition, Schulung, Betrieb, Service)	aktuell: in 3 Jahren:	Heute muss noch in die Entwicklung von Komponenten investiert werden. Der Entwicklungsaufwand wird fallen, je mehr Komponenten mit standardisierten gut dokumentierten Schnittstellen auf den Markt kommen.
Beitrag zur Steigerung des Nutzen/Kosten-Verhältnisses für Kunden	aktuell: in 3 Jahren:	Je mehr Komponenten auf dem Mark angeboten werden, desto billiger werden sie (Wettbewerb). Die Kunden könnten dann auswählen, welche Komponenten sie in welchem Container verwenden möchten.
Beitrag zur Verbesserung der Funktionalität	aktuell: in 3 Jahren:	Nicht anwendbar
Beitrag zur Verbesserung der Zuverlässigkeit	aktuell: in 3 Jahren:	Componentware leistet keinen direkten Beitrag zur Zuverlässigkeit der Software. Gut getestete Komponenten erleichtern jedoch die Entwicklung zuverlässiger Software.
Beitrag zur Verbesserung der Benutzerfreundlichkeit	aktuell: in 3 Jahren:	Nicht anwendbar
Beitrag zur Steigerung der Systemperformance	aktuell: in 3 Jahren:	Die Performance von Softwareapplikationen, in denen die Komponenten später verwendet werden, kann / wird bei der Entwicklung von Komponenten kaum berücksichtigt. Dabei wird sie von der Art der Implementierung von Komponenten stark beeinflusst.

Abb. 9.7 *(Teil 3 von 3)*

Beitrag zur Verbesserung der Offenheit	aktuell: in 3 Jahren:	Applikationen können mit zusätzlichen Komponenten erweitert werden, vorausgesetzt, diese besitzen gut definierte und dokumentierte Standard-Schnittstellen und wurden unter Anwendung derselben Technologie (hier Microsoft Komponententechnologie) entwickelt.
Beitrag zur Verbesserung der Skalierbarkeit	aktuell: in 3 Jahren:	Die Granularität der Komponenten erleichtert die Skalierung eines Softwaresystems entsprechend den Kundenwünschen. Je mehr Komponenten verfügbar werden, desto einfacher wird die Auswahl einer Komponente mit spezifischen Merkmalen.

Technologische Position bezüglich Componentware

Bewertungsfaktor	Bewertung 1, 2, 3, 4 (niedrig bis hoch)	Begründung
Verfügbarkeit und Stabilität des Anwendungswissens	aktuell: in 3 Jahren:	CP basiert vollständig auf Komponententechnologie. Das Anwendungswissen ist sowohl bezüglich Service-Komponenten (Makrokomponenten) als auch bezüglich Basiskomponenten (Mikrokomponenten wie Microsoft Forms 2.0) vorhanden. Ebenso sind Erfahrungen mit verschiedenen Containern (Internet Explorer, Visual Basic, ...) vorhanden. Das Anwendungswissen ist gut verteilt: Fast alle Entwickler beherrschen diese Technologie.
Verfügbarkeit und Stabilität des Personals	aktuell: in 3 Jahren:	Derzeit herrscht Mangel an Entwicklern: CP-Releases können oft nicht termingerecht geliefert werden. Personalausbau ist geplant. Aufgrund hoher Motivation und Zugehörigkeitsgefühl der Entwickler kann jedoch von einer guten Stabilität des Personals ausgegangen werden.
Verfügbarkeit und Stabilität der Finanzen	aktuell: in 3 Jahren:	Das aktuelle Budget für Forschung und Entwicklung ist, gemessen an der Bedeutung der Technologie für die Organisation, unzureichend. Ebenso ist das Budget zur Pflege der Kooperation mit den Partnern bescheiden. Es gibt kein Anzeichen der Besserung.

Abb. 9.7 *Beispiel: Bewertung der Technologie Componentware*

9.5 Beschreibung und Bewertung einer Prozesstechnologie

Dieser Abschnitt zeigt ein Beispiel zur Beschreibung und Bewertung einer Prozesstechnologie: Werkzeugunterstützung für Konfigurations- und Änderungsmanagement. Zunächst werden die Anforderungen an Werkzeugunterstützung beschrieben (Abb. 9.8). Anschließend werden die in Frage kommenden Werkzeuge im Hinblick auf festgelegten Faktoren einzeln bewertet. Abb. 9.9 zeigt am Beispiel des Werkzeugs X, wie eine solche Bewertung vonstatten geht. Auf Grundlage der Bewertungen kann sich die Organisation für eines dieser Werkzeuge entscheiden.

Es ist zu beachten, dass hinter dem Werkzeug X kein bestimmtes Werkzeug steht: Die Bewertung ist daher nicht konsistent; der Erfüllungsgrad des Werkzeugs im Hinblick auf die festgelegten Bewertungsfaktoren kann nicht angegeben werden.

Abb. 9.8 Beispiel: Beschreibung der Werkzeugunterstützung für Konfigurationsmanagement (Teil 1 von 3)

Werkzeugunterstützung für Konfigurations- und Änderungsmanagement

Beschreibung

Derzeit werden 3 Werkzeuge zur Unterstützung des Konfigurations- und Änderungsmanagement eingesetzt. Die meisten Projekte verwenden X oder Y; vereinzelt wird Z eingesetzt. Diese Werkzeuge bieten Funktionen zur Unterstützung folgender Tätigkeiten (die Funktionen werden nicht immer von jedem Projekt in vollem Umfang genutzt bzw. von jedem Werkzeug in vollem Unfang unterstützt):

Ad Konfigurationsmanagement (KM):

- Abbildung der Objektstruktur des Projekts
- Verwaltung von Konfigurationselementen (Quellcode und wesentliche Entwicklungsdokumente, wie etwa Spezifikationen, Testdaten, ...).
- Definition von Metadaten in Form von Attributen, Beziehungen [...]
- Verwaltung, Archivierung und Rückgewinnung von Versionen einzelner Konfigurationselemente. Diese können einfache Dateien oder komplexe Komponenten und Teilsysteme sein.
- Verzweigung von Entwicklungslinien zwecks Varianten-Entwicklung, Wartung oder Integration, sowie Zusammenführung von Entwicklungslinien zwecks Übernahme von Änderungen (Branch und Merge). [...]

Abb. 9.8 *(Teil 2 von 3)*

- Produktion: automatischer Ablauf der Produktion (kompilieren, binden,...) durch Einsatz von Make-Scripts [...]
- Bericht und Analysemöglichkeit: Erstellung von Versions-Stücklisten, Darstellung von Include-Abhängigkeiten und Ableitung von Metriken

Ad Änderungsmanagement (ÄM):

- Übermittlung von Änderungen (Anforderungsänderungen und Fehlermeldungen) an das Projekt nach einem festgelegten Verfahren. Die Änderungen kommen direkt von Kunden oder Anwendern, von internen Stellen und vom Projekt selbst (insbesondere während der Testphasen). Das Verfahren sieht folgende Schritte vor: Erfassen der Fehlermeldung oder der Anforderungsänderung, technische und wirtschaftliche Analyse, Entscheidung, Release-Planung, Durchführung, Qualitätssicherung, Freigabe.
- Dokumentation von Änderungen, so dass sie jederzeit nachvollziehbar sind.
- Unterstützung der Release-Planung [...]
- Bericht und Analysemöglichkeit: Freigabemitteilungen, Berichte über Stand der Änderungen, Fehlerstatistiken, [...]

Der Grad der Integration des ÄM mit dem KM ist je nach Werkzeug unterschiedlich [...]

Anwendungsgebiete

Jedes Projekt setzt ein Werkzeug für das KM und ÄM ein. Die größeren Projekte verwenden meist Y; die kleineren eher Z.

Ziele und Strategien

Künftig sollen alle Projekte ein einziges Werkzeug oder eine Werkzeuglösung eines einzigen Herstellers für das KM und ÄM verwenden. Das Werkzeug muss die oben aufgelisteten Tätigkeiten möglichst in vollem Umfang unterstützen.

Durch diese Standardisierung sollen zum einen die Wiederverwendung von Entwicklungsergebnissen quer durch alle Projekte verbessert werden und zum anderen der Austausch und Aufbau von Anwendungswissen bezüglich KM und ÄM erleichtert werden.

Kooperationspartner

Die Zusammenarbeit mit den Anbietern und den Anwendern von Werkzeugen findet in folgenden Task Forces und User Groups statt [...]

9.5 Beschreibung und Bewertung einer Prozesstechnologie

Abb. 9.8 (Teil 3 von 3)

Substitutionstechnologien

Im Prinzip kann jedes der folgenden KM/ÄM-Werkzeuge jedes andere ersetzen: PVCS Dimensions, ClearCase und ClearQuest, Continuus, MKS, CCC Harvest, CVS (Open Source) usw. Diese erfüllen allerdings die Anforderungen eines systematischen KM und ÄM und/oder die individuellen Erwartungen einer Organisationseinheit unterschiedlich.

Komplementär-Technologien

Das KM ist die logistische Basis einer Entwicklung. Daher besteht ein Zusammenhang mit vielen anderen Entwicklungstätigkeiten [...]

Abb. 9.8 Beispiel: Beschreibung der Werkzeugunterstützung für Konfigurationsmanagement

Abb. 9.9 Beispiel: Bewertung eines Werkzeugs für Konfigurationsmanagement (Teil 1 von 3)

\	Attraktivität des KM/ÄM-Werkzeugs X	
	(Beitrag zur Wettbewerbsfähigkeit)	
Bewertungsfaktor	**Bewertung** 1, 2, 3, 4 (niedrig bis hoch)	**Begründung**
Akzeptanz am Markt / Einsatzhäufigkeit	aktuell: in 3 Jahren:	Die Akzeptanz seitens Anwender ist [...] Insgesamt genießt das Werkzeug eine höhere Akzeptanz bei kleinen und mittelgroßen Projekten als bei großen Projekten.
Weltmarktposition / Attraktivität des Herstellers • Marktpräsenz des Herstellers • Solidität des Herstellers • Versionspolitik • Kundenbetreuung (Hotline, Consulting, Schulung)	aktuell: in 3 Jahren:	Es handelt sich um einen Hersteller mit einem Marktanteil von [...]. Aufgrund der aktuellen Marktsituation [...] und Schwierigkeiten in der aktuellen Version des Werkzeugs [...] ist mit einem Rückgang des Marktanteils zu rechnen.

Abb. 9.9 *(Teil 2 von 3)*

Wirtschaftlichkeit / Preis/Leistungs-Verhältnis • Einführungskosten • Betriebskosten • Lizenzkosten	aktuell: in 3 Jahren:	Die Einführungs- und Betriebskosten sind hoch, da vor jedem Einsatz des Werkzeugs viele Anpassungen notwendig sind. Die Lizenzkosten sind angemessen […] Das Preis/Leistungs-Verhältnis ist insgesamt gut, da das Werkzeug die Effizienz der Projekte sehr steigert.
Verfügbarkeit auf verschiedenen System-Plattformen	aktuell: in 3 Jahren:	UNIX- und WINDOWS-Plattformen werden unterstützt.
Verfügbarkeit der Funktionalität über Web	aktuell: in 3 Jahren:	Die aktuelle Version weist eine verbesserte Web-Funktionalität auf. Einige funktionale Einschränkungen, insbesondere bezüglich […] bestehen jedoch weiterhin.
Technisch/ funktionale Vollständigkeit • State of the art • Integrierbarkeit in Entwicklungsumgebung • Unterstützung der verteilten Entwicklung	aktuell: in 3 Jahren:	X hat einige funktionale Mängel […]. Es ist nicht damit zu rechnen, dass diese Mängel innerhalb der nächsten drei Jahren zufriedenstellend behoben werden. Alle gebräuchlichen Entwicklungsumgebungen bieten eine Schnittstelle zu X an. Das funktionale Zusammenspiel des Konfigurations- und des Änderungsmanagements ist noch nicht zufriedenstellend. Die verteilte Entwicklung wird nur rudimentär unterstützt. […]
Qualität • Stabilität • Performance • Sicherheit • Skalierbarkeit • Benutzerfreundlichkeit • Tragfähigkeit des Produktkonzepts	aktuell: in 3 Jahren:	Stabilität und Sicherheit sind hoch, Performance teilweise schlecht (hoher Speicherbedarf bei Clients) […] Die Bedienbarkeit unter der Plattform […] ist gut. Hingegen ist das Werkzeug unter der Plattform […] umständlich zu bedienen. […]
Leichte Konfigurierbarkeit	aktuell: in 3 Jahren:	Basiseinstellungen […] können leicht konfiguriert werden; andere Einstellungen […] durch Scripting.

9.5 Beschreibung und Bewertung einer Prozesstechnologie

Abb. 9.9 (Teil 3 von 3)

\multicolumn{3}{c}{**Technologische Position bezüglich des KM/ÄM-Werkzeugs X**}		
Bewertungsfaktor	Bewertung 1, 2, 3, 4 (niedrig bis hoch)	Begründung
Verfügbarkeit und Stabilität des Anwendungswissens	aktuell: in 3 Jahren:	X ist seit langem und in vielen Projekten im Einsatz. Daher ist ein hohes Anwendungswissen bezüglich des Werkzeugs vorhanden. Solange das Werkzeug in den Projekten eingesetzt wird, werden die Verfügbarkeit und die Dauerhaftigkeit des Anwendungswissens gegeben sein.
Verfügbarkeit und Stabilität des Personals	aktuell: in 3 Jahren:	Für die Größe der Organisationseinheit sind zu wenig Experten (Administratoren) verfügbar. Zudem ist aufgrund der derzeit hohen Fluktuation fraglich, ob diese Experten der Organisation erhalten bleiben.
Verfügbarkeit und Stabilität der Finanzen	aktuell: in 3 Jahren:	Gelegentlich werden Schulungen für ausgewählte Mitarbeiter organisiert. Mittel und Kapazität für einen gezielten Wissensausbau sind / werden nicht geplant.

Abb. 9.9 Beispiel: Bewertung eines Werkzeugs für Konfigurationsmanagement

10 Abschluss und Ausblick

Die Softwareentwicklung stellt eine wichtige bis zentrale Tätigkeit in einem Unternehmen der Informationstechnologie dar. Ihre Verbesserung trägt unmittelbar zum Erfolg des Unternehmens bei und ist eine wichtige Aufgabe der Unternehmensleitung.

Auslöser für eine Softwareentwicklung sind Anforderungen und Ideen. Die Anforderungen werden von *Menschen* unter Anwendung von *Technologien* nach einem festgelegten *Entwicklungsprozess* immer feiner beschrieben, bis eine ausführbare Beschreibung entsteht. Eine Verbesserung der Softwareentwicklung hat somit drei Dimensionen: Verbesserung des Entwicklungsprozesses, Verbesserung der Technologien und Verbesserung der Stellung der Mitarbeiter. Jede Verbesserung muss im Sinne der Steigerung der Wettbewerbsfähigkeit des Unternehmens geschehen.

Zur Steigerung ihrer Wettbewerbsfähigkeit setzen sich die Unternehmen unterschiedliche Ziele und schlagen unterschiedliche Wege der Zielerreichung ein, je nach Markt- und unternehmensinternen Bedingungen. Da diese sich im Zeitverlauf ändern können, müssen Verbesserungen kontinuierlich und auf Basis systematischer Bewertungen initiiert und im Hinblick auf die Zielerreichung gesteuert werden. Diese Forderung umreißt zugleich den Aufgabenbereich des Prozess-, des Technologie- und des Mitarbeitermanagements: kontinuierliche Verbesserung der Prozesse, der Technologien und der Stellung der Mitarbeiter in der Softwareentwicklung.

Im Verlauf dieser Arbeit wurde das Verfahren MPTM für ein systematisches Prozess- und Technologiemanagement vorgestellt. Entsprechend seiner Zielsetzung öffnet das Verfahren, im Vergleich zum aktuellen Stand der Technik, neue Möglichkeiten:

- Es unterstützt, den aktuellen Stand der Entwicklungsprozesse und Technologien anhand von Faktoren zu bewerten, die den individuellen Zielen eines Unternehmens entsprechen. Auf der Basis einer solchen Bewertung kann das Unternehmen ermitteln, wo derzeit der größte Handlungsbedarf besteht und was die Verbesserungsmaßnahmen sind.
- Es gestattet folglich einem Unternehmen, die Prozess- und Technologieverbesserungen an den eigenen Zielen zu orientieren und den Verbesserungsgrad daran kontinuierlich zu messen.
- Es stellt eine Strategie zur Verfügung, um das quantitative Prozess- und Technologiemanagement schrittweise aufzuwerten und damit die Transparenz der Bewertungs- und Verbesserungsaktivitäten zu erhöhen.

- Es stellt ein Vorgehensmodell bereit, um die Verbesserungsmaßnahmen im Rahmen eines Projekts erfolgreich umzusetzen. Es zeigt ferner die Voraussetzungen für die Organisation des Verbesserungsprojekts.
- Es stellt geeignete Hilfsmittel zur Verfügung: ein Modell zur Bewertung von Kernprozessen der Softwareentwicklung, Metriken zur Darstellung des Status der Softwareentwicklung, Vorlagen für die Beschreibung und Bewertung von Technologien.

Das Verfahren schließt zwar einige für die Zusammenarbeit in Projekten wichtige Aspekte des Faktors „Mitarbeiter" in die Bewertung ein. Insgesamt aber vernachlässigt es die dritte Dimension der Verbesserung der Softwareentwicklung, nämlich die Verbesserung des Mitarbeitermanagements: Wichtige Prozesse des Mitarbeitermanagements, wie etwa Förderung, Anerkennung und Karriereplanung, werden nicht behandelt.

Damit ist klar, welcher Ausblick sich der Verbesserung der Softwareentwicklung eröffnet: Das Mitarbeitermanagement muss eine stärkere Berücksichtigung bei der Bewertung und Verbesserung der Softwareentwicklung finden. Denn die Softwareentwicklung ist arbeitsintensiv; für die planmäßige Durchführung von Projekten und Entwicklung marktgerechter Software sind Wissen, Erfahrungen, Engagement und Motivation der Mitarbeiter ausschlaggebend.

Es zeichnet sich ab, dass die Aufmerksamkeit für das Thema Mitarbeitermanagement in der Softwareentwicklung wächst: Mit People-CMM steht ein umfassendes Modell für die Bewertung und Verbesserung des Mitarbeitermanagements zur Verfügung, das zugleich eine Grundlage für die Weiterentwicklung des Themas darstellt. Auch die Agile Entwicklung, die derzeit insbesondere in kleineren Softwareunternehmen und unter Entwicklern kontrovers diskutiert wird, verlagert die Gewichte in der Softwareentwicklung: von dem Entwicklungsprozess auf die Mitarbeiter.

Eine Perspektive für die Weiterentwicklung des Verfahrens ist damit auch gegeben: stärkere Integration der Bewertung und Verbesserung des Mitarbeitermanagements. Naheliegend ist die Erweiterung des in Kapitel 7 vorgestellten Modells um weitere wesentliche Aspekte und Prozesse des Mitarbeitermanagements.

Es besteht außerdem Handlungsbedarf im Hinblick auf eine systematische Untersuchung der Unternehmenskultur als Erfolgsfaktor von Verbesserungsprojekten. Hierzu bietet die Fachliteratur nur vereinzelt Lösungen und Konzepte an; es liegen kaum Erkenntnisse vor, bis auf die folgende: Neben der Projektorganisation und dem Vorgehensmodell ist die Unternehmenskultur entscheidend für den Erfolg eines Verbesserungsprojekts. Die Untersuchung muss insbesondere erarbeiten, welche Faktoren der Unternehmenskultur (Entscheidungsfindung, Informationswege, Innovationsbereitschaft, Umgang mit Fehlern, Eigeninitiative usw.) auf welche Weise den Erfolg eines Verbesserungsprojekts beeinflussen und wie mit ihnen umzugehen ist. In diesem Zusammenhang soll die Frage der Identifikation und Behebung von Hindernissen, die auf die Unternehmenskultur zurückzuführen sind, eine besondere Beachtung finden.

Insgesamt ist das Verfahren MPTM für die Anwendung in der Praxis geeignet. Die abgeleiteten Maßnahmen wirken durch die Orientierung der Bewertung an den Verbesserungszielen der Organisationseinheit und durch die integrierte Betrachtung des Entwicklungsprozesses und der Technologien abgestimmt und finden die Zustimmung der untersuchten Organisationseinheit.

Begriffsverzeichnis

Anwendungsdomäne
Eine Anwendungsdomäne bezeichnet ein Arbeitsgebiet in einem Unternehmen. Sie umfasst alle Softwareprodukte, die ähnliche Funktionen enthalten oder für ähnliche Verwendungszwecke entwickelt werden. Bei der Entwicklung dieser Produkte werden gleiche Technologien und Entwicklungsprozesse angewandt. Mit anderen Worten, eine Anwendungsdomäne umfasst eine Produktfamilie oder eine Produktlinie.

Assessment
Synonym für Bewertung

Entwicklungsdokument
Jedes Ergebnis einer Entwicklungsarbeit stellt ein Entwicklungsdokument dar. Beispiele sind: Anforderungs-, Design-, und Test-Spezifikation, Code, Konfigurationsmanagement-Plan und Projektplan.

Entwicklungskosten
Der wesentliche Anteil der Kosten eines Softwareprojekts ergibt sich aus der Multiplikation des Projektaufwands (Personalaufwand in Stunden) mit dem Stundensatz. Dazu kommen noch Reisekosten, Kosten der Rechenzeit, Lizenzkosten usw. Diese Kosten können, insbesondere bei großen verteilten Projekten, von beachtlicher Höhe sein.

Entwicklungs-Teilprozess
Der →Softwareentwicklungsprozess besteht aus einer Menge von Entwicklungs-Teilprozessen. Ein Entwicklungs-Teilprozess (Entwicklungsprozess) umfasst eine Reihe von Tätigkeiten, die in einem engen Zusammenhang zueinander stehen und definierte Ergebnisse hervorbringen. Diese Ergebnisse bilden insgesamt einen Teil der →Entwicklungsdokumente. Beispiele für Entwicklungsprozesse sind: Konfigurationsmanagement, Implementierung und Integration.

Fehler
Fehler können formaler oder inhaltlicher Natur sein. Formale Fehler – dazu zählen vor allem Verstöße gegen Richtlinien im Projekt oder gegen Programmierkonventionen – führen zu keiner Fehlfunktion der Software. Formale Fehler können das Verständnis der Entwicklungsdokumente verschlechtern und damit die Wartung und Weiterentwicklung der Software erschweren. Formale Fehler können nicht durch Tests gefunden werden, sondern nur im Rahmen von Reviews. Inhaltliche Fehler sind Fehler im Code oder in Spezifikationen sämtlicher Art, die zu Fehlfunktionen führen. Sie können, je nachdem um welches →Entwicklungsdokument es sich handelt, durch Tests oder Reviews gefunden werden.

Indikator
Ein Indikator ist ein Anzeichen oder ein Hinweis auf den Zustand einer Software, eines Entwicklungsprozesses oder einer Technologie. Beispielsweise ist die Anzahl durchlaufener Testfälle ein Hinweis für den Testfortschritt.

Kernprozess der Softwareentwicklung
Ein Kernprozess der Softwareentwicklung ist ein Teilprozess der Softwareentwicklung (→Entwicklungs-Teilprozess), der für den Erfolg eines Projekts als besonders wichtig erachtet wird und zudem nur seine wesentlichen Prozessaspekte (Prozesstätigkeiten und -themen) umfasst. Beispiel eines Kernprozesses ist die Qualitätssicherung, definiert anhand folgender Aspekte: Review und statische Analyse, Systemtest, Testumgebung, Abnahmetest, Feldversuch und Betatest.

Messdaten →Primärdaten

Messeinheit
Messeinheiten werden zur Darstellung der Größe oder des Umfangs eines →Messobjekts verwendet, z.B. Lines of Code, Function Points oder Anzahl der Anforderungen zur Darstellung der Softwaregröße, Mitarbeitermonat oder Mitarbeiterstunde zur Darstellung des Aufwands.

Messen
Die Anwendung von Metriken auf ein →Messobjekt. Messen umfasst alle Aktivitäten, die notwendig sind, um den Zustand von Entwicklungsprozessen, Technologien, Produkten und Projekten quantitativ darzustellen. Ziel des Messens ist es, die Steuerung und Kontrolle der Softwareentwicklung zu erleichtern, Abweichungen im Projekt zu entdecken, potentielle Verbesserungsbereiche zu identifizieren und den Grad der Prozess- und Technologieverbesserungen zu prüfen.

Messergebnis
Das Ergebnis der Anwendung einer →Metrik; das Ergebnis des →Messens

Messobjekt
Messobjekte sind Gegenstände des →Messens. Als Messobjekte kommen Entwicklungsprojekte selbst, die Projektergebnisse (Softwareprodukte) und die Zwischenergebnisse der Projekte (→Entwicklungsdokumente) in Frage. Auch eine →Anwendungsdomäne (oder eine →Organisationseinheit) kann anhand von repräsentativen Projekten indirekt (über das Errechnen des Mittelwerts) gemessen werden.

Messung →Messen

Metrik
Unter dem Begriff Metrik wird eine Formel oder Methode verstanden, die imstande ist, technische oder wirtschaftliche Eigenschaften von Softwareprodukten, Softwareentwicklungsprozessen oder Softwaretechnologien in Zahlen (gegebenenfalls auf einer vordefinierten Skala) auszudrücken.

Mitarbeitermanagement
Mitarbeitermanagement befasst sich mit der Bewertung und Verbesserung mitarbeiterbezogener Faktoren, um die Stellung der Mitarbeiter in der Softwareentwicklung zu verbessern und damit die Erreichung der Unternehmensziele zu erleichtern. Das Mitarbeitermanagement ist ein Synonym für das Personalmanagement in der Softwareentwicklung. Hier wird dem Begriff Mitarbeitermanagement der Vorzug gewährt, da er die Bedeutung von Aspekten, wie Arbeitsumgebung, Kommunikation und Teamarbeit in der Softwareentwicklung, deutlicher zum Ausdruck bringt.

Nacharbeitung (Rework)
Alle Arbeiten, die erbracht werden, um die Fehlleistungen auszubessern, werden als Nacharbeitung bezeichnet. Dazu gehören vor allem erneute Review- und Test-Tätigkeiten, die nach einer Fehlerfindung anfallen. Da Nacharbeitung auch eine Frage der Definition ist, muss jede →Organisationseinheit, im Sinne der Metrikanwendung, genau festlegen, welche Tätigkeiten dort unter Nacharbeitung zu verstehen sind.

Organisationseinheit →Organisationseinheit, softwareentwickelnde

Organisationseinheit, softwareentwickelnde
Eine softwareentwickelnde Organisationseinheit ist der Teil eines Unternehmens, der sich mit der Entwicklung von →Software befasst, die einer bestimmten →Anwendungsdomäne zuzuordnen ist.

Primärdaten
Primärdaten werden benötigt, um eine →Metrik erheben oder errechnen zu können. Primärdaten ergeben sich aus der Software selbst, aus der Entwicklung der Software oder aus der Anwendung der Software. Beispiele für solche Daten sind: Softwaregröße, Aufwand, Kosten, Termine, Fehlerzahl, Anzahl der Anforderungs-Änderungen usw. Primärdaten sind für sich nicht interpretierbar; zu deren Verständnis werden Metriken benötigt.

Produkttechnologie
Als Produkttechnologie wird das Wissen bezeichnet, das die Funktionalität und die statische und dynamische Architektur des Softwareprodukts bestimmt.

Prozess-Assessment →Prozessbewertung

Prozessbewertung
Im Rahmen einer Prozessbewertung wird der Status eines Softwareentwicklungsprozesses ermittelt, indem die Kernprozesse der Entwicklung entsprechend den Unternehmenszielen detailliert untersucht werden. Das wesentliche Ergebnis einer Prozessbewertung sind die Verbesserungsmaßnahmen. →Prozessmanagement

Prozessmanagement
Prozessmanagement befasst sich mit der Bewertung (→Prozessbewertung) und Verbesserung (→Prozessverbesserung) des Softwareentwicklungsprozesses, um die Erreichung der Unternehmensziele, heute und künftig, sicherzustellen. Mit anderen Worten, Prozessmanagement bedeutet die Ausrichtung des Prozesses, so dass die gestellten Marktanforderungen, so bald sie sich auf den Entwicklungsprozess beziehen, erfüllt werden.

Prozesstechnologie
Als Prozesstechnologie wird das Wissen bezeichnet, das die Entwicklung einer Software unterstützt, ohne in das eigentliche Softwareprodukt einzufließen.

Prozessverbesserung
Prozessverbesserung bedeutet die systematische Umsetzung von Verbesserungsmaßnahmen unter Beachtung der Unternehmensziele. →Prozessmanagement

Prüfschritt
Prüfschritt ist eine im Rahmen der →Softwareprüfung geplante qualitätssichernde Maßnahme (Review, statische Analyse oder Test).

Software
Software ist eine Menge von Computerprogrammen und Daten zusammen mit zugehörigen Dokumenten zu ihrer Entwicklung und Benutzung.

Softwareentwicklungsprozess
Unter Softwareentwicklungsprozess wird eine Menge von geordneten methodengestützten Tätigkeiten verstanden, die ein Entwicklungsteam ausübt, um →Software zu entwickeln oder zu warten.

Softwaremetrik →Metrik

Softwareprüfung
Softwareprüfung zielt auf die Fehlerfindung und -behebung in der Softwareentwicklung ab. Softwareprüfungen finden in Form von Reviews oder Tests statt. In einer Entwicklung können folgende Prüfungen unterschieden werden: Review der Anforderungsspezifikationen, Review der Designspezifikationen, Review der Testspezifikationen, Code-Review bzw. statische Analyse des Codes, Modultest, Integrationstest, Systemtest, Abnahmetest (gegebenenfalls auch andere Tests).

Technik
Unter dem Begriff Technik wird die Gesamtheit aller Werkzeuge, Maßnahmen und Verfahren verstanden, die sich zweckmäßig und nutzbringend bei der Softwareentwicklung anwenden lassen.

Technologie
Der Begriff Softwaretechnologie wird im Sinne von Wissen über technische Zusammenhänge verwendet, das bei der Entwicklung von Software zum Einsatz kommt. Technologie wird somit als Wissen von der Anwendung der Technik verstanden.

Technologiebewertung
Im Rahmen einer Technologiebewertung wird der Status der angewandten und verfügbaren Technologien anhand von Bewertungskriterien bestimmt, die aus den Unternehmenszielen abgeleitet werden. Das Ziel einer Technologiebewertung ist, den technologischen Handlungsbedarf einer Organisationseinheit zu ermitteln. →Technologiemanagement

9.5 Beschreibung und Bewertung einer Prozesstechnologie

Technologiemanagement
Technologiemanagement ist die Verbesserung der Softwaretechnologien (→Technologieverbesserung) auf Grundlage einer systematischen Bewertung angewandter und verfügbarer Softwaretechnologien (→Technologiebewertung), um Unternehmensziele zu erreichen. Mit anderen Worten, Technologiemanagement bedeutet die kontinuierliche Ausrichtung der Ressourcen auf marktgerechte Technologien.

Technologieverbesserung
Technologieverbesserung bedeutet die systematische Umsetzung von Verbesserungsmaßnahmen unter Beachtung der Unternehmensziele. Technologieverbesserung schließt die Verbesserung der Anwendung von Technologien und die Anwendung von besseren Technologien ein. →Technologiemanagement

Verbesserungstreiber
Als Verbesserungstreiber werden diejenigen →Kernprozesse und Prozessaspekte bezeichnet, deren Verbesserung eine positive Auswirkung auf die Zielerreichung hat. Analog dazu werden auch diejenigen →Technologien, die der Zielerreichung dienen, als Verbesserungstreiber bezeichnet.

Literaturverzeichnis

[Ahern 03] Ahern, D. M., Clouse, A., Turner, R.: CMMI Distilled: A Practical Introduction to Integrated Process Improvement, 2nd Edition. Addison-Wesley 2003.

[Asam 86] Asam, R., Denkard, N., Meier, H.-H.: Qualitätsprüfung von Software-Produkten. Siemens-Fachverlag 1986.

[Barnard 94] Barnard, J., Price, A.: Managing code inspection information; in: IEEE Software, 11(2), 1994, 59–69.

[Basili 88] Basili, V. R., Rombach, H. D.: The TAME Projekt: Towards Improvement-Oriented Software Environments; in: IEEE Transaction on Software Engineering, Vol. 14, No. 6, June 1988, pp. 758–73.

[Basili 92] Basili, V. R.: Software Modelling and Measurement: The Goal/Question/Metric paradigm. Technical Report CS-TR-2956, Department of Computer Science, University of Maryland, Sept. 1992.

[Basili 94a] Basili, V. R.: Applying the Goal / Question / Metric paradigm in the Experience Factory; in: Software Quality Assurance and Measurement, A Worldwide Perspective (N. Fenton, R. Whitty, Y. Lizuka, Eds.), International Thomson Publishing 1994.

[Basili 94b] Basili, V., Green, S.: Software Process Evolution at the SEL; in: IEEE Software, July 1994, 58–66.

[Bergbauer 98] Bergbauer, A. K., Grunwald, B.: Die Unternehmensqualität messen – den Europäischen Qualitätspreis gewinnen: E.F.Q.M.-Selbstbewertung in der Praxis. Expert-Verlag 1999.

[Boehm 76] Boehm, B. W.: Software Engineering; in: IEEE Transactions on Computers, Dec. 1976, 1226–1241.

[Boehm 78] Boehm, B. W., Brown, J. R.: Characteristics of Software Quality. Elsevier Science 1978.

[Boehm 81] Boehm, B. W.: Software Engineering Economics. Prentice Hall 1981.

[Bootstrap 03] Website: http://www.Bootstrap-institute.com/

[Brooks 95] Brooks, F. P., jr: The Mythical Man-Month. Addison-Wesley 1995.

[Brown 98] Brown, W. J. et al.: AntiPatterns: Refactoring Software, Architectures, and Projects in Crisis. John Wiley & Sons 1998.

[Card 95] Card, D. N.: Is Timing Really Everything?; in: IEEE Software, September 1995.

[Chrissis 03] Chrissis, M. B., Konrad, M., Shrum, S.: CMMI Guidelines for Process Integration and Product Improvement. Addison-Wesley 2003.

[CMM 03] Website: http://www.sei.cmu.edu/cmm/

[CMMI 01a] CMMI for Systems Engineering and Software Engineering, V1.1, Continuous Representation. Technical Report CMU/SEI-2002-TR-001, Software Engineering Institute, Carnegie Mellon University, Pittsburgh, 2001. http://www.sei.cmu.edu/publications/documents/02.reports/02tr001.html

[CMMI 01b] CMMI for Systems Engineering and Software Engineering, V1.1, Staged Representation. Technical Report CMU/SEI-2002-TR-002, Software Engineering Institute, Carnegie Mellon University, Pittsburgh, 2001. http://www.sei.cmu.edu/publications/documents/02.reports/02tr002.html

[CMMI 01c] CMMI for Systems Engineering, Software Engineering, and Integrated Product and Process Development, V1.1, Continuous Representation. Technical Report CMU/SEI-2002-TR-003, Software Engineering Institute, Carnegie Mellon University, Pittsburgh, 2001. http://www.sei.cmu.edu/publications/documents/02.reports/02tr003.html

[CMMI 01d] CMMI for Systems Engineering, Software Engineering, and Integrated Product and Process Development, V1.1, Staged Representation. Technical Report CMU/SEI-2002-TR-004, Software Engineering Institute, Carnegie Mellon University, Pittsburgh, 2001. http://www.sei.cmu.edu/publications/documents/02.reports/02tr004.html

[CMMI 02a] CMMI for Software Engineering, V1.1, Continuous Representation. Technical Report CMU/SEI-2002-TR-028, Software Engineering Institute, Carnegie Mellon University, Pittsburgh, 2002. http://www.sei.cmu.edu/publications/documents/02.reports/02tr028.html

[CMMI 02b] CMMI for Software Engineering, V1.1, Staged Representation. Technical Report CMU/SEI-2002-TR-029, Software Engineering Institute, Carnegie Mellon University, Pittsburgh, 2002. http://www.sei.cmu.edu/publications/documents/02.reports/02tr029.html

[CMMI 02c] CMMI for Systems Engineering, Software Engineering, Integrated Product and Process Development, and Supplier Sourcing, V1.1, Continuous Representation. Technical Report CMU/SEI-2002-TR-011, Software Engineering Institute, Carnegie Mellon University, Pittsburgh, 2002. http://www.sei.cmu.edu/publications/documents/02.reports/02tr011.html

[CMMI 02d] CMMI for Systems Engineering, Software Engineering, Integrated Product and Process Development, and Supplier Sourcing, V1.1, Staged Representation. Technical Report CMU/SEI-2002-TR-012, Software Engineering Institute, Carnegie Mellon University, Pittsburgh, 2002. http://www.sei.cmu.edu/publications/documents/02 reports/02tr012.html

[CMMI 03] Website: http://www.sei.cmu.edu/cmmi/

[Curtis 95] Curtis, B., Hafley, W. E., Miller, S.: People Capability Maturity Model. Technical Report CMU/SEI-95-MM-002, Software Engineering Institute, Carnegie Mellon University, Pittsburgh, 1995. http://www.sei.cmu.edu/publications/documents/95. reports/95.mm.002.html

[Debou 94] Debou, C., Lipták, J., Schippers, H.: Decision Making for Software Process Improvement: A Quantitative Approach; in: The Journal of Systems and Software Vol. 26, pp. 43–52, 1994.

[Debou 95] Debou, C.: ami: A Measuremenr-based Approach for Software Process Improvement; in: Proceedings of the SEPG Conference, Boston, May 1995.

[DeMarco 86] DeMarco, T., Boehm, B. W.: Controlling Software Projects: Management, Measurement and Estimation. Yourdon Press 1986.

[DeMarco 87] DeMarco, T., Lister, T.: Peopleware: Productive Projects and Teams. Dorset House 1987, 2nd ed., 1999 (die deutsche Ausgabe ist erschienen unter dem Titel „Wien wartet auf dich", Hanser 1991).

[DeMarco 97] DeMarco, T.: The Deadline: A Novel about Project Management. New York, Dorset House 1997 (die deutsche Ausgabe ist erschienen unter dem Titel „Der Termin – Ein Roman über Projektmanagement, Hanser 1998).

[Deutsch 88] Deutsch, M. S., Willis, R. R.: Software Quality Engineering. Prentice-Hall 1988.

[Diaz 97] Diaz, M., Sligo, J.: How Software Process Improvement Helped Motorola; in: IEEE Software, September/October 1997.

[Differding 96] Differding, C., Rombach, D.: Kontinuierliche Software-Qualitätsverbesserung in der industriellen Praxis; in: Software-Metriken in der Praxis (C. Ebert, R. Dumke, Hrsg.), Springer 1996.

[Dumke 00] Dumke, R., Lehner, F.: Software Metriken – Entwicklungen, Werkzeuge und Anwendungsverfahren. Deutsche Universitäts-Verlag 2000.

[Dymond 02] Dymond, K. M.: CMM Handbuch. Springer 2002.

[Ebert 96] Ebert, C., Dumke, R. (Hrsg.): Software-Metriken in der Praxis. Springer 1996.

[Fairley 85] Fairley, R.: Software Engineering Concepts. McGraw-Hill 1985.

[Feigenbaum 83] Feigenbaum, A. V.: Total Quality Control. McGraw-Hill 1983.

[Fenton 91] Fenton, N. E.: Software Metrics – A Rigorous Approach. Chapman & Hall 1991.

[Ferguson 99] Ferguson, P. et al.: Software Process Improvement works! Technical Report CMU/SEI-99-TR-027, Software Engineering Institute, Carnegie Mellon University, Pittsburgh, 1999. http://www.sei.cmu.edu/pub/documents/99.reports/pdf/99tr027.pdf

[Florac 97] Florac, W. A., Park, R. E., Carleton, A. D.: Practical Software Measurement: Measuring for Process Management and Improvement. Handbook CMU/SEI-97-HB-003, Software Engineering Institute, Carnegie Mellon University, Pittsburgh, 1997. http://www.sei.cmu.edu/publications/documents/97.reports/97hb003/97hb003abstract.html

[Flowers 96] Flowers, S.: Software Failure: Management Failure: Amazing Stories and Cautionary Tales. John Wiley & Son 1996.

[Floyd 97] Floyd, C., Züllighoven, H.: Softwaretechnik; in: Informatik-Handbuch (P. Rechenberg, G. Pomberger, Hrsg.), Hanser 1997, 641–667.

[Gillies 92] Gillies, A. C.: Software quality - Theory and management. Chapman & Hall Computing 1992.

[Grady 87] Grady R. B., Caswell, D. L.: Software Metrics: Establishing a Company-Wide Program. Prentice-Hall 1987.

[Grady 92] Grady R. B.: Practical Software Metrics for Project Management and Process Improvement. Prentice-Hall 1992.

[Grady 93] Grady R. B.: Practical results from measuring software quality; in: Communication of ACM, 36(11), 1993, 62–68.

[Gresse 95] Gresse, C., Hoisl, B., Wüst, J.: A Process Model for GQM-Based Measurement. Software-Technologie-Transfer-Initiative Kaiserslautern, STTI-95-04-E, 1995.

[Hafley 98] Hafley, W. E., Curtis, B.: People CMM-Based Assessment Method Description, Version 1.0. Technical Report CMU/SEI-98-TR-012, Software Engineering Institute, Carnegie Mellon University, Pittsburgh, 1998. http://www.sei.cmu.edu/publications/documents/98.reports/98tr012/98tr012abstract.html.

[Haase 94] Haase, V. et al.: BOOTSTRAP: Fine Tuning Process Assessment; in: IEEE Software, July 1994, 25–35.

[Halstead 77] Halstead, M. H.: Elements of Software Science. Elsevier 1977.

[Hall 97] Hall, T., Fenton, N.: Implementing effective software metrics programms; in: IEEE Software, 14(2), 1997, 55–64.

[Heinrich 95] Heinrich, L. J., Pomberger, G.: Diagnose der Informationsverarbeitung; in: Informationstechnik und Organisation - Planung, Wirtschaftlichkeit und Qualität (F. Schweigert, E. Stickel, Hrsg.), Teubner 1995, 23–38.

[Heinrich 97a] Heinrich, L. J.: Management von Informatik-Projekten. Oldenbourg 1997.

[Heinrich 97b] Heinrich, L. J., Häntschel, I., Pomberger, G.: Metriken für die IV-Diagnose - Konzept und prototypische Implementierungen; in: Wirtschaftsinformatik '97 (H. Krallmann, Hrsg.). Physica-Verlag 1997, S. 293–310.

[Herbsleb 97] Herbsleb, J. et al.: Software Quality and the Capability Maturity Model; in: Communication of the ACM, June 1997, Vol.40, No.6.

[Humphrey 89] Humphrey, W. S.: Managing the Software Process. Addison-Wesley 1989.

[Humphrey 96] Humphrey, W. S.: Using a defined and measured personal software process; in: IEEE Software, May 1996.

[Humphrey 97] Humphrey, W. S.: Introduction to the Personal Software Process. Addison-Wesley 1997.

[IEEE 1209] IEEE Recommended Practice for the Evaluation and Selection of CASE Tools. IEEE Std 1209, 1992.

[IEEE 94] IEEE Trial-Use Standard for Application and Management of the Systems Engineering Process. IEEE, Inc. 1994.

[ISO 9004] ISO 9004 Teil 4: Qualitätsmanagement und Elemente eines Qualitätssicherungssystems. Deutsche Norm, Entwurf Juli 1992.

[ISO 9126] ISO/IEC 9126: Information technology - Software quality characteristics and metrics - Part 1: Quality characteristics and subcharacteristics, Part 2: External metrics, Part 3: Internal metrics, 1991 (identisch mit DIN 66272, 1994).

[ISO 12207] ISO/IEC 12207: Information technology - Software life cycle processes. Edition 1995.

[ISO 15504] Information technology - Software process assessment. Working Draft V1.00, 1998. http://www.sqi.gu.edu.au/spice/suite

ISO/IEC TR 15504-1: Concepts and introductory guide
ISO/IEC TR 15504-2: A reference model for processes and process capability
ISO/IEC TR 15504-3: Performing an assessment.
ISO/IEC TR 15504-4: Guide to performing assessments.
ISO/IEC TR 15504-5: An assessment model and indicator guidance (informative).
ISO/IEC TR 15504-6: Guide to competency of assessors.
ISO/IEC TR 15504-7: Guide for use in process improvement.
ISO/IEC TR 15504-8: Guide for use in determining supplier process capability.
ISO/IEC TR 15504-9: Vocabulary.

[Järvinen 00] Järvinen, J., Komi-Sirviö, S., Ruhe, G.: The PROFES Improvement Methodology – Enabling Technologies and Methodology Design; in: Proc. of the Second International Conference on Product Focused Software Process Improvement, PROFES

2000, June 20-22, 2000, University of Oulu, Finland (F. Bomarius, M. Oivo, Eds.),. Springer 2000, pp. 257–270.

[Jones 91]   Jones, C.: Applied Software Measurement - Assuring Productivity and Quality. McGraw-Hill 1991.

[Jones 00]   Jones, C.: Software Assessment, Benchmarks, And Best Practices. Addison-Wesley 2000.

[Kneuper 02]   Kneuper, R.: CMMI. dpunkt 2002.

[Kornwachs 95]   Kornwachs, K.: Identifikation, Analyse und Bewertung technologischer Entwicklungen; in: Handbuch Technologie Management (E. Zahn, Hrsg.), Schäffer Poeschel 1995.

[Kuvaja 94]   Kuvaja, P. et al.: Software Process Assessment and Improvement: the BOOTSTRAP approach. Blackwell Publishers 1994.

[Kuvaja 96]   Kuvaja, P., Messnarz, R.: BOOTSTRAP - A Modern Software Process Assessment and Improvement Methodology; in: Proc. of the 5th European Conference of Software Quality, Sept. 1996, 17–20.

[Lebsanft 00]   Lebsanft, K.: Das Siemens Process Assessment; in: Evaluation und Evaluationsforschung in der Wirtschaftsinformatik: Handbuch für Praxis, Lehre und Forschung (L. J. Heinrich et al., Hrsg.), Oldenbourg 2000, 175–188.

[Lowe 95]   Lowe, P.: The Management of Technology - Perception and Opportunities. Chapman & Hall 1995.

[Mayr 01]   Mayr, H.: Projekt Engineering. Hanser 2001.

[Mays 90]   Mays, R. G. et al.: Experiences with Defect Prevention; in: IBM Systems Journal, Vol. 29, No. 1, 1990, pp. 4–32.

[McCabe 76]   McCabe, T. J.: A Complexity Measure; in: IEEE Transaction on Software Engineering, vol. 2, No. 4, Dec. 1976.

[McCall 77]   McCall, J. A., Richards, P. K:, Walters, G. F.: Factors in Software Quality. Tech. Report 77CIS 02, Sunnyvale, CA, General Electric, Command and Information systems, 1977.

[McConnell 96]   McConnel, S.: Rapid Development. Microsoft Press 1996.

[McConnell 97]   McConnel, S.: Software Project Survival Guide. Microsoft Press 1997.

[McFeeley 96]   McFeeley, B.: IDEAL: A User's Guide for Software Process Improvement. Handbook CMU/SEI-96-HB-001, Software Engineering Institute, Carnegie Mellon University, Pittsburgh, 1996. http://www.sei.cmu.edu/publications/documents/96.reports/96hb001.html.

[Mellis 98] Mellis, W., Herzwurm, G., Stelzer, D.: TQM der Software-Entwicklung: mit Prozeßverbesserung, Kundenorientierung und Change-Management zu erfolgreicher Software. Vieweg 1998.

[Messnarz 97] Messnarz, R.: A Comparison of BOOTSTRAP and SPICE; in: Software Process Newsletter, No. 8, Winter 1997, 6–9.

[Mittelmann 96] Mittelmann, A., Blümelhuber, F., Dobler, H., Auer, D.: ami-Vorgehensmodell in der Praxis; in: WIRTSCHAFTSINFORMATIK, Heft 6, 1996, 601–607.

[Möller 93] Möller, K. H., Paulish, D. J.: Software-Metriken in der Praxis. Oldenbourg 1993.

[Möller 96] Möller, K. H.: Ausgangsdaten für Qualitätsmetriken - eine Fundgrube für Analysen; in: Software-Metriken in der Praxis (C. Ebert, R. Dumke, Hrsg.), Springer 1996, 105–116.

[Offen 97] Offen, R. J., Jeffrey, R.: Establishing software measurement programms; in: IEEE Software, 11(4), 1997, 70–79.

[Park 96] Park, R. E., Goethert, W. B., Florac, W. A.: Goal-Driven Software Measurement – A Guidebook. Handbook CMU/SEI-96-HB-002, Software Engineering Institute, Carnegie Mellon University, Pittsburgh, 1996. http://www.sei.cmu.edu/publications/documents/96.reports/96.hb.002.html

[Paulish 94] Paulish, D. J., Carleton, A. D.: Case Studies of Software Process Improvement Measurement; in: IEEE Computer, Sept. 1994, 50–57.

[Paulk 93a] Paulk, M. C., Curtis, B., Chrissis, M., Weber, C.: Capability Maturity Model for Software, Version 1.1. Technical Report CMU/SEI-93-TR-24, Software Engineering Institute, Carnegie Mellon University, Pittsburgh, 1993. http://www.sei.cmu.edu/publications/documents/93.reports/93.tr.024.html

[Paulk 93b] Paulk, M. C. et al.: Key Practices of the Capability Maturity Model, Version 1.1. Technical Report CMU/SEI-93-TR-25. Software Engineering Institute, Carnegie Mellon University, Pittsburgh, 1993. http://www.sei.cmu.edu/publications/documents/93.reports/93.tr.025.html

[Paulk 95] Paulk, M. C. et al.: CMM Versus SPICE Architectures; in: Software Process Newsletter, 3/1995, 7–11.

[Paulk 97] Paulk, M. C. et al.: Capability Maturity Model for Software, Version 2, Draft C. Technical Report. Software Engineering Institute, Carnegie Mellon University, Pittsburgh 1997. ftp://ftp.sei.cmu.edu/pub/cmm/draft-c

[Peters 98] Peters, L. S.: Engineering and Technology Management; in: IEMC 1998 International Conference on Pioneering new Technologies: Management Issues and Challenges in the third Millennium, San Juan, Puerto Rico, 11.-13. October 1998, IEEE 1998.

[Pfeiffer 91] Pfeiffer, W., Metze, G., Schneider, W.: Technologie-Portfolio zum Management strategischer Zukunftsgeschäftsfelder, 6. Auflage. Vandenhoeck & Ruprecht 1991.

[Pfeiffer 95] Pfeiffer, W., Weiß, E.: Methoden zur Analyse und Bewertung technologischer Alternativen; in: Handbuch Technologie Management (E. Zahn, Hrsg.), Schäffer Poeschel 1995.

[Pomberger 96] Pomberger, G., Blaschek, G.: Software Engineering – Prototyping und objektorientierte Software-Entwicklung. Hanser 1996.

[Pomberger 00] Pomberger, G., Rezagholi, M., Stobbe, C.: Evaluation und Verbesserung wiederverwendungsorientierter Software-Entwicklung; in: Evaluation und Evaluationsforschung in der Wirtschaftsinformatik: Handbuch für Praxis, Lehre und Forschung (L. J. Heinrich et al., Hrsg.), Oldenbourg 2000, 233–252.

[Pulford 96] Pulford, K., Kuntzmann-Combelles, A., Shirlaw, S.: The ami handbook, A Quantitative Approach to Software Management. Addison-Wesley 1996.

[Putnam 91] Putnam, L.: Trends in Measurement, Estimation, and Control; in: IEEE Software, March 1991, pp. 105–107.

[Radtke 02] Radtke, P., Wilmes, D.: European Quality Award – praktische Tipps zur Anwendung des EFQM-Modells. Hanser 2002.

[Rechenberg 02] Rechenberg, P.: Technisches Schreiben. Hanser 2002.

[Rezagholi 95a] Rezagholi, M.: Management der Wiederverwendung in der Softwareentwicklung; in: WIRTSCHAFTSINFORMATIK, Heft 3, 1995, 221–230.

[Rezagholi 95b] Rezagholi, M.: Programm zur schrittweisen Ausrichtung der Softwareerstellung auf Wiederverwendung; in: Softwaretechnik-Trends, Heft 4, November 1995, 38–43.

[Rezagholi 00a] Rezagholi, M., Frey, M.: Evaluation der Technologieanwendung und des Technologiemanagements; in: Evaluation und Evaluationsforschung in der Wirtschaftsinformatik: Handbuch für Praxis, Lehre und Forschung (L. J. Heinrich et al., Hrsg.), Oldenbourg 2000, 221–232.

[Rezagholi 00b] Rezagholi, M., Frey, M.: Managing Engineering and Product Technology – A Method for Technology Assessment; in: Proc. of the Second International Conference on Product Focused Software Process Improvement, PROFES 2000, June 20-22, 2000, University of Oulu, Finland (F. Bomarius, M. Oivo, Eds.),. Springer 2000, pp. 180–192.

[Rezagholi 00c] Rezagholi, M.: Software-Entwicklungsprozesse als Evaluationsobjekt – Einführung und Grundlegung; in: Evaluation und Evaluationsforschung in der Wirtschaftsinformatik: Handbuch für Praxis, Lehre und Forschung (L. J. Heinrich et al., Hrsg.), Oldenbourg 2000, 159–174.

[Rombach 91] Rombach, H. D.: Practical benefits of goal-oriented measurement; in: Software Reliability an Metrics (N. Fenton, B. Littlewood, Eds.), Elsevier Applied Science 1991, 217–235.

[Rout 95] Rout, T. P.: SPICE: A Framework for Software Process Assessment; in: Software Process – Improvement and Practice, Pilot Issue 1995, 57–66.

[Sage 95] Sage, A. P.: Systems Management for Information Technology and Software Engineering. John Wiley & Sons 1995.

[SEL 92] SEL: Recommended Approach to Software Development. Software Engineering Laboratory Series, SEL-81-305, 1992.

[Sommerville 01] Sommerville, I.: Software Engineering, 6. Auflage. Pearson Education 2001.

[SPICE 03] Website: http://www-sqi.cit.gu.edu.au/spice/

[SPMN 98a] Software Program Managers Network: The Program Manager's Guide to Software Acquisition Best Practices. SPMN 1998. http://www.spmn.com/products_guidebooks.html#LittleYellow

[SPMN 98b] Software Program Managers Network: Little Yellow Book of Software Management Questions. SPMN 1998. http://www.spmn.com/products_guidebooks.html#LittleYellow

[SPMN 00] Software Program Managers Network: Project Analyzer. SPMN 2000. http://www.spmn.com/products_guidebooks.html#LittleYellow

[SPMN 03] Software Program Managers Network: 16 Critical Software Practices for Performance-based management. SPMN 2003. http://www.spmn.com/16CSP.html

[Stienen 96] Stienen, H., Engelmann, F.: Die BOOTSTRAP-Methode zur Bewertung und Verbesserung der Software-Entwicklung; in: WIRTSCHAFTSINFORMATIK, Heft 6, 1996, 609–624.

[Thomsett 95] Thomsett, R.: Project Pathology: A Study of Project Failures; in: American Programmer, July 1995, 8–16.

[Trillium 94] Trillium – Model for Telecom Product Development & Support Process Capability, Release 3.0, Bell Canada 1994.

[Wallmüller 01] Wallmüller, E.: Software-Qualitätsmanagement in der Praxis, 2. Aufl. Hanser 2001.

[Wolfrum 94] Wolfrum, B.: Strategisches Technologiemanagement, 2. Aufl. Gabler 1994.

[Yourdon 97] Yourdon, E.: Death March: The Complete Software Developer's Guide to Surviving "Mission Impossible" Projects. Prentice Hall 1997.

[Zahn 95] Zahn, E.(Hrsg.): Handbuch Technologiemanagement. Schäffer-Poeschel 1995.

[Zuse 91] Zuse, H.: Software Complexity: Measures and Methods. de Gruyter 1991.

[Zuse 94] Zuse, H.: Foundations of the Validation of Object-Oriented Software Measures; in: Theorie und Praxis der Software-Messung (R. Dumke, H. Zuse, Hrsg.), Deutsche Universitäts-Verlag 1994, pp. 136–214.

[Zuse 95] Zuse, H., Fetcke, T.: Properties of Object-Oriented Software Measures; in: Proceedings of the Annual Oregon Workshop on Software Metrics (AOWSM), Silver State Park, June. 3-5, 1995.

Schlagwortverzeichnis

ami-Methode 30
Änderbarkeit 152
Änderungsmanagement 53, 103
Anforderungsänderung 56
Anforderungsstabilität 133, 134
Anwendungsdomäne 6, 185
   Analyse der 72
Arbeitspaket
   Definition des 102
Architekturdefinition 54, 106
Architekturprozess 106
Assessment 185
Aufwand-Meilenstein-Diagramm 119
Aufwandsmetrik 59, 118
Aufwandsschätzung 102
Aufwandsstabilität 120
   im Zeitverlauf 120
Aufwandsverlauf 118
Aufwandsverteilung 121
Aufwand-Termin-Treue 125
Ausfallkosten 37
Benutzbarkeit 150
Bewertungsmodell 99, 159
Bootstrap-Methode 14, 18
   Reifegradstufen 19
Breiteneinführung 90
CMM 14, 15
   Assessment 17
   Prozessverbesserung 15
   Reifegradstufen 15
   Schlüsselfähigkeiten 16, 17
   Schlüsselprozesse 15
CMMI 14, 23

Modelle 23
   Prozesskategorien 24
   Schlüsselprozesse 24
Continuous Representation 23
Design 54, 107
Durchlaufzeit 126
   durchschnittliche 127
Effizienz 151
EFQM-Modell 14
Entwicklungsaufwand 57
Entwicklungsdokument 48, 185
Entwicklungskosten 36, 37, 185
Entwicklungsmethodik 54, 105
Entwicklungsprozess 46
Entwicklungs-Teilprozess 46, 185
Entwicklungszeit 36, 38, 56, 126
   durchschnittliche 127
Faktor Mensch *Siehe* Mitarbeiter
Fehler 42, 56, 185
Fehlerfindung
   Wirksamkeit im Review 135
   Wirksamkeit im Test 136
Fehlerfindungsrate 137
Fehlerzahl
   nach Fehlerzustand 139
Feldfehler
   nach Priorität 141
Fertigstellungsgrad 132
Fortschrittskontrolle 132
Function Points 117
Funktionalität 147
Geschäftsmetrik 61, 154
GQM-Methode 29

GQM-Plan 29
GQM-Ziel 29
Implementierung 54, 107
Indikator 28, 186
Integration 108
ISO 9000-Normen 14
ISO/IEC 15504 *Siehe* SPICE
Kernprozess 51
   Bewertung 100
   der Softwareentwicklung 99, 186
   der Softwarerealisierung 105
   des Softwaremanagements 100
   Prozessaspekte 51, 99
Konfigurationsmanagement 53, 103
Kostenmetrik 59, 118
Kostenstabilität 120
Kostenverlauf 119
Kostenverteilung 121
Kundenzufriedenheit 36, 155
Lieferantenmanagement 101
Lines of Code 117
Management externer Schnittstellen 53, 101
Marktanalyse 76, 80
   Bewertungsfaktoren 80
   Visualisierung der Ergebnisse 80
Meilenstein-Trend-Analyse 128
Messdaten *Siehe* Primärdaten
Messeinheit 116, 186
Messen 28, 31, 55, 58, 186
Messergebnis 186
Messobjekt 115, 186
Metrik 28, 31, 115, 186
   Einführung der 32
   objektive 28
   subjektive 28, 145
Metrikdefinition 65
   Verantwortlichkeit 117
Metrikkategorie 59
Migrationsstrategie 107
Mitarbeiter 3, 26, 109
   Arbeitsumfeld 112
   Kommunikation 112

Motivation 111
Qualifikation 110
Mitarbeitermanagement 7, 187
Nacharbeitung 187
   Aufwand der 123
Objektgröße 117
Organisationseinheit 6, 187
People CMM 26
   Schlüsselprozesse 27
Pilotanwendung 89
Planung, Steuerung und Kontrolle 53, 102
Primärdaten 28, 187
Produktdekomposition 73
Produktivität 57, 122
Produktqualitäts-Metrik 61, 145
Produkt-Roadmap 103
Produkttechnologie 70, 73, 187
Projektorganisation 52, 100
Prozessanalyse
   eingeschränkte quantitative 50, 55, 57
   erweiterte quantitative 51, 58
   qualitative 50, 52, 55, 159
Prozess-Assessment *Siehe* Prozessbewertung
Prozessbewertung 48, 99, 187
   Dokumentation 66, 157
   Erfüllungsgrad 62
   Ergebnisse 157, 159
   Phasen der 46
   Planung der 67
   Statusbestimmung 49
   Teambildung 67
   Verbesserungsmaßnahmen 64
   Visualisierung 62
   Visualisierung der Ergebnisse 159
Prozessmanagement 7, 187
Prozessmodell 105
Prozessqualitäts-Metrik 61, 133
Prozessstatus 50, 55, 144
Prozesstechnologie 70, 73, 175, 188
Prozessverbesserung 2, 3, 99, 188
Qualität 36, 38
Qualitätsmerkmal 39, 145

Qualitätsmetrik *Siehe* Produktqualitäts-Metrik, *Siehe* Prozessqualitäts-Metrik

Qualitätsmodell 38

Qualitätssicherung 54, 108

Qualitätsteilmerkmal 39, 145

Release-Planung 106

Requirements Engineering 54, 106

Requirements Management 16

Review 54, 108

Review-Effizienz 142

Rework *Siehe* Nacharbeitung

Risikomanagement 102

Schulungsgrad 154

Software Engineering 7

Softwareentwicklungsprozess 188

Softwarefehler *Siehe* Fehler

Softwaregröße 57, 131

Softwaremessung *Siehe* Messen

Softwaremetrik *Siehe* Metrik

Softwareprüfung 188

Softwarequalität *Siehe* Qualität

Softwaretechnologie 70, 169

SPICE 14, 20
    Bewertungsrahmen 21
    Prozesskategorien 21
    Reifegradstufen 22

Staged Representation 22, 23

Stärken/Schwächen-Profil 4, 5, 159

Statische Analyse 108
    Effizienz der 142

Statusbestimmung 58

Technik 70, 188

Technologie 188

Technologieanalyse 76, 77

Technologie-Assessment *Siehe* Technologiebewertung

Technologiebeschreibung 74, 169, 175

Technologiebewertung 70, 71, 74, 76, 169, 175, 188
    Bewertungsfaktoren 76, 169, 175

technologische Position 77
    Verbesserungsmaßnahme 77, 82
    Visualisierung der Ergebnisse 77, 81

Technologiemanagement 7, 26, 53, 103, 189

Technologie-Roadmap 103

Technologiestatus 75

Technologieverbesserung 3, 189

Terminplanung 102

Termintreue 130
    im Zeitverlauf 130

Test 54, 108, 109

Test-Effizienz 143

Übertragbarkeit 153

Umfangsmetrik 60, 131

Verbesserungsmaßnahme 5, 64, 86, 159
    Aufbereitung 88

Verbesserungsprojekt 5, 6, 84
    Aufwandsschätzung 86
    Erfolgsfaktoren 94
    Initiierung 85
    Kontrolle des 93, 94
    Meilensteine 84
    Metrikplanung 88
    Planung 86
    Projektleiter 91, 92
    Projektorganisation 90
    Risikoplanung 87
    Team 86, 93
    Terminplanung 87
    Unternehmensleitung 91
    Vorgehensmodell 84

Verbesserungstreiber 51, 64, 65, 82, 159, 189

Verbesserungsziel 35, 36, 42, 158, 159
    primäres 3, 5

Verfügbarkeit 149
    Prognose der 149

Vollständigkeit
    funktionale 146

Wartbarkeit 152

Wartungskosten 37

Wiederverwendung 105

Zeitmetrik 60, 126

Zuverlässigkeit 148